中国艺术学文库·艺术学理论文丛
LIBRARY OF CHINA ARTS · SERIES OF ART THEORY

总主编　仲呈祥

中华传统艺术当代传承的消费路径研究

陈忆澄　著

中国文联出版社
http://www.clapnet.cn

图书在版编目（CIP）数据

中华传统艺术当代传承的消费路径研究 / 陈忆澄著． 北京：中国文联出版社，2025．5． -- ISBN 978-7-5190-5903-3

Ⅰ．G125；F126.1

中国国家版本馆CIP数据核字第20259VJ609号

著　　者	陈忆澄
责任编辑	郭　琳
责任校对	杨　震
装帧设计	杰瑞设计

出版发行	中国文联出版社有限公司
社　　址	北京市朝阳区农展馆南里10号　　邮编　100125
电　　话	010-85923025（发行部）　010-85923091（总编室）
经　　销	全国新华书店等
印　　刷	三河市龙大印装有限公司

开　　本	710毫米×1000毫米　1/16
印　　张	17
字　　数	262千字
版　　次	2025年5月第1版第1次印刷
定　　价	88.00元

版权所有·侵权必究
如有印装质量问题，请与本社发行部联系调换

前　言

中华传统艺术在当代的消费，可以分为直接消费和间接消费，显性消费和潜在消费，产品消费和符号消费等不同的层次和类别。直接消费和间接消费区分了传承成果的形式，划分了传统艺术在当代的市场格局，以艺术作品（艺术产品）是否经历了二度创作、二次加工为焦点，关联了线上消费、线下消费，观赏性消费、获得性消费，即时性消费、延时性消费等具体的消费行为，将传承的目的、归宿和过程、方法统一起来。显性消费和潜在消费关注传承与经济活动距离远近的问题，体现了传承与经济、民俗和教育等社会活动的关系，彰显了艺术传承在商业盈利和公益服务之间的张力，提出了消费的自觉性问题。产品消费和符号消费强调了传承对消费需求满足的不同层次和作用，突出了消费的物质层面和精神层面在艺术传承中所处的位置和发挥的功能，反映了艺术接受活动和艺术传播活动对传承的影响，划分了媒介符号、仪式符号和民族（地域）符号等传统艺术在当代的消费文化符号。

消费活动是中华传统艺术进入当代生活最直接的一种方式，为传承提供了不竭的动力。传承不是孤立的，在时间上也具有延续性，必须依托于一定的消费语境。消费语境并不仅仅停留在理论层面的逻辑推演，而是为传承的动机、过程和结果提供实在的生活场景和社会空间。文旅融合创造了中华传统艺术当代传承的新业态，形成了山水实景演出、沉浸式表演艺术、虚拟现实和增强现实艺术、主题艺术节等新的消费契机和消费形式，同时也体现了消费者在更注重精神满足和自我实现层面的发展性需求。创意产业的发展营造了中华传统艺术当代传承的氛围，实现了传承的规模化生产和个性化消费的平衡，重视知识产权和品牌价值，建立了传承过程中运用传统艺术资源进行产品社会化生产的规范和机制。艺术传承教育也与消费活动密切相关。专业艺术院校、专业艺术团体和艺术家团队开展的传统艺术教育，博物馆、美术馆等群文机构和专业机构开展的传统艺术教育，个人自发选择和参与的社会化艺术传承教育等，这些都离不开消费活动，但存在距离远近和程度深远的区别。

当代社会的媒介变迁影响着人们的消费，成为中华传统艺术当代传承在消费路径上的"枢纽"。媒介技术配置了消费市场的资源，调整了传统艺术的风格、题材和类型。电影、广播、电视、唱片、录像带、互联网等媒介技术的发展催生了传统艺术的新类型和新产品，形成了传统艺术在当代转型过程中不断吐故纳新、去芜存菁的开放的语言符号系统和技艺系统，造成了艺术风格在"同一"和"差异"两极之间的游移。人们对艺术产品的消费不再只是对物品的直接消耗，而是借助于物品的中介物，转向媒介化、符号化的方向。传统艺术作为当代消费的对象，强化了与周围事物功能和意义层面的联系，不是消费的终点，而是作为一种中间的通道而存在。消费的媒介化形成了传承的主流和支脉。主流是基于创作的，而支脉则是创作通过媒介进行的延伸。主流和支脉反映了传统艺术存在方式和感受方式的发展，也反映了传统艺术消费需求的细分和更为精细的传承分工。消费的媒介化还推动了中华传统艺术当代经典的生成。艺术经典是传承取得阶段性成果的重要标的。人们借助媒介技术和传统艺术的媒介化产品，通过消费的方式参与到经典生成的意义建构和价值认定中。艺术传承本身也是文化的延续和精神的传递，而艺术经典作为传承成果的体认坐标，在当前的消费社会之中正是通过媒介的物质性和承载信息的能力与人们的生活实现了对接。

消费心理贯穿于中华传统艺术在当代中国消费活动的全过程。期待、需求、观察、决策、体验等不同消费阶段的心理全面反映了传承的动机、表现和结果，也从经验的层面描绘了传承的当代图景。消费心理在中华传统艺术的当代传承中是隐而不显的，包括社会消费心理和个人消费心理。其中，个人消费心理又包含了内部因素和外部因素。社会消费心理是以共同性和广泛性为基础的，也反映了一定时期内的阶段性和倾向性，具有地域、群体和时代的特征，同时也是传承方向的指引参照。社会消费心理具有延续性和易变性的特点，前者保证了传承的持续性，后者显现了传承的发展性，表明了中华传统艺术的内核和基因在历史进程和当代演变中的保留和继承，同时也见证了新特质的产生。个人消费心理的内部因素强调个人消费行为中的动机、态度、认知、信息加工、归因和人格等心理要素。外部因素则强调年龄、性别、社会分层、家庭结构、群体影响等由大量个人消费行为累积起来、抽象出来的趋势和特征。

中华传统艺术的当代传承可以从本体维度和文化维度两方面来把握。本体维度就是从传承本身出发，涵盖了人才培育、技艺养成和作品创造。文化维度则是围绕着传承的社会文化和价值意义，是传承对象化产生的先后影响和因果联系。本体维度和文化维度不是彼此绝缘的，而是紧密联系的，有时具有一定的重合性。本体维度又是第一性的，文化维度是第二性的。本体维度是文化维度的本源，文化维度是本体维度的延伸。消费使传承和技术、经济、民俗、教育、伦理等社会构成发生了关联，从而落实到文化的延续和发展上，因此消费是传承本体维度和文化维度形成统一体的桥梁。在当代社会语境下，传承人既是传统艺术的生产者，也是消费者，从而沟通了传承的本体维度和文化维度。作为产品的传统艺术是一种特殊的商品，不仅偏向于满足人们的精神需求，还实现了艺术的认知、教化和社会交往等功能，将传承本体维度的物质性创造上升到文化维度的精神性供给上。传承是从单独的个体行为开始的，但最终以集体性活动的方式来实现。传承的集体性寓于个体性之中。传承的本体维度必须从个体的行为开始，而文化维度则必须超越个体性进入集体性。

中华传统艺术的当代传承还可以从时间和空间两个维度来把握。如果说传承的具体情境必须包含时间维度和空间维度两方面，就像我们对世界的感知不存在孤立的、抽象的时间或是空间，必须是一个时空场景一样，那么消费就是传承的时间维度和空间维度在特定范围内的具体化和对象化。消费让我们强化、深化了对传承的时空偏向的注意力和感受力。对于中华传统艺术当代传承时间维度和空间维度的考察，尤其是厘清时间和空间偏向发生的原因和效果，是明确消费如何作用于我们经验传承成果的关键所在。中华传统艺术的当代传承是在时间和空间的相依相随中进行的。时间维度因为有了空间维度才能够为人们所体认。进入当代社会，尽管随着时间的推移，原先的空间关系也发生了变化，但空间维度深入脊髓的内在影响仍然是传承过程中不容忽视的要素。

Preface

The contemporary consumption of traditional Chinese art can be divided into different levels and categories, such as direct consumption, indirect consumption, explicit consumption and potential consumption, product consumption and symbol consumption. Direct consumption and indirect consumption distinguish the forms of inheritance results and divide the contemporary market pattern of traditional art. Focusing on whether artistic works (artistic products) have experienced secondary creation and secondary processing, direct consumption and indirect consumption are related to specific consumption behaviors such as online consumption, offline consumption, ornamental consumption, acquired consumption, instant consumption and delayed consumption. The purpose, destination, process and method of inheritance should be unified. Explicit consumption and potential consumption focus on the distance between inheritance and economic activities, reflecting the relationship between inheritance and economic, folk customs, education and other social activities, highlighting the tension between art inheritance and commercial profits and public services, and raising the consciousness of consumption. Product consumption and symbol consumption emphasize the different levels and functions of inheritance in satisfying consumer needs, highlight the position and function of material and spiritual levels of consumption in art inheritance, and reflect the influence of art reception and art communication activities on inheritance. It divides media symbol, ritual symbol, national (regional) symbol and other traditional arts in the contemporary consumer culture symbol.

Consumption activities are the most direct way for traditional Chinese art to enter contemporary life, providing an inexhaustible power for inheritance. Inheritance is not isolated, in time also has continuity, must rely on a certain consumer context. Consumption context is not only a logical deduction at the theoretical level, but also provides a real life scene and social space for the motivation, process and result of inheritance. The integration of culture and tourism has created a new business form of contemporary inheritance of traditional Chinese art, and formed new consumption opportunities and forms such as landscape performance, immersive performance art, virtual reality and augmented reality art, theme art festival, etc. At the same time, it also reflects the development needs of consumers who pay more attention to spiritual satisfaction and self-realization. The development of creative industries has created an atmosphere for the contemporary inheritance of traditional Chinese art, achieved a balance between large-scale production and personalized consumption, attached importance to intellectual property rights and brand value, and established norms and mechanisms for the social production of products by using traditional art resources in the process of inheritance. Art inheritance education is also closely related to consumption activities. The traditional art education carried out by professional art colleges, professional art groups and artist teams, the traditional art education carried out by mass institutions such as museums and art galleries and professional institutions, and the socialized art inheritance education carried out by individuals voluntarily choosing and participating are all inseparable from consumption activities, but there are profound differences in distance and degree.

The media changes in contemporary society affect people's consumption and become the "hub" of the contemporary inheritance of Chinese traditional art in the consumption path. Media technology allocates the resources of consumer market and adjusts the style, subject matter and type of traditional art. The development of film, radio, television, record, video, Internet and other media technologies has given birth to new types and new products of traditional art, formed an open language symbol system and craft system of traditional art in the process of contemporary transformation, which constantly introduces the new, separates the old and the new, and causes the artistic style to move between the two poles of "identity" and "difference". People's consumption of art products is no longer just the direct consumption of goods, but by means of the intermediary of goods, turning to the direction of media and symbol. As the object of contemporary consumption, traditional art strengthens the connection with the surrounding things at the functional and meaningful level. It is not the end of consumption, but exists as a kind of intermediate channel. The media of consumption forms the mainstream and branch of inheritance. The mainstream is based on creation, while the branch is the extension of creation through media. The mainstream and the branch reflect the development of the way of existence and feeling of traditional art, as well as the subdivision of consumption demand of traditional art and the more elaborate inheritance and division of labor. The media of consumption also promotes the generation of contemporary classics of traditional Chinese art. Art classic is an important object of inheritance to achieve periodic results. With the help of media technology and the media products of traditional art, people participate in the meaning construction and value identification of the generation of classics through the way of consumption. Art inheritance itself is also the continuation of culture and the transmission of spirit, and art classics, as the recognized coordinates of inheritance achievements, are connected with people's lives in the current consumer society through the materiality of media and the ability to carry information.

Consumer psychology runs through the whole process of consumption activities of traditional Chinese art in contemporary China. The psychology of different consumption stages, such as expectation, demand, observation, decision making and experience, comprehensively reflects the motivation, performance and result of inheritance, and also depicts the contemporary picture of inheritance from the level of experience. Consumer psychology is hidden in the contemporary inheritance of Chinese traditional art, including social consumer psychology and individual consumer psychology. Among them, individual consumption psychology includes internal factors and external factors. Social consumer psychology is based on commonality and extensiveness, reflects the stage and tendency of a certain period, has the characteristics of region, group and time, and is also the guidance reference of inheritance direction. Social consumer psychology has the characteristics of continuity and variability. The former ensures the continuity of inheritance, while the latter shows the development of inheritance, which indicates the preservation and inheritance of the core and gene of traditional Chinese art in the historical process and contemporary evolution, and also witnesses the emergence of new characteristics. The internal factors of individual consumption psychology emphasize the psychological elements such as motivation, attitude, cognition, information processing, attribution and personality in individual consumption behavior. The external factors emphasize the trend and characteristics of age, gender, social stratification, family structure, group influence, which are accumulated and abstracted from a large number of individual consumption behaviors.

The contemporary inheritance of Chinese traditional art can be grasped from two aspects: noumenon dimension and cultural dimension. The ontological dimension starts from the inheritance itself, covering the cultivation of talents, the cultivation of skills and the creation of works. The cultural dimension revolves around the social culture and value significance of inheritance, and is the sequential impact and causal connection of inheritance on the visualization. Ontological dimension and cultural dimension are not isolated from each other, but closely related and sometimes have certain coincidence. The ontological dimension is primary, and the cultural dimension is secondary. Ontology dimension is the origin of culture dimension, and culture dimension is the extension of ontology dimension. Consumption connects inheritance with technology, economy, folk custom, education, ethics and other social structures, so as to implement the continuation and development of culture. Therefore, consumption is a bridge for the ontological dimension of inheritance and cultural dimension to form a unity. In the context of contemporary society, inheritors are both producers and consumers of traditional art, thus communicating the ontological dimension and cultural dimension of inheritance. As a product, traditional art is a special commodity, which not only tends to meet people's spiritual needs, but also realizes the functions of art cognition, education and social communication, and elevates the material creation of inheriting noumenon dimension to the spiritual supply of cultural dimension. Inheritance starts from a single individual behavior, but it is finally realized in the way of collective activity. The collectivity of inheritance resides in the individuality. The ontological dimension of inheritance must start from individual behavior, while the cultural dimension must transcend individuality and enter collectivity.

The contemporary inheritance of Chinese traditional art can also be grasped from the two dimensions of time and space. If the specific situation of inheritance must include both time dimension and space dimension, just as our perception of the world does not exist isolated and abstract time or space, but must be a space-time scene, then consumption is the concretization and objectification of the time dimension and space dimension of inheritance within a specific scope. Consumption strengthens and deepens our attention and sensitivity to the temporal and spatial bias of inheritance. To investigate the temporal and spatial dimensions of the contemporary inheritance of traditional Chinese art, especially to clarify the causes and effects of the occurrence of time and space bias, is the key to clarify how consumption plays a role in our experience inheritance results. The contemporary inheritance of Chinese traditional art is carried out in the interdependence of time and space. The dimension of time can be recognized by people because of the dimension of space. In contemporary society, although the original spatial relationship has changed with the passage of time, the inner influence of spatial dimension deep into the spinal cord is still an element that cannot be ignored in the process of inheritance.

国家社科基金艺术学重大项目"中华传统艺术的当代传承研究"（立项号 19ZD01）阶段性成果

中国传媒大学后期资助项目暨优秀学术著作出版成果

中国传媒大学艺术研究院硕士生张异枫参与课题研究，对本书的田野调查、文本写作做出贡献。

目 录

前 言   1

Preface   1

绪 论   1

上 编   15

  第一章 中华传统艺术在当代的消费层次与分类   17
    第一节 直接消费和间接消费   17
    第二节 显性消费与潜在消费   25
    第三节 产品消费与符号消费   29

  第二章 中华传统艺术当代传承的消费语境   48
    第一节 文旅融合推进中华传统艺术在当代的消费与传承   49
    第二节 创意产业的发展营造了中华传统艺术当代传承的氛围   72
    第三节 消费活动中的艺术传承教育   79

  第三章 中华传统艺术当代传承的媒介变迁与消费   87
    第一节 媒介技术对消费市场的配置   88

第二节　媒介变迁对消费行为的影响　　　　　　　　　　95
　　第三节　消费的媒介化对中华传统艺术当代传承的影响　103

第四章　中华传统艺术的当代传承与消费心理　　　　　　113
　　第一节　社会消费心理与中华传统艺术的当代传承　　　115
　　第二节　个人消费心理与中华传统艺术的当代传承　　　123
　　第三节　群体消费心理与中华传统艺术的当代传承　　　131

第五章　消费与中华传统艺术当代传承的本体维度和文化维度　138
　　第一节　当代消费语境下传承人的身份转变　　　　　　139
　　第二节　作为特殊商品的中华传统艺术产品　　　　　　145
　　第三节　消费视域下传承的个体性与社会性　　　　　　152

第六章　消费与中华传统艺术当代传承的时间维度与空间维度　160
　　第一节　消费与中华传统艺术当代传承的保护性原则
　　　　　　与开发性原则　　　　　　　　　　　　　　　162
　　第二节　消费与中华传统艺术当代传承的区域特征　　　168
　　第三节　消费与中华传统艺术的时空偏向　　　　　　　179

下　编　案例研究　　　　　　　　　　　　　　　　　187

第一章　从"活化石"到"新国潮"：昆曲艺术当代传承的
　　　　消费路径　　　　　　　　　　　　　　　　　　189
　　第一节　宏观调控下的昆曲消费与当代传承（1949—1977）　191
　　第二节　被市场"边缘化"的昆曲消费和传承的坚守
　　　　　　（1976—2001）　　　　　　　　　　　　　　197
　　第三节　从文化遗产到消费的潮流单品（2001年至今）　202

第二章　桃花坞木刻版画艺术当代传承的消费路径　　　　210
　　第一节　消费与桃花坞木刻版画的题材发展　　　　　　212
　　第二节　消费与桃花坞木刻版画的工艺沿革和风格演变　219
　　第三节　消费与桃花坞木刻版画的文化传承　　　　　　224

结　语　　　　　　　　　　　　　　　　231

参考文献　　　　　　　　　　　　　　　233

后　记　　　　　　　　　　　　　　　　251

绪 论

中华传统艺术是中华民族在历史发展过程中形成的流传有序、特征鲜明、价值独特的艺术，是中国传统文化的重要组成部分和表现形式。对中华传统艺术当代传承的研究，除了指向人才培养、风格流变、组织形式等有关传承体系本身的因素以外，还必须面对来自外围社会生态对传承的影响。无论是何种影响，最终还是通过中华传统艺术融入当代人的生活来实现。

消费是社会再生产的一个环节，也是最终环节，它是指利用社会产品来满足人们各种需要的过程。这种社会产品既包括物质资料也包括精神产品。消费固然是一种经济行为，但作为一种基本的人类活动，它与艺术有着千丝万缕的联系。艺术作品一旦进入流通领域，它本身就具有了消费的潜在环境。尤其是进入现代社会，艺术活动与人们的消费行为息息相关。费瑟斯通、鲍德里亚等理论家更是直接提出并审视"消费文化""消费社会"等概念。到了后工业文明时代，消费已不再仅仅是对物品的一种消耗，它与社会思潮、话语权力、身份认同、意识形态等概念有关。

消费是中华传统艺术在当代介入人们生活最直接的一种方式。同时也与传承的结果联系最为紧密。中华传统艺术究竟传承得如何，最终还是要落实到当下人们的消费生活中来检验。消费使传承落地。与此同时，消费不仅仅是传承的风向标和晴雨表，也对传承格局的塑造具有反作用。消费能够借助资本、媒体话语权等手段影响人才培养、作品创作、风格延续和组织形式等。

消费文化是人类社会经济和技术发展进程中，消费成为文化的主导力量因而获得文化特征的现象。消费文化是消费理念、消费方式、消费行为和消费环境的总和，它反映了社会文化的特征，是社会文明的重要内容，与政治、经济、价值观念、风俗习惯等具有显著的关联。消费文化与后现代主义艺术思潮有着重要的联系。费瑟斯通在《消费文化与后现代主义》中指出，"不论是否有人把实际的文化变迁与社会过程当作超越现代、向后现代主义转变的证据，我们都需要去探求人们之所以能够肯定地接受后现代主义概念，以及后现代主义作为一种强有力的文化形象出现之所以可能的那些条件"[①]。后现代主义思潮在艺术领域引发了重要的转向和变革，向现代主义捍卫的经典提出挑战，突破艺术与生活的界限，从而形成了后现代消费文化。

消费文化与艺术思潮并不是孤立存在的，消费社会的兴起导致日常生活的审美化，艺术与生活的界限逐渐被打破。大众传媒兴起，人们的艺术消费模式发生了前所未有的变化。消费对象也从更高的社会阶层向平民阶层流动，艺术消费成为一种大众和流行文化的符号。消费社会形成以后，人们的消费行为不仅仅是为了满足基本的生存与安全需求，在强调功能性的同时，被赋予了更多符号价值，是精神领域的追求和社会身份的象征。阿多诺《文化工业》、马尔库塞《单向度的人：发达工业社会意识形态研究》、本雅明《机械复制时代的艺术作品》、鲍德里亚《消费社会》、列斐伏尔《日常生活批判》等著作均谈及了消费文化、消费社会是如何影响人们对于艺术的接受，进而推论了消费行为、消费心理、消费习惯的变迁是如何体现艺术的社会功能、传播方式、接受方式等层面出现的变化。

鲍德里亚认为，消费社会形成后，消费具有符号化和象征性的特点，指向人们对自我的诠释，这集中体现在超越基本生活需求的精神消费上，突出体现在人们对艺术的消费中。"假如人们仅仅是进行消费，消费社会就不会是一种神话，就不会是社会关于自身所坚持的一种充实的、自我预言式的话语，就不会是一种全面诠释系统、一面它在其中极端扮演自己的镜子、一个它在其中提前自我反思的乌托邦。"[②]

阿多诺以音乐为切入点，论述了消费社会中流行文化、大众文化产品的异化问题。"欣赏流行音乐不是满足人们的审美需求，而是满足消费需求，因为这种需求受到商业上的操控与刺激，既没有社会真实性也缺乏个

---

① Mike Featherstone, *Consumer Culture and Postmodernism*, Publisher: Sage publications Ltd; Second Edition 19 July, 2007, p.4.

② ［法］让·鲍德里亚，《消费社会》，刘成富等译，南京：南京大学出版社，2014年，第200页。

性。"①他认为，艺术在进入消费社会后，形成流行文化产品，人们的消费行为受到资本的控制，不再是一种自由的、个性的精神追求。

马尔库塞在《单向度的人：发达工业社会意识形态研究》中指出，文化工业代表了一种新的社会话语权，它使消费者失去判断力和理性，成为单向度的人。在马尔库塞看来，包括艺术在内的文化商品，都是意识形态的工具。集权主义工业社会成功地利用科学技术代替暴力去征服社会的那些离心力，征服大众心理的批判性、否定性和试图超越的维度，造就了发达工业社会大众思想的单向维度。统治集团可以利用文化工业对单向度思维的人们进行意识形态的控制。②

本雅明在《机械复制时代的艺术作品》中区分了艺术作品的原作和复制品，并提出了"膜拜价值"和"展示价值"。在机械复制时代，艺术作品原作的"膜拜价值"逐渐转化为复制品的"展示价值"，艺术作品原作的"光韵"正在消失。本雅明注意到了媒介技术进步带给艺术的深刻变化，认为人们对艺术的崇敬、仰望逐渐演变为日常的消费行为，艺术的神圣性和权威性开始瓦解，取而代之的是一种信息的传递和日常行为模式。③

列斐伏尔在《日常生活批判》中指出，人们在后工业时代的生活是符号化、抽象化、功能化的。从日常生活的琐碎细节出发，生活经验被商品入侵，被非本真遮蔽。社会解放是总体性的，是日常生活的节日化、艺术化与瞬间化。④进入消费时代，艺术与日常生活的距离被打破，生活艺术化使人们的消费行为与艺术本身具有了重合性。

消费是经济活动的一环。生产决定消费。消费对生产具有反作用。沃尔芙在《艺术的社会生产》中将艺术定义为一种特殊的文化产品。艺术产品具有物质和精神的二重性，既受到美学自律性的拘囿，又受到文化生态的影响。艺术的生产是一种社会性的行为，既与艺术家的个体创造活动有

---

① Theodor W. Adorno, *The culture industry: selected essays on mass culture*. Ed.J.M.Berstern, Routelge, 2001, pp.29-60.
② 参见［美］赫伯特·马尔库塞，《单向度的人：发达工业社会意识形态研究》，刘继译，上海：上海译文出版社，2006年，第155—181页。
③ 参见［德］瓦尔特·本雅明，《机械复制时代的艺术作品》，王才勇译，北京：中国城市出版社，2002年，第12—19页。
④ 参见［法］亨利·列斐伏尔，《日常生活批判》，叶其茂等译，北京：社会科学文献出版社，2017年，第78—120页。

关，又处于社会结构的制约中。"在艺术生产作为一种颇具'个人性'的活动时，如绘画或写小说，其活动的社会性就表现在它曲折地牵连到许多其他的人，而这些其他的人不仅在识别生产'行为'时比别人居前，并在生产和接受之间起着媒介作用。"[①] 艺术的创造力表征为艺术家的观念和技巧，同时反映出深层的社会心理，形成了特定的再生产机制。在艺术家、作品和受众之间，存在着艺术经纪人、传播中介、艺术机构等专业化的组织和个人，艺术的接受活动宣告了作者主体地位的消亡，意义和价值的阐释是艺术再创造的实现方式。从这个意义上说，与生产相对的消费就成了艺术社会生产的起点，也是再生产的开端。

德波在《景观社会》中警醒人们，商品拜物教在大众媒介的技术语境下将现实社会引入了影像物品生产和物品影像消费为主的社会。这种景观社会是异化的世界，人们不仅陷入了商品的殖民化社会，更是以影像为中介建立社会关系。作为景观的商品形成了一种既分裂又统一的表象，主体和表象逐渐出现了某种对立。商品的景观表征重塑了历史的时间性，构建了景观时间的逻辑。物质化的社会充满了文化的否定，而文化也以消费的形式存在。"完全成为商品的文化，也应该成为景观社会的明星商品。对文化的真正否定是唯一能保留文化意义的否定。它是再文化不过的否定。结果是它以某种方式成了文化层面上的剩余之物，尽管对它的接受很不相同。"[②] 与其说德波将大众媒介所塑造的景观社会与文化和艺术传统、经典对立起来，毋宁说他警醒世人对大众媒介、商品化和视觉影像可能造成的异化社会、关系疏离和精神价值消亡的危机意识。

舒斯特曼在《生活即审美：审美经验和生活艺术》中反思了"艺术终结论"，认为通俗艺术是审美经验复兴的契机。他以乡村歌舞电影中的感情和纯正性以及城市美学的缺失作为切口，提出了娱乐性在美学转向中的重要性，并分析了身体、自我和社会的关系。在当代文化中，以身体关切为核心，多元文化主义和生活艺术逐渐兴起，生活和审美的界限被打破，自我风格塑造是生活即审美的体现。"艺术的美和愉快具有进化上的价值，

---

① 参见［英］珍妮特·沃尔芙，《艺术的社会生产》，董学文等译，北京：华夏出版社，1990年，第156页。
② ［法］居伊·德波，《景观社会》，张新木译，南京：南京大学出版社，2017年，第123、132页。

这一点似乎是合理的，因为它不仅让我们的感知、手工技巧和整体结构感变得更加敏锐，而且创造了有意义的形象，通过个体对符号形式的共同欣赏，这些形象有助于将个体联合到一个有机的共同体之中。正是凭借它们的愉快，艺术愉快在使生活好像值得一过的问题上具有进化的价值，这是我们尽力生存下来的最好的保证。"①审美经验的价值应当突出快乐原则，回归、整合到我们的日常生活中去。新世纪的审美和艺术直接关乎我们自己，我们的身体，我们的生活。

韦尔施在《重构美学》中指出，要建构新美学，必须超越艺术和哲学的问题，将观察和思考的触角伸向日常生活、感官活动和传媒文化。在视觉文化的统治地位下，他警醒世人重视听觉文化，提倡听觉文化的回归。同时，他力避泛化的审美和过度追求时尚，认为世界上美的艺术过剩，不应继续染指公共空间。"审美化意味着用审美因素来装扮现实，用审美眼光来给现实裹上一层糖衣……你实际上得到的不是物品，而是通过物品，购买到广告所宣扬的生活方式。而且，由于生活方式在今天为审美伪装所主宰，所以美学事实上就不仅仅是载体，而成了本质所在。"②他说明了虚拟性和可变性是后现代社会的特征，建立了当代社会生活的审美本体论。审美泛滥是大众消费文化突飞猛进的必然结果，因为美的氛围是消费者的首选，商品本身倒在其次。当今审美的流行化不仅体现在日常生活的表层，还渗透到更深的精神层面。韦尔施试图以人们的当代生活调和古典时期的美的精神和后现代的娱乐缪斯。

奥康诺在《艺术与创意产业》中指出艺术与消费的联系在当代社会是以创意产业为直接现实的。创意产业同文化、社会、经济和环境之间具有相互的影响和制约关系：它涉及对文化的认知，但又面临着经济发展对其吞并的困境。艺术与产业、文化与经济、本质性和工具论之间出现两极分化，并主导了艺术与消费之间关系的演变路径。"把艺术消费作为所有消费偏爱的一种（昂贵的、消沉的）偏爱，同时也拒绝了把艺术价值扩展到大众文化中。但实际上，'艺术'和'艺术家'的、音乐、作品和图像制

---

① ［美］理查德·舒斯特曼，《生活即审美：审美经验和生活艺术》，彭锋译，北京：北京大学出版社，2007年，第7页。

② ［德］沃尔夫冈·韦尔施，《重构美学》，陆扬，张岩冰译，上海：上海译文出版社，2002年，第5、8页。

作和电脑游戏的审美维度的观念，都处于大众文化持续不断的反思中。"①文化和经济之间的张力是现代性的一部分，借助市场的管理和消费的引导，有利于创造文化的、经济的和社会的生产性，当代社会的发展已经重新划定了限度。

艺术成为商品后，艺术活动具有了经济活动的维度，而消费是最终的环节。尤其是进入消费社会以后，消费成为社会生活和生产的主要动力和目标，人们也开始更多关注商品的符号价值和意义，消费文化逐渐形成。正如鲍德里亚在《消费社会》中所说，"消费是当代社会关于自身的一种言说，是我们社会进行自我表达的方式。在某种程度上，消费唯一的客观现实，正是消费的思想，正是这种不断被日常生活和知识界话语提及而获得了常识力量的自省和推论"②。正是在这样的语境下，艺术作为一种指向精神世界的文化商品介入人们生活场景的方式变得更为多元。

中华传统艺术的当代传承，包括了题材内容的延续和发展、人才梯队的培养、技艺与艺术风格的继承和发展等基本内容。新中国成立后，社会经济环境发生了很多变化，尤其是近年来，传统艺术所处的社会生态可谓日新月异。在这样的境况下，中华传统艺术的当代传承不可能如同闭门造车一般，仅仅停留在口传心授、拜师学艺的层面，而消费使传承落地。一方面，消费作为一种人们日常生活最基本的行为，是传承进入人们日常生活的方式，因而与传承的结果联系最为紧密。另一方面，消费所承载的结果（包括市场表现、传播效果、教育功能等）又能够作为传承的一种目标和检验，反向塑造传承的格局。唐家路在谈到民间艺术的传承时指出，"对民间文化艺术的记录、收集和抢救是一种被动的保护，同时也是急迫、有效、势在必行的。然而，如果能为民间艺术培养一个良好的文化生态环境，对民间艺术进行合理有效的开发利用，仍不失是对民间艺术积极、主动的有效保护"③。中华传统艺术在当代也面临着同样的境遇，运用市场化手段，激发消费活力，是一种主动的、积极的传承行为。

---

① [英]贾斯汀·奥康诺，《艺术与创意产业》，王斌等译，北京：中央编译出版社，2013年，第166页。

② [法]让·鲍德里亚，《消费社会》，刘成富等译，南京：南京大学出版社，2014年，第199页。

③ 唐家路，《民间艺术的文化生态论》，北京：清华大学出版社，2006年，第349页。

媒介技术的发展，尤其是电影、唱片、电视、互联网等技术纷纷影响了中华传统艺术的传播和对其相应产品的消费，这些艺术产品经历了一番淘洗和选择，从而反作用于技艺、人才、风格、内容等传承要素和承担的社会功能。宋眉等在《传统文化艺术资源的当代转化》中将媒介技术的发展对于传承的促进作用划分为文博事业和文化产业的两种路径。前者侧重于展示、记录和保护，后者侧重于生产、创新和消费。"多重技术的融合促使传统文化艺术展示呈现为一场场新奇而有趣的'文物视听盛宴'，大大增强了观众与作品的互动；数字作品的创制、复制与多样态的生产方式，促使传统文化艺术更加全面地融入大众生活和文化消费之中，极大地促进了文博事业与文化产业的发展。"[1]文博事业和文化产业不是对立的，两者殊途同归，都指向消费对传承的接纳和熔铸。

对艺术传承而言，人才队伍的建设至关重要。没有理性选择的人才培养，传承也就无从谈起，只能被称作文本、图像和影像等信息的流传。张隆溪认为，人才培养的关键在于审美教育中的趣味养成，这是需要长期浸润的。"正因为趣味可以培养而且是社会文化修养程度的标志，这一观念就和社会教育密切相关。只有通过审美教育，培养人们对于艺术和美的趣味和认识，我们才可能希望对传统艺术做出'确认、把握和培养'的理性选择，而传统艺术也才得以保存而得到发展。"[2]传承的人才培养，永远不可能均质化，总会呈现优胜劣汰、各有所长、术业专攻的梯队和结构。这种结构往往是由若干标准规定之后形成的立体的、交织的网络。以年龄为标准，长幼有序、闻道先后。以行业为标准，有些是非遗传承人，有些是专业演员，有些是民间艺人，有些是业余爱好者。因此，人才建设的结构显得尤为重要。因为在传承的过程中，存在着因地制宜、因材施教，对人力资源进行优化配置的问题。在谈论人才问题的时候，标准也就不可回避。只有在一个具体的标准和语境下，才能说如何选择一个合适的人才。无条件的好的人才，其实是不存在的。而人才的最终流向，都是相关艺术产品的消费领域。当代消费市场利用一些产业契机，使传承融入人们日常生活的途径也更为多样化，于是调整了人才结构，一定程度上有利于传统

---

[1] 宋眉等，《传统文化艺术资源的当代转化》，杭州：浙江大学出版社，2019年，第77页。
[2] 张隆溪，《审美教育与文化承传》，郑培凯编，《口传心授与文化传承》，桂林：广西师范大学出版社，2006年，第182页。

艺术传承人才资源的优化配置。"进入20世纪，戏曲获得经济利益的渠道多了起来，除了戏曲演员之外，戏曲演员的表演通过新的经营形式和媒介手段形成了一条产业链，许多人并非戏曲演员，但可以通过以新的形式组织演出、通过新的媒介手段传播戏曲获得经济利益。"①对于传统艺术的消费市场而言，职业生涯并不是单纯的行业内外问题。"流动性是一种结构性需要，而并非个人选择。这就是说，在创意产业中许多职业类别没有有组织的或有序的职业生涯。"②当传统艺术的传承通过创意经济的路径来进行，人才的流动就超越了个人意愿，成为结构性的自发调整。

如果说技艺是中华传统艺术当代传承的直接表现，那么教育就是技艺传承内在的、本质的途径。甚至我们可以说，技艺传承是通过教育来实现的。而教育本身就是消费的一种体现，是一种隐性的消费方式。进入当代社会，传承的主体、组织以及传承的本体和文化传播等层面都发生了改变。这些层面中居于主导地位的，就是传统艺术的技艺系统。它在当代社会环境改变的冲击下，发生了偏移与重塑。传承主体的偏移和教育的重新定位均指向人们的消费活动，或者说在消费活动中得到体认。传承的主体既有专业的表演院团，也有专门的非遗传承人、专业艺术家等，同时向社会各行各业扩展。艺术类院校的兴起，也为技艺传承提供了专业教育的通道。与此同时，当大众传媒广播、电影、电视和互联网成为传统艺术传播的通道，传统艺术的文化传播和教育功能就在更大的范围内、更多场景下进行着。因此，在新兴媒体上形式不同、消费场景不同的传统艺术文化传播，同样也构成了当代传承的一部分。杜晓杰在谈到当前盛行的流行文化与传统民族艺术的关系时，否定了将传统艺术从日常生活中割裂出来的做法，反对将流行文化视作传承的对立面。他指出，"我们今天的民族艺术在很大程度上仍处于'博物馆式'的保护之中，也即将其从大众的生活里剥离出来，贴上'非遗''民族文化''传统精髓'等标签……一旦被封存进博物馆，民族艺术就真正地脱离了其得以产生的现实基础，与现实生活切断了仅有的关联，最终沦为研究的客体、言说的对象，却无法再焕发任

---

① 王廷信，《20世纪戏曲传播方式研究》，北京：中国文联出版社，2020年，第44页。
② [丹]克里斯·马修，《创意产业的职业生涯》，周光起等译，上海：上海财经大学出版社，2019年，第10页。

何活力"①。中华传统艺术的当代传承,应当以消费贯通艺术与生活,既警惕传统艺术在商品化时跌入商业、娱乐、流行的陷阱,又要为其在消费市场开辟更大的空间,打破传统艺术不能是流行时尚、保护传承,不能是创新发展的一元论。

艺术风格是传统艺术传承过程中体现出的总体性特征,是传承的"外衣"。影响风格的因素有很多,包括地域性、师承、艺术家的个人色彩以及时代特征等。传统艺术的传承是一个动态的过程,也是时间线上的发展和延续。艺术风格也不是一成不变的。消费需求的变化推动了艺术风格的演变。"新需求的出现,特别是当代社会对美学、象征和情感的需求,催生了发展了专门致力于服务和产品生产的产业。"② 产业对生产技术、生产流程、物质材料等具有明确的规定性,而艺术风格往往受到这些因素的制约。传统手工艺在机械化生产的影响下逐渐呈现工业化风格,而现代声、光、电等舞美技术直接作用于传统表演艺术的舞台风貌。虚拟现实、增强现实等新技术的涌现也促进了传统艺术在新的时空中建立写实与虚拟的关系。

互联网信息技术对时空局限的打破和对各类消费平台的整合,也在潜移默化间影响了传统艺术的风格。一方面,互联网消除了消费者的地域性特征,使各剧种、各地域的艺术风格更容易呈现一种普适的、统一的趋势。另一方面,不同艺术门类之间语言的借鉴和互通也更为普遍,因为信息的传递变得前所未有的便捷和高效。顾春芳在谈及互联网技术对中国戏剧传统的影响时,认为艺术语言系统的开放性相较舞台时空的转变更具有变革的显著性。"互联网作为一个开放的结构,它提供了共享人类历史上一切优秀文化的可能……互联网之于戏剧最大的意义并不在于它可以代替剧场,或者制造单纯的舞台奇观,而是把观众从表层的娱乐和感官诱惑导向真正的戏剧,导向真正的艺术,导向一个更为无限的意义空间和美感世界。"③ 总体而言,互联网对用户消费需求的精准化满足和互联网用户在时空局限上的突破,使艺术风格在"同一"和"差异"的两极之间游移。无

---

① 杜晓杰,《多元共生:艺术批评的文化视野》,武汉:武汉大学出版社,2019年,第101页。
② [意]阿莱西娅·左罗妮,《当代艺术经济学》,管理译,张家新校,大连:东北财经大学出版社,2016年,第33页。
③ 顾春芳,《戏剧学导论》,桂林:广西师范大学出版社,2020年,第118页。

差别的、一般的、总体的互联网用户群体，呼唤的是普适和同一，个别的、特殊的、具体的互联网用户，则总是以个人的喜好和需求为诉求。在这样的调和过程中，我们既能够看到风格流派的有序传承继续书写着师承谱系，同时也能够看到各门类艺术踏出了跨界对话的先锋脚步。无论是走向两极的哪个方向，对于传统艺术的传承而言，艺术风格都是一个开放的系统，不断吐故纳新，去芜存菁。

消费活动是传统艺术在当代融入人们现实生活的基本路径，也是教育、经济、民俗等其他社会活动与传统艺术产生关联的纽带。"市场经济体制孕育了文化产业广阔的发展空间。市场经济模式将文化产品纳入了大众消费领域，使文化的经济价值在产业化的过程中获得了最大的实现。"[①]中华传统艺术的当代传承离不开社会经济的发展，同时，中华传统艺术又是经济发展的资源，本身蕴含着市场的潜力。纵观传统艺术的当代消费史，宏观调控和市场对资源的优化配置始终维系着动态的平衡。20世纪上半叶，在宏观调控的引导下，传统艺术的保护和振兴突破了地域和人群的限制，依靠消费市场的开拓保有活力、实现价值。"京剧之所以能够发展壮大，并不是靠政府的供给和纳税人的投入，而是通过闯市场，靠自身的拼搏来求生存、谋发展。正是在这个过程中，不仅在融汇汉剧、昆曲、徽剧等传统剧种的基础上形成了一种全新的、深受群众喜爱的艺术形式，同时创作出一大批经久不衰、风格迥异的传世佳作……可以说，正是在市场竞争中才成就了当年的繁荣与辉煌。"[②]进入21世纪，传统艺术与各种产业相结合，使消费活动的场景越来越多元化。文旅融合、文创产业、互联网产业等新国家战略和新兴业态为传统艺术的消费融入我们的日常生活提供了更多可能——旅游、通勤、休闲、购物甚至是工作场景。王慧卿在论述消费作为经济流通的环节在民族文化传承中的作用时认为，经济生产和流通使文化生态系统日益成为相互联系的整体。"经济生产为民族文化生态系统的生存与发展提供了必要的物质和能量，经济流通使资源与产品在系统中得以传输，并具体满足了人们的生产、生活和消费需求，从而保证了

---

① 张廷兴等，《中国文化产业史》，北京：经济日报出版社，2017年，第88页。
② 欧阳坚，《文化产业政策与文化产业发展研究》，北京：中国经济出版社，2011年，第275页。

生态系统的平衡发展。"①

中华传统艺术在当代的技艺传承主体逐渐向大众偏移，形成了专业和民间力量互补共生的局面。传承的组织形式也演变为专业团体和个人、社会大众、艺术类专业院校三位一体的格局。传统艺术的文化传播和教育功能，也构成了当代传承的题中之义。专业团体主要包含了戏曲、舞蹈、音乐等表演艺术院团，个人则涵盖了手工艺传承人、画家、书法家和各类表演艺术家。专业力量是传承的中流砥柱，是传统艺术当代生产力的主要提供者。新中国成立后，传统艺术的专业艺术类院校纷纷建立，体现了国家和地方政府对中华传统艺术传承和振兴的大力支持。传统艺术的专业艺术类院校可以分为两类：一类是以传承传统艺术的某一门类作为办学宗旨，如中国戏曲学院、苏州评弹学校、上海戏剧学院戏曲学院等；另一类是艺术类院校中对传统艺术专业和科系的设置，如中央美术学院中国画学院、中央戏剧学院京剧系、南京艺术学院书法专业等。传统艺术的专业院校改变了以个人为基本单位的拜师学艺、口传心授的旧式传承教育模式，也不同于戏曲科班、曲艺社将商业演出和传承教育合二为一的组织形式。项仲平等在谈论当代艺术教育时指出，传承教育应当面向文化产业发展的时代趋势，不能停留在保存只是技术的阶段，"各级各类艺术院校在文化产业链中不仅要传播知识技能，而且要创造新的知识技能和作品……及时确立适应新的产业升级和扩张的人才培养模式，满足文化创意产业发展对人才的需求"②。中华传统艺术的当代传承，必须正视市场和产业的变化和需求，提升创新和服务功能，也要注重与现代艺术教育其他专业的互动与融合。社会大众在当代不仅是传统艺术技艺传承成果的享用者，本身也构成了重要的传承力量。书法、国画、戏曲、曲艺等传统艺术在社会大众中的技艺普及和提高，是传承社会广度的体现。书法作为一种功能性书写，社会大众的技艺水平和掌握程度显示了这门传统艺术在人们日常生活中的融入。民间曲社、大学曲社、民间曲艺社团、民族音乐社团数量的稳步提高，反映了人民群众的文化自觉，他们日趋将传统艺术看作一种生活方式。

---

① 王慧卿，《区域文化生态及可持续发展研究》，长春：吉林人民出版社，2020年，第52页。

② 项仲平等，《文化创意产业与当代艺术教育创新研究》，北京：中国广播电视出版社，2010年，第76页。

电视、互联网直播等媒介技术配置了传统艺术的消费市场资源，对艺术符号系统产生了影响。在传统艺术与电视、互联网等媒介互动的过程中，艺术门类之间的壁垒被打破，地域、师承、流派、时代等影响因素也在互联网对时空界限的突破和对各类需求信息的整合过程中渐渐模糊。艺术符号和语言在传承中成为一个开放的话语系统，在普适、同一和差异、个性的两极之间通过消费活动展开博弈。"现代传媒在民间舞蹈传播上具备超越时空的开放性和自由性，这是优于以往所有媒介的。信息传递的便捷，使民间舞蹈艺术从特定区域中解放出来，获得了广泛性传播的可能。"[1]媒介技术促使传统艺术在进入产业链的各个环节后形成了新的消费点，而现代媒介不仅使传统艺术获得了新的物质载体，更在改变其存在形态的同时赋予了新的符号语言和意涵。舞蹈从实体空间走向网络空间，身体符号系统的临场感和仪式感为影像符号的景深、构图和运动所替代，身体的表现和抒情功能转化为另一种区别于集体观摩所形成的私密氛围。媒介技术满足了差异性、个性化的消费需求，形成了更为开放和多元的艺术符号系统，但信息的集中和冗余也造成了传统艺术借助媒介技术进入消费市场后，逐渐趋向同质化和类型化，娱乐性、商业化模糊了传统与当代的边界。"电子媒介一边在扩大公共领域的疆界和范围，将越来越多的人卷入其中，但同时它又以单向传播、信息源的垄断以及程序化等形式，在暗中缩减和削弱潜在的批判空间。"[2]中华传统艺术在消费市场媒介技术的资源配置下，不能丢失传统的内核，应当对消费文化保持审慎的态度，在批评话语空间中延续传统文化的基因。

从研究方法来看，本书全面梳理中华传统艺术的当代传承史、消费史、社会史，聚焦消费社会、文化工业、文化传承等理论议题的文献资料，进行系统述评和观点论证；以京剧、昆曲、评弹、杂技等中华传统表演艺术和国画、造像、刺绣、书法等中华传统造型艺术的经典案例为分析样本，考察消费的动力机制、行为模式和心理需求等层面对传承的影响。

研究中华传统艺术当代传承的消费路径，还需要具备一定的跨学科意

---

[1] 蔡雯，《文化学视阈下中国民族民间舞艺术的传承与创新》，沈阳：沈阳出版社，2020年，第227页。

[2] 仲富兰，《中国民俗学通论·第二卷：民俗传播论》，上海：复旦大学出版社，2015年，第75页。

识。消费是一种经济活动，应将传承的人才培养、作品体系、风格演变、接受特征同生产、消费、分配、劳动力、物质资料等经济学视域结合起来。消费为传承提供场景和语境，应将社会观念、社会群体、社会风俗等社会学议题纳入研究中。社会消费心理、个体消费心理和群体消费心理是传承的内在动力源，心理学的方法是进行传承文化研究的有效途径。

本书还采用了量化研究和质性研究相结合的方法。对专业文艺院团、创意园区、非物质文化遗产等开展田野调查，以访谈、地方志等方式进行质性研究；对中华传统艺术消费的集聚区，包括剧场、博物馆、网络平台等开展问卷调查，结合已发布或出版的各类市场报告、调研报告进行数据统计和量化研究。

就研究目标而言，首先要明确中华传统艺术当代传承的社会状况，包括经济发展、技术进步、社会思潮、政策导向等方面，勾勒中华传统艺术当代传承的全景，包括人才培养、风格流派、生产集聚、作品体系、受众等，聚焦消费与传承之间的关系。中华传统艺术当代传承的事业性保护、市场化发展，始终围绕着国家和政府的宏观调控与市场发挥资源的优化配置作用之间的平衡关系。

其次，明确中华传统艺术在当代消费的层次与类型，把握中华传统艺术消费活动的阶段特征和基本模式，分析传承与互联网、文化旅游、新媒体、文化创意等相关产业的关系。对具有代表性的消费现象进行重点考察，探明中华传统艺术的消费新业态。明晰中华传统艺术在当代介入人们消费生活的语境，能够有效认知中华传统艺术作为文化资源对相关行业的"哺育"并借助经济社会发展的力量"反哺"自身，脱离困境和低谷，开辟道路，实现有序传承和发展。

再次，明确中华传统艺术在当代的消费心理，从消费热点、消费偏好、消费需求等方面判断艺术传承体系中艺术家、风格、作品等要素的传承效果、价值，从而推导传承的方向和具体方法，形成实践的参照体系。把握隐藏在中华传统艺术当代消费背后的深层动力，分析社会风俗、价值观念、伦理道德、时代风尚等社会因素形成的消费对象在年龄、性别、收入、受教育程度等人口统计因素上的差异和认知、审美、情感等心理活动内部要素的特征。

最后，从哲学的层面对中华传统艺术当代传承的消费路径进行本体维度、文化维度、时间维度和空间维度的区分,明确传统艺术传承和传统文化传承的差别和共性,做到历史与逻辑的统一。中华传统艺术的当代传承与消费的关系,既存在于生产资料、生产方式和社会化再生产的"本体"之中,也存在于文化传播之中。传承天然带有先后相续、继往开来的时间性,又必然受制于地理环境和人文环境的空间性。从消费的视角厘清传承在时间和空间上的偏向和发展趋势,把握传承的本体存在和文化传播,有助于认识中华传统艺术当代传承的理论价值和现实意义。

此外,本书还尝试探索一些新的问题域,提出一些新的观点,从而建构有关消费和中华传统艺术关系的理论,主要体现在以下几方面:

第一,将消费和传承定位为一种双向的关系。中华传统艺术当代传承的成果不仅成了消费的内容,还影响了消费心理、消费结构、消费行为等多个层次。消费又为传承提供社会动力,引导了传承的方向,还塑造了传承的格局。

第二,将消费的物质和精神二重性,传承的无目的性和目的性统一起来。艺术作为一种特殊的消费品,既关乎生产资料、技术条件等物质层面,又关乎消费需求、消费心理等精神层面。传承既是一项文化事业,不以盈利和获取经济效益为目的,又为社会经济的发展提供资源和服务。

第三,统筹消费与中华传统艺术当代传承的宏观和微观层面。从宏观上看,传承与消费在历史发展脉络中始终保持着或远或近的距离,两者的亲疏反映了传统艺术的发展态势;从微观上看,传承成果必须在生活场景中通过消费来实现价值,从而明确艺术传承区别于文化传承的特殊性。

第四,构建消费推动中华传统艺术当代传承的中国特色学术话语体系。西方理论话语中的消费社会、消费主义、景观社会、文化工业,日常生活中的艺术嬗变等多为批判性理论,并不能完全适用于中国的社会现实。应当看到消费在中国当代社会语境中的变迁和价值重塑,明确消费为中华传统艺术当代传承创造动力的社会根源、机制和影响。

上　编

第一章　中华传统艺术在当代的消费层次与分类

中华传统艺术的当代传承可以通过人们的消费活动来实现。就整体而言，中华传统艺术传承的人才体系、技艺系统、风格特征和作品谱系最终都将通过艺术的消费活动来落实。就具体的艺术门类而言，戏曲、音乐、美术、影视等艺术作品对传统的继承和发展，也必须依靠艺术的消费活动来检验传承的结果。中华传统艺术当代传承过程中的消费活动，可以划分为直接消费和间接消费两个层次。这种层次的划分反映了消费在传承中的作用既是符合目的性的，是归宿和要求，同时也是应时而变、因地制宜的，是过程和方法。

消费在传承中发挥作用，首先是一种经济行为和经济活动，但它又必然在一定的社会环境之下进行，与其他的社会活动有着密切的关联。因此，中华传统艺术当代传承的消费路径，作为一种经济活动和社会活动，它与经济、宗教、民俗和教育之间保持着联系，维持着距离的远近，由此可以划分为显性消费和潜在消费。与经济活动的距离越近，显性消费的特征就越显著；与经济活动的距离越远，潜在消费的特征就越显著。

中华传统艺术在当代传承的消费路径，既体现为对直接的艺术产品的消费，也体现为对艺术作品的形式、风格、内容和意义的接受。这两种对象有差别的消费活动可以被称为产品消费和符号消费。产品消费强调消费活动中的消费行为、消费心理等，符号消费强调艺术接受过程中所体现的消费对传承产生影响的特点和规律。

第一节　直接消费和间接消费

直接消费，就是面向中华传统艺术当代传承的成果的消费活动或消费行为，无须借助中介性的机构或技术手段。例如，通过支付行为，获得在北京梅兰芳大剧院观摩纪念张君秋先生诞辰100周年的京剧专场演出的体验，或是通过购买行为，收藏苏绣艺术家顾金珍的作品。

间接消费，就是对传承的成果在经历了二次创作、再设计或传播之后，进行的延伸消费或叠加消费。例如，购买故宫博物院、敦煌研究院基于传统艺术开发的创意产品，付费观赏北方昆曲剧院《续琵琶》线上演出，购买梅兰芳的戏曲唱片等。

"20世纪以来，随着新技术的不断发展，戏曲的传播环境也发生了翻天覆地的变化。新技术催生的新兴视听手段的强势兴起，无疑对传统的舞台艺术造成了巨大的冲击。然而，新的挑战也意味着新的生机。电子科学技术可以给古老的戏曲艺术注入全新的活力。随着现代传媒技术的不断发展与更新，文化品类日益多样，打破了以往戏曲独领风骚的文化格局，同时也使得戏曲传播的方式更加多样化。"[1] 直接消费和间接消费，都是对传承的成果进行消费，但二者在层次上的差异是由技术进步、环境变迁以及人们生活方式的演变共同决定的。

一、直接消费和间接消费的市场格局与市场分布

中华传统艺术主要可以分为造型艺术和表演艺术两种类型。前者主要包括绘画、造像、书法、手工艺等，后者主要包括音乐、戏曲、杂技、舞蹈等。随着现代传媒的蓬勃发展，中华传统艺术与电影、广播、电视等媒介技术相结合，在传承的过程中形成了新的艺术产品，塑造着新的消费市场格局。在博物馆、美术馆等专业机构中欣赏绘画、书法、手工艺品和各类造像，在特定空间中观赏壁画、摩崖石刻、佛像等，以及在剧场观摩戏曲演出，属于直接消费。而购买经过加工和二度创作的艺术产品，或者观看戏曲电影、美术电影等，则属于间接消费。

从当前的市场格局来看，中华传统艺术的当代传承呈现出直接消费和间接消费互为补充、相互促进的面貌。直接消费主要通过旅游、教育等生活场景来实现，间接消费则通过与现代媒介技术的结合来实现。"媒体已

---

[1] 王林彤等，《消费文化视域下戏曲艺术的传承与创新》，《当代戏剧》，2017年第6期，第18页。

经拓殖了文化，表明媒体是文化的发行和散播的基本载体，揭示了大众传媒已经排挤掉了诸如书籍或者口语等这样旧的文化模式，证明我们是生活在一个由媒体主宰了休闲和文化的世界里。"①人们在直接消费和间接消费的过程中，享受艺术传承所带来的红利。

由于直接消费是与艺术产品发生即时的、当下的经济关联，因而具有此时此地性。消费者在特定场景中的主观意愿，成为推动直接消费的决定性因素。中华传统艺术的传承常常与民俗活动有着密切的联系。在苏州地区的"轧神仙"民俗活动中，各种非物质文化遗产和手工艺的产品，都需要以激发消费者的意愿为目标。当消费者在阊门南浩街和神仙庙集会时，作为民俗文化节和文化消费旅游品牌的"轧神仙"，都是以情景化的方式将消费者带入体验传承成果的契机之中。

中华传统艺术在当代的直接消费市场，主要包括以下几种形式。

第一，展览市场。近年来，美术馆、博物馆举办的传统艺术展览虽然担负着社会教育的责任，但大多数都以收费的特展形式向公众开放。2014年苏州博物馆"吴门四家"之唐寅特展、2018年上海博物馆董其昌艺术特展、2020年北京故宫博物院故宫600年大展等，观众均需以购票的方式参观展览或参与传承教育活动。需要注意的是，这些展览多为对传统绘画、手工艺等艺术作品的留存为主要展示对象，更多是一种流传和保存的呈现，但配合展览举办的公众体验和教育活动，却在技艺传承和文脉延续上体现了消费行为在传承方面的作用。社会公众通过支付展览门票和付费参与体验活动，以消费的方式见证了中华传统艺术的当代传承。

第二，演出市场。作为在舞台上转瞬即逝的表演艺术而言，戏曲、曲艺和杂技等传统艺术在剧场上演，观众通过购票观摩的形式参与有关的艺术消费。无论是京剧、昆曲、京韵大鼓、相声、苏州评弹还是传统杂技，这些表演艺术的产品体现了传统艺术的传承成果。在京剧、昆曲、越剧、豫剧等剧种各流派、剧目的唱和演的传承中，②观众通过消费活动检验和见证了这些传统艺术在技艺、风格和内容上的传承有序及扬弃发展。

第三，旅游市场。随着文旅深度融合的推进，旅游项目越来越多借助

---

① ［法］道格拉斯·凯尔纳，《媒体文化》，丁宁译，北京：商务印书馆，2004年，第6页。
② 如苏州的中国昆曲博物馆自2015年推出"昆曲大家唱"传承活动，以工尺谱的识读和演唱为主要教育项目内容。

传统艺术的形式来推广，获得了更大的市场和更多的盈利。在一些热门旅游景区，非物质文化遗产、传统艺术成了消费者发展性、延伸性需求的重要满足。例如，在湖南、广西和贵州的侗族自治县景区，侗族大歌的表演成了新的旅游项目，并利用自然风光和山水，形成了新的实景演出产品。"（侗族大歌，笔者按）在歌唱表演和接受传达之时可以传情达意、悦耳悦神，彰显了主体存在的自由。"[①] 这些旅游产品促进了传统音乐、舞蹈等表演艺术在人才、技艺、风格等传承层面的努力，使消费成为艺术传承的不竭动力。

第四，教育市场。艺术教育本身就是艺术传承的一种手段。随着国家对美育的提倡和对传统文化的重视，在专业类艺术院校之外，民间资本来源的艺术基础教育产业逐步扩大。国画、戏曲、民族舞、民族乐器等有关的艺术教育课程和项目获得了广泛关注。家长通过购买艺术教育课程，以消费的方式让孩子参与到艺术传承的实践中。以古琴艺术为例，这种中华传统艺术门类不仅有中央音乐学院、中国音乐学院等专业院校开设古琴专业，同时也有各种各样的民间艺术学校、培训机构等开设古琴课程。这些青少年对于古琴技艺、文化的学习和继承，同样也是古琴当代传承的应有之义。值得一提的是，这种教育类的消费活动，具有很强的延续性，消费行为往往能持续几年。

中华传统艺术在当代的间接消费市场，主要包括以下几种形式。

第一，线上市场。无论是造型艺术还是表演艺术，线上消费市场都呈现快速发展的趋势。以绘画、造像等造型艺术为例，不少微信公众号和网站对国画、壁画、佛像、画像石等进行分门别类的整理，用户在有消费意向时，需要付费选择一次性购买或订阅的形式才能下载和保存高清图像。在"石语梵行"微信公众号中，敦煌壁画、佛教造像以及龙门石窟、天龙山石窟、麦积山石窟等知名洞窟中的造像均以高清图像的形式进行整理和上架。订阅者根据自己的需要，可以一次性购买需要的图像包或是以年费会员的形式对公众号进行较为长期的订阅。表演艺术的线上消费市场，取消了剧场、音乐厅等对此时此地性的限制，与更多的生活场景相对

---

① 杨毅等，《侗族大歌传承的意义及范式研究》，《贵州民族研究》，2024年第3期，第115页。

接,因而具有巨大的潜力和庞大的市场规模。尤其在后数字时代,表演艺术线上消费呈现出媒体融合、技术融合的特点,悄然改变着人们的生活方式和消费习惯。如今,人们在视频网站购买会员从而观摩音乐剧、戏曲演出已屡见不鲜,而一次性购买一些特定的音乐会、话剧、戏曲等演出实况的产品,也成为很多消费者的选择。"'互联网+'助力文化娱乐产业新业态、新场景可以突破时空的局限,以用户需求为导向,不再是小众的自娱自乐,而是大众的文化盛宴。通过提高居民线上文化体验感,满足居民文化需求多元化,让人们愿意为更好的文化体验支付。线上文化娱乐体验不仅满足大中城市居民生活需要,同时也满足了偏远农村居民生活多元化的需求,这种消费结构多层面、多梯度提升的趋势释放了居民巨大的内需潜力,为扩大内需带来持续性拉动力。"①

第二,院线市场。20世纪初,随着电影被引入中国,电影艺术与戏曲、曲艺等传统艺术的结合,就成了传承的一种有效形式。戏曲电影、美术电影和电影中对戏曲、曲艺、音乐和造型艺术的融合,这些电影艺术的产品本身也是一种传统艺术传承的集合产品。因此,电影院线市场就成了间接消费的重要组成部分。以1961年上映的美术电影《大闹天宫》为例,就融合了中国画、戏曲、民族音乐、民族舞蹈等多种传统艺术元素。观众购票进入影院观摩此片,虽然不是直接对传统艺术的产品进行消费,却构成了对传统艺术传承成果进行间接的消费。从当前的电影市场来看,戏曲电影、美术电影仍然是重要的商业类型片,并与3D等最新电影技术结合,开辟了新的消费市场。"中国戏曲电影红红火火,2019年第32届中国电影金鸡奖'最佳戏曲片'沪剧电影《挑山女人》、2020年第33届中国电影金鸡奖'最佳戏曲片'京剧电影《贞观盛事》、京剧电影《曹操与杨修》、越剧电影《西厢记》、粤剧电影《柳毅奇缘》、粤剧电影《白蛇传·情》、粤剧电影《刑场上的婚礼》、汉剧电影《白门柳》等不同剧种的戏曲电影,在西班牙、日本、意大利、加拿大等国际电影节上亮相,同时也在国内的平遥国际电影展、海南岛国际电影节、佛山功夫电影周上赚足了人气。无疑,戏曲电影正在重现20世纪50年代黄金时期的全盛景象,步入新时代

---

① 陈琳琳等,《促进文化娱乐线上消费创新发展》,《经济参考报》,2021年3月30日。

的繁荣复兴。"①

第三，文创市场。中华传统艺术的造型艺术和表演艺术，往往是文化创意产业的开发源泉。造型艺术的图像、表演艺术的图像和影像，都能成为文创产品的灵感来源和开发素材。敦煌研究院以敦煌壁画、佛像的图像为基础开发的系列文创产品，故宫博物院以各类藏品为基础开发的系列文创产品，北方昆曲剧院以演出剧照和录像为基础开发的衍生文创产品等，构成了间接消费的文创市场。文创产品大多较为小巧，也便于携带，与人们的生活实际需求又有紧密的联系，因此，文创市场的间接消费与人们生活场景的融合度很高。器具、装饰品、食物等日常生活的产品都成为文创市场的组成部分。这些文创产品对传统艺术的传承，通常体现在对传统文化的推广上，与人们的精神生活密不可分。"后现代主义消费文化是个体的消费习惯、文化意识意图与精神追求互相交织的一种消费态度。"②购买京剧文创产品的消费者，虽然没有直接参与和体验京剧传承的成果，但在客观上他的消费行为有利于京剧在更广的范围内流传，并如同广告一样凭借文创产品的功能性和京剧的艺术元素和审美属性扩大着京剧的影响力。

二、直接消费、间接消费与中华传统艺术的当代传承的关系

直接消费是中华传统艺术当代传承的动力，也是检验传承成果的有效方式。无论是作为表演艺术的戏曲、曲艺、杂技、音乐的传承，还是作为造型艺术的绘画、造像、手工艺的传承，消费者直接的购买、支付、投资等消费行为都推动着这些传统艺术的传承，从中也体现了艺术的经济价值，包括流通手段、价值尺度等。20世纪八九十年代以来，水墨人物画在题材、造型和创作语言上都呈现出了鲜明的现代性，但传统水墨人物画的写意风格、笔法技艺和构图特征等，得到了充分的传承和延续，这与中国画市场的购买和投资需求有着很大的关联。2013年，根据网络小说和电视剧改编的越剧《甄嬛传》与公众见面，在全国多地巡演，票房收入取得了成功。越剧《甄嬛传》虽然在内容上与流行和热点结合，但从表演和演唱上都将越剧艺术的传统保留了下来，具有原汁原味的特点。这种在唱腔、

---

① 罗丽，《戏曲电影的机遇与挑战》，《中国文艺评论》，2021年第3期，第75页。
② 王冠伟，《大众文化到消费文化："神话"向世俗化的转向》，哈尔滨：黑龙江大学出版社，2005年，第15页。

身段和其他演出技艺和风格上的传承,来源于越剧观众的直接消费预期。他们走进剧场,期待着全新内容的越剧演出也仍然能够保留着越剧作为浙江地方文戏的传统色彩。

中华传统艺术的当代传承可以通过直接消费来检验成果。传承的结果是否能够符合艺术发展的规律,中华传统艺术是否能够在一种活态化的发展进程中实现延续和流传,都必须借助直接消费这种最为普遍的接受活动来进行。天津杨柳青木刻版画和苏州桃花坞木刻版画,作为两种不同地域、各具特色的代表性传统版画艺术,在非遗传承人、民间艺人和其他从业人员大量涌现的时候,无论是技艺、风格还是题材、内容的传承,都在直接消费的艺术市场中得到了检验。销量一定程度上反映了消费者的喜好,经济收益的多寡不能完全说明传承的有效程度,但如果没有版画的购买行为或付费参观行为,消费者无法知悉版画传承的结果,也无法体验这种艺术带给他们的审美体验和内容解读。可以说,消费是传承的社会"标记"。"在现代社会,记号和商品生产联合起来,消费活动必然会对商品和记号进行积极的操纵。"[1] 随着文化体制改革和艺术市场化的推进,仅以文化传承和社会教育为目的的免费版画接受活动在当前几乎是不存在的。即便是公立博物馆和美术馆的免费展览,邀请传承人和艺术家展示版画创作过程并引导受众进行购买和收藏,也逐渐成为一种趋势。从这个意义上说,直接消费是人们享有艺术传承成果的一种最为有效和常见的形式。

间接消费为中华传统艺术的当代传承提供经济支撑和文化传播的动力。对于表演艺术如戏曲、曲艺、杂技、音乐、舞蹈等来说,在剧场和音乐厅中的表演是转瞬即逝的,对消费者在特定时间、特定地点即此时此地性的要求也是较高的。但将表演艺术的影像或声音加工为唱片、录像带、CD、DVD 等,或是将演出的实况进行线上直播或转播,供消费者进行购买或支付。这样的间接消费活动为表演艺术产业提供了更多的经济支持,这对于激发这些传统艺术的传承是颇为有益的。对于造型艺术如绘画、造像、手工艺等来说,原作通常保存在博物馆、美术馆或是在自然和人文景观中,不宜移动。本雅明说的艺术作品原作的"膜拜价值"成了直接消费

---

[1] Mike Featherstone, *Consumer Culture and Postmodernism*, Publisher: Sage publications Ltd; Second Edition 19 July, 2007, p.50.

的障碍。而本雅明提出的机械复制时代原作的"展示价值",恰恰是间接消费的实现依凭。"由于对艺术品进行技术复制方法具有多样性,这便使艺术品的可展示性如此大规模地得到了增强。"①无论是摩崖石刻、石窟造像还是壁画、青铜器等,由于对原作保存的要求高、移动性弱等特征,通过技术手段对其数字化,如制作成高清的影像、动画,或是通过创意手段对其日用产品化,如制作成书签、冰箱贴、装饰品、笔记本等,这些间接消费活动构成了新的文化产业方向,成为这些传统艺术新的经济支撑点。

绘画、雕塑、戏曲、曲艺、音乐、舞蹈等传统艺术在当代的文化传播,同样也是传统艺术在当代传承的体现。间接消费扩大了传统艺术文化传播的影响力,扩展了传播的受众群,提升了传播的效能。"大众传媒把原先只有少数人能享受到的艺术作品以复制品的形式传递到千家万户,这恰恰满足了现代人渴望贴近对象,通过占有对象复制品来占有对象本身的欲望。"②以戏曲的传承为例,过去那种依靠戏班、堂名班等专业演出机构口传心授、言传身教的传统传承方式和职业演员之间的师承人才模式,逐渐因为有了唱片、DVD和网络电子音视频等媒介和视听存留技术而演变为职业演出团体和社会大众共同传承的趋势。虽然戏曲艺术的传承主要仍然以专业院校和专业演出团体的继承和发展为主要力量,但票友和戏曲爱好者通过购买唱片、订购戏曲音视频的方法学习和模仿戏曲演唱和表演,这无疑也是在文化传播的角度对传统艺术进行的有效传承。对于梅兰芳的京昆艺术而言,他的弟子代代相传,构成了梅派艺术的传承主体,但热衷于梅派艺术的票友和戏曲爱好者,他们通过间接消费的行为,以梅兰芳戏曲艺术的唱片、DVD和电子音视频为依据,进行自发的学习和模仿,并借助与专业演员和其他票友的交流提升传承的水平。在大众媒体时代,尤其是戏曲作为视听综合艺术的留存技术日益提升的当下,中华传统艺术传承的文化传播影响力,不仅体现在艺术家、剧目,还体现在受众对传统艺术的参与和延伸上。

---

① [德]瓦尔特·本雅明,《机械复制时代的艺术作品》,王才勇译,北京:中国城市出版社,2002年,第20页。
② 陆扬等,《大众文化与传媒》,上海:上海三联书店,2000年,第60页。

第二节 显性消费与潜在消费

中华传统艺术在当代的显性消费，就是艺术在介入人们的日常生活时，有着显著的经济活动特征，发生了支付、购买、投资等明确的消费行为。现场购买上海博物馆宋元绘画特展的门票，线上支付纪念浙江省昆剧院《十五贯》首演六十周年演出的戏票，付费订阅公众号查询敦煌壁画和造像的高清电子图像，这些参观、观摩和查阅中华传统艺术的活动都明确发生了消费行为，属于显性消费。

中华传统艺术在当代的潜在消费，就是艺术在介入人们的日常生活时，首先呈现出的是排除经济活动特征的倾向，没有发生支付、购买、投资等明确的消费行为，但隐含着经济活动中的消费特征，或将消费活动隐藏在无功利的、不涉经济的活动之中。2021年国家博物馆推出"中国玉器艺术展"，展览是免费的，博物馆观众无须购票就可以前往场馆和展厅观赏中国古代传统玉器的精美原作。参观行为本身并不是消费行为，也不具有明确的经济特征。但是，在参观展览之余，博物馆观众可以在纪念品商店购买专为展览开发和设计的文创产品，或是在博物馆的网店、微信公众号的推送上购买相关的产品或是有关的书籍、画册等。这样的参观活动就属于潜在消费。参观行为本身并没有消费的踪迹或事实，但参观引发了在外围或是背后的消费动机，并在配套的线下空间或是线上平台上实现了消费，与经济活动关联起来。

一、显性消费和潜在消费在中华传统艺术当代传承中的作用

对于中华传统艺术的当代传承而言，显性消费和潜在消费体现了两种趋势：一种是将传承的过程和结果落实到具体的生活场景中，以经济活动来推动传承的进行，使人们能够通过消费行为参与传承，享有传承的成果。另一种则是给传承提供一个有利的社会环境和条件，通过社会教育、科学研究等公益性的服务活动来促进传承的进行，将传承的成果转化为更广泛的社会效益。

显性消费与直接消费不同，它既包含对表演艺术的观摩、对造型艺术的观赏和购买等直接消费，也包含购买文创产品、表演艺术的音像制品等间接消费。"在这样的超现实中，实在和影像被混淆了，艺术不再是孤独

的、孤立的现实，它进入了生产和再生产的过程。"[1] 显性消费是一种明确的消费行为，与经济有着密切的联系。一方面，显性消费为中华传统艺术的当代传承提供经济动力；另一方面，它又全面反映了传承所形成的产业格局。

显性消费是传承的下游活动，消费者通过购买、支付、投资等活动为传承注入资金，同时又引导了更多资金的支撑，满足消费者的需求。以江苏省昆剧院为例，这支专业的昆剧演出团体在全国八大昆剧院团中率先进行了市场化改革。在目前的昆剧演出市场，虽然商业性和公益性的演出票价差异较大，政府也有专项的财政扶持，但消费者购票观摩的消费行为整合了来自消费者、政府和其他企业的资金，演出市场成了传承的一个门面。剧目保护和人才培养不仅有政府的扶持工程，还有消费者通过显性消费逐步建立起来的评价体系和选择机制。从剧目观摩的票房来看，剧目、演员在消费者群体中的受欢迎程度，能够为传承的方向提供指引。同时，经典剧目、优秀人才可以通过消费活动获得政府的立项保护和企业的商业支持。江苏省昆剧院和昆山当代昆剧院联合出品的昆剧《顾炎武》就得到了昆山市地方政府在创新性传承上的政策保障和经济支撑。在宣传和展演的过程中，企业的赞助也成了剧目展演呈现昆剧传承成果的一种有效方式。显性消费将艺术传承与文化消费、旅游消费、教育消费等市场整合起来，同时有效配置了来自政府、企业、社会团体和个人的资金。

潜在消费是一种隐含的消费活动，它通常处于消费活动的产业链条或是整个产业的大环境中。与显性消费不同，潜在消费没有直接和明确的消费行为，通常是一种社会服务或公益性的艺术接受活动，但处于整个经济产业和消费环境之中。博物馆、美术馆的公益性展览，艺术类专业机构面向公众的免费服务、推广、教育和体验活动等都属于潜在消费。在这些有关中华传统艺术当代传承的社会活动中，公众虽然并没有立即消费，但在参与活动之后，被激发了对于传统艺术的兴趣和了解的需求，并在之后的日常生活中购买和展览有关的文创产品、演出音像制品或是订阅线上的音视频产品等。这些隐性的消费活动往往能够起到对于中华传统艺术当代传承的文化传播作用。"传统不是静止不变的。当下的艺术实践就在文化传

---

[1] Baudrillard J., *Simulations*, New York: Semiotext(e), 1983, p.151.

统的连续河流中。"①从消费的特征来看，具有持续性、滞后性和隐含性。苏州博物馆自2012—2015年连续四年举办了"吴门四家"系列展览，广受好评。这四个展览虽然是免费的，但在参观展览的过程中，引发了消费者现场和线上购买文创产品，付费观摩有关主题演出以及付费参加社会教育活动的消费行为，并且持续到展览结束之后。潜在消费是在整个经济大环境中存在的，隐含在教育、文化等活动中。潜在消费对于中华传统艺术当代传承的作用，更多体现在文化传播、社会教育和公众服务上。"在新形势下自觉抵制隐藏在生活当中的西方消费主义文化意识形态的影响和渗透，坚持消费文化的民族性，以高度的文化自信推动传统消费文化精华的创造性转化和创新性发展，是防范和抵制西方消费主义文化、增强我国文化软实力的重要路径。"②

国家博物馆在2019年举办"笔墨文心五百年"馆藏明清书画展，出版了有关的书籍、画册，并举办研讨会。从展览本身来说，是免费对公众开放的。围绕展览开展的研究活动和社会教育活动也不是出于经济效益的考量。但在传统书画的文化推广、社会教育和公共服务上，却使更多的人能够参与传统书画的继承，既能够学习有关的笔墨技法、章法布局，又能够从研究成果中了解更多的传统书画知识，同时也能参与到临摹书画、创作书画的体验活动中。这些活动虽然不是显著的消费活动，但同样也包含了由公益性活动引发的购买图书、线上付费订阅等消费行为。

二、显性消费和潜在消费的关系

显性消费和潜在消费之间的区分，不是绝对的。潜在消费强调的是艺术的教育、文化功能和消费的社会环境，但最终还是要以显性消费的方式来实现。换言之，潜在消费包括了显性消费，同样有消费需求的支撑，只是以公益性的社会服务面貌呈现在公众面前。

显性消费是消费者的自觉消费行为，而潜在消费则与消费者的自觉消费行为具有一定的距离。消费者通过购票在剧院中观摩戏曲表演，他们从

---

① 陈旭光，《"中国传统的创造性转化"命题与电影的"想象力消费"理论》，《福建师范大学学报》(哲学社会科学版)，2024年第3期，第96页。

② 李雨燕，《新时代中国消费文化创新的价值维度》，《江汉论坛》，2021年第4期，第121页。

产生看戏的消费需求到发生购买的消费行为，这里的因果关系是直接的，是引起和被引起的关联。而在国家博物馆的免费参观活动中，博物馆观众到消费者的身份转换，是在他们参观展览之后完成的，无论是在现场购买文创产品，还是在线上购买有关书籍，这些消费行为都是他们参观行为的结果。也就是说，他们前往参观展览的动机和之后激发的消费需求之间，不存在必然的因果联系。他们有了解艺术史知识的自觉，但在参观活动进行之前，他们没有明确的消费自觉。在免费参观活动结束之后，博物馆观众受到社会教育，从而催生了消费的需求，实现了消费的行为，最终还是落实到显性消费上。因此，显性消费和潜在消费无法完全割裂开来。

显性消费和潜在消费体现了中华传统艺术当代传承的两大阵营。一个是通过明显的经济行为，用产业和市场的发展实现艺术的传承。例如，中国画的创作和市场销售、戏曲的排演和进入剧场、旅游业等。另一个则是通过公益性的教育和事业性的扶持来实现传承。例如，国家对非物质文化遗产的保护会提供专项的经费，学校的传统艺术学习课程以及公立博物馆和美术馆的社会教育活动。从这两个传承的阵营来看，显性消费更多出现在市场的、产业的阵营中，而潜在消费则更多出现在教育的、事业的阵营中。但是，显性消费和潜在消费只是帮我们认识中华传统艺术当代传承在消费路径上的不同倾向和层次，并不意味着必然的规定性。在国家对非物质文化遗产的保护工程中，抢救、保护、引导是目的，但相应的举措不可能不涉及经济秩序，也不可能脱离资本规则，因而不存在不涉及消费的传承。传承是"通过来自'生产者'和'消费伙伴'之间互动产生出来的外部经济世界一切文化产品差异化的过程"[①]。剪纸艺术家需要采买专业的纸和工具，京剧表演艺术家也需要购买或定制戏服、道具等，这些本身都是消费行为。但是，这些消费活动不是直接针对传统艺术进行的。显性消费和潜在消费的区别，是作为分析传承问题的不同面向而提出的。

潜在消费往往依靠政府的财政支撑，之所以其消费行为有所潜藏、隐匿，正是因为公共财政预算覆盖了个人的直接购买和付费。换言之，中华传统艺术当代传承的公益事业属性和市场消费属性正是显性消费和潜在消

---

① 赵鹏，《产业数字化驱动民俗文化创造力传承发展的内在机理与实现路径》，《山东师范大学学报》(社会科学版)，2024年第4期，第121页。

费并存、交融的内在根源。道情是广泛流行于我国南北多个地区的传统曲艺品种，最早与道教文化抒发感怀进行的布道有关。清代以后，道情与各地的民间音乐相结合，尤其是在农闲中进行演唱的风俗流行起来，使道情逐渐具备了民间说唱艺术的风貌。道情"最初是以松散型、自娱自乐的方式进行活动，后来每当农闲时，条件好的村庄便请来有名望的艺人当师傅，设立'教坊'培训演员，并排演剧目，不仅为当地乡民娱乐演出，还外出到其他乡、县进行演出活动，收取一些'戏份子'积累资金，购置行头衣箱，发展道情班社。到农忙时便各自回家务农"[①]。新中国成立之初，道情班社的乡里演出仍在广大农村地区颇为常见，在此基础上还成立了专门的道情剧团。如今，道情演出虽然也在现代剧场中有所登场，但主要活跃于群众性的公共文化服务中。道情的剧场演出遵循表演艺术消费市场的规律，观众通常需要购票进行观摩，发生明确的消费行为，属于显性消费。而公益性表演往往依靠政府财政拨款，观众无须购票，没有发生显著的消费行为，属于潜在消费。从大部分传统艺术在当代的消费情形来看，显性消费和潜在消费可以同时存在，只是出现的时机和条件有所不同。

第三节　产品消费与符号消费

中华传统艺术在当代的消费，无论是传统造型艺术还是传统表演艺术，都首先是在对艺术产品进行消费的层次上。上海昆剧团《墙头马上》剧目在国家大剧院、上海大剧院演出，本身就是一种戏曲表演艺术的产品，观众需要购票方能入场观摩。吴昌硕的写意花鸟作品也是中国画的产品，需要消费者通过市场中的购买行为来获得和收藏。但是，中华传统艺术在当代的传承产生了多元的成果，有时消费不仅仅停留在"作品"本身，而是以对"符号"的消费为最终的实现方式。画家关良、高马得以戏曲绘画著称，捕捉和凝固戏曲表演中具有韵味的包孕瞬间，创作了一幅幅写意特征鲜明的戏曲水墨画。这些绘画作品又成了文化创意产业的灵感来源。中国昆曲博物馆（苏州）在馆藏关良、高马得戏画的基础上，推出了

[①] 史计栓等，《民间艺术》，太原：北岳文艺出版社，2016年，第92页。

明信片、书签、冰箱贴等一系列文创产品。当博物馆观众购买这些文创产品时，他们不是对戏曲表演产品本身进行消费，而是对昆曲表演、昆曲传承、昆曲文化形成的"符号"进行消费。

符号消费强调的是意义指代和价值实现。意义指代，就是戏画所呈现的某一表演瞬间背后所携带的昆曲文化系统，包括表演的虚拟性和象征性、戏服妆发等戏曲审美元素以及戏曲故事所指涉的观念和文化风尚。价值实现主要包括两方面：一是昆曲艺术在当代社会语境下能够实现人们对慢节奏生活方式的向往和对古代伦理道德的现代反思等文化层面的价值；二是人们通过对昆曲文化符号的消费来实现文艺青年、传统文化爱好者、知识分子等自我身份的认同和他人对自我的评价。从产品消费到符号消费，这不仅是中华传统艺术当代传承在成果形式和类型上的差异，更是传承在与人们生活发生关联时在层次和功能上的差别。

一、产品消费的分类、特征与中华传统艺术的当代传承

中华传统艺术在当代的产品消费，按照艺术门类可以划分为表演艺术产品和造型艺术产品；按照艺术形象的类型可以划分为影像产品、图像产品和音像产品；按照存在方式可以分为实物产品和虚拟产品。

中华传统艺术包括戏曲、曲艺、杂技、音乐等表演艺术，也包括绘画、造像、手工艺等造型艺术。这些艺术门类的作品进入消费领域之后，就被锻造成了表演艺术产品和造型艺术产品。表演艺术产品具有转瞬即逝的特点和此时此地性。这种消费行为通常必须在特定的时间、特定的场合和一定的时间段落里进行。由于表演艺术是一种二度创作，表演艺术产品的消费行为本身就是在传承行为的进行过程中完成的。例如，中国昆剧艺术节自2000年开始举办，每一届的昆剧艺术节都有全国各大院团在苏州及周边地区的剧场演出。观众购票前往昆山保利大剧院、苏州科文中心、吴江大剧院等场所观摩《公孙子都》《墙头马上》《景阳钟》《伤逝》《续琵琶》等传统戏和新编戏，这是针对戏曲表演艺术产品的消费行为。与此同时，这些剧目表演也是昆剧艺术扶持、保护和传承成果的展示，是活态化的戏曲传承方式。戏曲传承只有在不断表演的过程中才能实现流传有序和承前启后。苏州评弹"光前裕后"的专场演出，常常吸引来自上海、浙江、江苏等地的曲艺观众前来观摩，演出市场呈现一票难求的火爆场面。

从演出的主题也能够看出，此类演出不仅是文化消费市场的重要组成部分，更是作为非物质文化遗产保护和传承成果的检验和展示。

由于表演艺术在时间和空间上的固定性，此类艺术产品往往具有较为明显的地域特征。在人类技术文明进入大众传媒时代以前，表演艺术的此时此地性使艺术的传播和流布限定在一定的地域范围之内，培养的受众群或曰消费者也在一定的地理广度之内。传统戏曲的地方戏、民间曲艺、传统杂技等，通常都带有较为鲜明的地域特征，观众也多为周边地区的居民。一方面，这是由于地方性的表演艺术在风格特征上要符合该地区民众的审美和接受习惯，另一方面则与以语言为表演材料的艺术有时用方言来表达有关。以发源于浙江绍兴地区的越剧为例，因为方言和曲调产生的审美和接受屏障，使受众群主要集中在浙江、江苏、上海、江西等近邻。当代社会大众媒介技术的发展打破了越剧传播的限制，但长期培养的受众群体和欣赏惯性仍然决定了越剧艺术产品在消费活动中的地域局限。"地点和文化持久地纠缠在一起，因为任何特定地点——正如这里所研究的——总是密集的人际关系的所在地（文化在某种程度上由此产生），而且文化往往是一种具有鲜明地方特征的现象，因此这些地方特征有助于区分不同的地点。"① 文化与地方特征之间的张力形成了表演艺术产品在消费市场上的地域偏向，但随着媒介技术的发展和表演艺术民族性价值的挖掘和推广，地域的界限正在面临着不断打破和消失的倾向。近年来，越剧推陈出新，在题材上选择《步步惊心》《甄嬛传》等全国受众耳熟能详的热门内容，表演产品也逐渐离开江浙沪地区，向全国拓展。越来越多的北方观众、西南观众因猎奇心理和对越剧美学特征的普遍性和共通性的认可开始尝试并热衷越剧艺术产品。2019年以反映温州商人故事为题材的越剧《风乍起》在北京保利剧院演出，获得了观众的追捧和好评。

造型艺术产品具有永固性和唯一性。相较于表演艺术产品的此时此地性，造型艺术的产品虽然具有可移动性，但因为价值的差异，决定了购买和观赏两种不同性质的消费行为。对于一些历史价值、艺术价值较高的造型艺术作品，如黄宾虹、徐悲鸿的画作，钱绍武的雕塑等，这些艺术作

---

① ［英］艾伦·J. 斯科特，《城市文化经济学》，董树宝等译，北京：中国人民大学出版社，2010年，第5页。

品有时作为美术馆中的展览品成为观赏消费行为的对象,此时观众需要通过购票参观展览的方式实现在特定时间和特定地点的消费行为。有时这些作品也能够在拍卖行和画廊等艺术中介机构出现,此时收藏者和投资者也可以通过购买的方式实现对产品的所有权,进而打破观赏的时空限制。有些艺术作品具有极高的历史价值和文化价值,被博物馆收藏,无法进入市场流通的环节,因而在收费的特展上购票进行参观和欣赏是可能的消费行为。

具有永固性和唯一性的造型艺术产品在这样的语境中成了不可占有的产品,对它们进行的消费往往是间接的。并不是所有的造型艺术产品都给消费设置了高门槛。对于一些艺术家创作的绘画、雕塑和手工艺品而言,市场价格通常是普通消费者有能力购买的。此时这些产品就具有显著的移动性,在市场的流通性也更强。"新消费主义不仅从思想观念的维度对人们进行诱导和规训,而且通过'景观遮蔽'来误导人们树立生活的价值和乐趣就是进行消费的观念。"[①] 通过收藏对艺术作品的持有和在观念上临时性地获得艺术作品的信息,这是全然不同的消费。虽然造型艺术也有地域特征较为明显的流派和风格的差异,但相对于表演艺术而言,造型艺术产品在受众的地域性上没有严格的规定性。北方的观众可能对广东粤剧有一种天然的接受障碍和消费鸿沟,但对于吴昌硕、傅抱石等南方的艺术家作品而言,北方的受众仍然具有很高的认可度。造型艺术产品的消费并不具有明显的地域限定。造型艺术产品的消费是对一定时期内传承成果的固化,是一种文化意义上的传承。例如,天津杨柳青年画在技艺、风格和题材上的传承,凝固在版画产品中,消费者购买版画之后,更多是对杨柳青年画的认知、感受和体验,是对艺术的文化内涵和价值的延续。消费者的审美偏好、欣赏习惯有可能对造型艺术的传承方向产生影响,但这种信息的反馈通常具有滞后性。例如,一些消费者对传统山水、花鸟和人物画的购买行为倾向于偏爱反映现代生活、融入西方技法的作品,这对传统国画的传承具有一定的调节作用,但这种作用往往在较长的时间跨度里产生有限的影响。

---

① 李国建,《数字化时代下的新消费主义批判:存在形态、生存机制及应对策略》,《中南大学学报》(社会科学版),2024年第4期,第161页。

中华传统艺术在进入传播通道以后，产品的类型就会与媒介技术结合，形成影像产品、图像产品和音像产品三大类。表演艺术是转瞬即逝的，诉诸人们的视觉和听觉，既占据一定的空间，又在一定的时间段落里发生。借助摄像技术、摄影技术、录音技术等手段，表演艺术产品就被加工为唱片、录像带、DVD、卡带、相片、明信片、海报等。这些艺术的技术加工结果，不仅是对表演艺术的记录和留存，同时也进入了市场，成为一种消费品。技术具有线性发展的特点，新的技术在成熟和广泛应用之后，原有的技术常常会被取代。因此，表演艺术的延伸产品经历了从黑胶碟到磁带的更迭，再进入集合声音和画面的录像带、光碟（VCD、DVD）的影像产品的迭代。图像产品的更新换代始终贯穿于这一过程中，经历了黑白照片、彩色照片和电子照片等阶段。"到八十年代中期，由于盒式音带与CD等新音乐媒介的迅速发展，唱片（指黑胶唱片，笔者按）市场急剧萎缩。1985年，中唱（中国唱片总公司，笔者按）的密纹唱片生产的总量，从前几年的100~200余个片号，一下子降到23个片号；薄膜唱片从1984年的906个片号，降到566个片号，戏曲片萎缩更加严重。"[①]需要指出的是，技术的发展虽然是不断向前的，但消费产品因受到人们的消费习惯和消费心理的影响呈现出折返的趋势。例如，黑胶唱片虽然在20世纪90年代以后有多种音乐留存和播放技术的替代和冲击，但进入21世纪以来，一些音乐"发烧友"青睐模拟录音技术，即使用现代电子音响设备来播放复刻黑胶唱片，掀起了一股复古的热潮。这种对已经为时代所淘汰的技术产品的再次风靡体现了消费者获得精英和小众文化群体身份认同的需要。他们通过购买、收藏复刻黑胶唱片的消费行为唤起他人的认可，以此来造成他们与主流群体的区隔感和优越感。音像产品、图像产品、影像产品最初都是音乐、戏曲等表演艺术爱好者，尤其是歌星、影星和戏曲名角的拥护者的消费目标。他们通过购买这些产品来表达对明星的支持和喜爱，同时也满足了自己的爱好需求。从消费行为的结果来看，唱片、录像带等产品是有利于艺术传承的。很多戏迷、票友、歌迷是通过反复聆听和观看这些表演来模仿和学习演唱的。"'个人资本'越多，代表其能够利用

---

① 柴俊为，《"中国"戏曲唱片70年》（下），《上海艺术评论》，2019年第6期，第13页。数据参考《中国当代的广播电视》编辑部，《中国的唱片出版事业》，北京：北京广播学院出版社，1989年，第44页。

自身优势为粉丝群体持续壮大发展带来更多的现实利益。"[①] 资本的积累和流动有时也反映了传承地域的密度和历史的深度，表现为消费的圈层。

对于戏曲艺术的传承而言，唱片和录像带使戏曲艺术具有了聆听和观赏的可移动性，也大大消解了在演出时间上的束缚，消费者可以反复播放。这对于戏曲的推广和普及性的传承具有重要的作用。即便是在专业的戏曲人才培养中，已故表演艺术家的录音和影像也成了戏曲技艺传承的重要参照和依据。白云生、韩世昌、俞振飞、梅兰芳以及"传"字辈的昆剧表演艺术家，留下了一些音像和影像资料。这些资料虽多为专业的博物馆所收藏，但数字化修复和出版使这些文物史料成了市场中的消费产品。无论是专业的昆剧院团还是民间曲社，无论是专业的戏曲演员还是民间的戏迷、曲友，都可以通过购买唱片、磁带和录像带的消费行为来帮助实现戏曲艺术在演唱、身段等技艺层面以及服饰、化妆、道具等技术层面的传承。

中华传统造型艺术必须占据一定的物质载体，无论是一次加工的绘画、造像艺术还是二次加工的各类文创产品，都以纸张、丝绸、石材等为最终的呈现物。当代艺术家创作的国画、雕塑、造像，创意产业中以传统艺术为素材的衍生产品，如机械印刷的花鸟画折扇、书签、笔记本等，都是以物质实体成为消费对象。中华传统表演艺术也必然占据一定的时间和空间载体，可以是剧场、音乐厅等场所内的演出实体，也可以是盒式卡带、光碟、黑胶碟等媒介化的物质载体。这些具有明显物质实体的消费类型可以称为实物产品。进入电子媒介时代，造型艺术和表演艺术的产品以电子设备和互联网中的信息形式存在，摆脱了对物质载体的依赖，可以称为虚拟产品。视频网站的收费戏曲、曲艺和杂技表演，微信公众号有关传统音乐、水墨山水画、龙门石窟的造像图像的收费订阅等，都不再以物质实体为呈现方式，而是以虚拟的数字信息成为消费对象。

中华传统艺术在当代的实物产品消费需要依靠多样化的中介机构完成消费者和市场的连接。由于消费需求的多元化，这些中介机构在发展的过程中逐渐各司其职、各具特色，以区别性的特征来实现市场细分。例如，

---

① 吕君怡等，《文化分层理论视角下"饭圈"青年的生存样态探微》，《福建论坛》（人文社会科学版），2024年第5期，第150页。

北京的京剧观众可以选择长安大戏院、梅兰芳大剧院等京剧演出密集的专业剧场来购票观摩京剧，而传统民族音乐的爱好者则更多选择北京保利剧院和国家大剧院等剧场来购票欣赏音乐会。国画爱好者可以在荣宝斋、一得阁等拍卖展厅中选择自己中意的绘画作品，而佛像收藏者则可以在雍和宫周边的佛具集聚区选择自己青睐的佛教造像。中华传统艺术当代传承的成果能够服务于人们的日常生活，需要这些各具特色的中介机构发挥作用。"在整合自愿的基础上才能形成特定的符合市场需要的艺术产品。没有经过整合的艺术资源通常是以各种不同的形式分布于我们的日常生活中，甚至是散落于生活的各个角落，不为人们所关注。"[①] 艺术传承不仅仅只是自上游顺流而下的代代相续，更重要的是在时间流动的长河里不断形成与人们生活相关的支流，百川最终汇聚于人们精神生活的海洋。实物产品的消费由于在实体的时空中进行，往往还带有社会交往的特点。表演艺术欣赏一般是集体观摩，人们在消费艺术的同时也能够进行人际交流，在信息的交换中实现消费的增值性，获得受教育、受感召或调节情绪的精神性价值。从这个意义上说，实物消费是与社会环境紧密联系在一起的，艺术的传承与整个社会生态不可分割。艺术传承通过消费行为与社会的教育、民俗、宗教、文化等联系起来。

  虚拟产品的消费不依赖物质实体，而是在电子媒介设备或互联网上进行。付费观看专场表演、付费订阅有关传统艺术的信息发布或资源平台等，这些消费行为都不需要在实体的时空中进行，取消了消费行为的时空局限。正是基于这样的特点，在网络技术、数字技术和人工智能技术迅速发展的时期，虚拟产品的艺术消费成了新的经济增长点，迎来了新的发展机遇。与实物产品相比，虚拟产品一般不具有收藏特征，也不存在市场流通性，消费通常是一次性完成的。

  信息的接收和读取，成为这种消费活动的主要目的。以当代古琴演奏家龚一的表演为例，人们在腾讯视频、QQ音乐等网络平台付费购买演出音频和视频之时，是以音乐和影像等表演信息的接受为目标，并不能获得实体演出的临场感和集体观摩的气氛。现场观众之间的交流，观众与表演者之间的交流也为线上的评论和留言所取代。可以说，虚拟产品消费让渡

[①] 张胜冰等，《民族艺术与文化产业》，青岛：中国海洋大学出版社，2009年，第46页。

了亲临的体验感来获得接受的自由度，从丰富复杂的社会行为蜕变为纯粹意义上的艺术信息的获取和感知。当然，这不是虚拟产品消费的终点。由于互联网的交互特征，人们在欣赏表演之后仍然可以通过信息反馈和信息交流的方式在虚拟的网络时空中实现社会交往。从艺术传承的角度看，互联网上的大数据、信息采集和加工等，使传统艺术分割为信息的要素，这对于传承体系中的人才培养、技艺风格、成果展示等都具有明确而精准的反馈和分类。例如，视频网站的点击率能够充分反映整个戏曲市场中哪些剧种、剧目、艺术家更受到观众的欢迎，哪些风格流派、表演技艺获得了更多观众的好评和赞誉，在传承过程中哪些改编和创新、因循和遵守是赢得观众认可的。虽然受众的评价并不是传承的唯一标准，但这些具有参考意义的信息无疑对传承有着重要的导向作用。

二、产品消费与中华传统艺术对精神需要的满足

产品消费是中华传统艺术当代消费的第一个层次，它能够满足人们的精神需要。艺术作用于人们的精神生活，能够陶冶性情、成教化、助人伦、培育对美的感受、调节情感情绪等。也正是基于艺术的功能，人们对间接经验的好奇心、对情感宣泄的需要以及对游戏愉悦心情的渴望等精神生活的追求也激发了对艺术产品消费的需求。2021年，粤剧电影《白蛇传》引起了人们的关注。当人们购票纷纷走进影院观看戏曲影片时，不仅希望得到片刻的放松和娱乐，也希望在这个美好的爱情故事中获得精神世界的补偿。感动、怜悯、悲愤……这些情绪是在人们的消费行为完成之后的获得，也是人们在产生消费需求之时的心理期待。"消费文化动摇了原来商品的使用或产品意义的观念，并赋予其新的影像与记号，全面激发人们广泛的感觉联想和欲望。"[①] 艺术作为一种产品，是消费文化语境下的一种特殊商品。这种商品的使用价值和产品意义并不是单一的，而是与人们广泛的精神生活连接在一起，具有复杂性和多样性。那么，产品消费能够满足人们的哪些精神需求？这些需求呈现什么样的特点和趋势呢？

首先是满足消费者的求知欲，即通过直接经验和间接经验来认识世

---

① ［英］迈克·费瑟斯通，《消费文化与后现代主义》，刘精明译，北京：译林出版社，2000年，第166页。

界的需求。艺术具有认知功能。人们在进行艺术产品消费的时候，不仅能够了解绘画、雕塑、戏曲、音乐等传统艺术的表现技巧和形式风格，还能通过艺术作品所反映的内容增加间接的知识和阅历。对艺术的技巧和形式的感知是感性认识和理性认识共同作用的结果。例如，对于传统中国画爱好者而言，他们的习作也是传承的一种体现。山水画中的皴法、谢赫提出"六法"中的"骨法用笔"等，这些有关创作技巧的知识在消费行为完成后，他们可以通过观察、鉴赏和品味的方法对这些形式特点和技巧进行感受和思考。这些形象直观、具体可感的艺术产品不仅加深了他们对画作的理解，同时也有益于指导他们自身的练习和创作。不同性质的消费在满足人们的认识需求时具有不同程度的效用。购买画册和绘画原作、购票参观展览和付费参与展览的主题讲座和社会教育体验活动，在认知的效果以及获得信息的程度上具有显著的差异。由于机械复制对绘画作品细节和物质载体的材质的还原非常有限，在绘画的尺幅上也会有缩放，水墨山水画中的平远、高远、深远的效果体验和工笔画中敷彩和用笔的细节，都无法与原作相提并论。消费者购买画册所满足的认识需求远远不及购买原作的程度高。

2018年上海博物馆推出了董其昌书画艺术特展。购票参观特展的观众只能对董其昌的书画作品进行浏览和凝视，结合解说词进行整体或局部的了解。而对于付费参与特展相配套的讲座、体验活动的观众而言，对于董其昌其人其事和艺术创作的认知和感受是更为全面和深入的，既包括对董其昌创作的技巧和形式的感知和理解，也包括对董其昌所处时代的历史和文化的认识和掌握。产品消费对消费者认知需求的满足，这两个层面通常不能分离，在大多数情况下是共同发生作用的。在观众购票对民族音乐《春江花月夜》的表演进行观摩时，他们不仅能够了解琵琶演奏的节奏、时长、重音等形式和技巧层面的信息，同时也能够对张若虚作诗和鞠士林、张兼山谱曲进行认识和理解。

产品消费对人们认识需求的满足，也是艺术传承得以代代相续的原因之一。京剧的经典剧目演出，必须建立在人们对表演技巧和形式充分感受和理解的基础之上，同时也必须在所表现的内容和剧目的文化背景和价值意义上形成"公约"的知识和判断，从而在传承的过程中达成一种共识，不至于受到否定和批判而中断了传承的过程。"知性是一种感知和思维的形式，也是感知事物、思考事物特征的思维能力……有了知性的作用，操作层面才可能发挥应有的价值和作用。所以，知性对于传统艺术创作技艺来说十分重要，从技艺入手传承中华传统艺术，必须首先掌握中华传统艺术知性层面的技艺。"[1]中华传统艺术的当代传承需要知性发挥作用，不仅仅包括创作者的感性认识和理性思考，也包括受众对艺术作品形式、技艺、内容和价值的感性认识和理性思考，中华传统艺术在当代的产品消费就是最常见、最有效的一种途径。只有消费者也充分认识到艺术产品的属性和价值，传承才能在完整的知性体系中顺利开展。否则，艺术的传承就成了创作者、艺术家的自娱自乐和自我满足。产品消费对人们求知欲的满足，还包括一种特殊的情形：对人们猎奇心的满足。艺术需要陌生化，人类好奇心的本能驱使人们对陌生的艺术形式保持兴趣。由于方言的使用和曲调风格的差异，南方的观众通常对晋剧、梆子戏、秦腔等戏曲表演并不熟悉，但有时这恰恰催生了他们对这些剧种的求知欲。越剧、黄梅戏的婉转清丽与高亢质朴的秦腔形成很大的反差，而这种反差很容易激发越剧和黄梅戏的观众对陌生的秦腔产生了解的兴趣。产品消费对猎奇心的满足在审美经验累积的过程中会逐渐淡化。从陌生到熟悉的变化中，猎奇心逐渐转化上升为理性认知，猎奇的、充满陌生感的冲动消费逐渐成为一种平常心的理性消费。在猎奇的消费行为中，最早的认知更多的是对形式和技艺的感受和体验，随着理解的加深，对内容和价值的理性认识渐渐占据上风。

其次是满足消费者休闲、娱乐和放松心情以及调节和补偿情感情绪的需要。中华传统艺术的产品消费与日常物质产品消费的最大差异，就在于艺术产品消费超越了对物质生活中功利诉求和生理需要的满足。艺术产品的消费，往往能产生一种愉悦心情、放松身心的效果。在农耕文明时期，传统艺术在劳动人民生产劳作的间歇给予放松、休息和游戏的作用，这是传承的动力之一。"人到愈闲散时，愈觉生活的单调，愈感到苦闷，愈想有偶然的事变来破岑寂，愈想有激烈的刺激来激起生气，所以游戏和文艺的需要在闲散时也愈紧迫。"[2]进入当代社会，人们的工作和生活节奏越发

---

[1] 王廷信，《技艺视角下中华传统艺术的当代传承》，《中国文艺评论》，2020年第7期，第6—7页。

[2] 朱光潜，《文艺心理学》，上海：复旦大学出版社，2020年，第173页。

加快，休闲和放松的需求越来越重要，也越来越强烈。与此同时，中华传统艺术的产品消费在当代的社会环境中也有了越来越多的专门化场所和渠道，音乐厅、剧场、互联网平台、智能电视等，人们借助艺术产品来获得游戏、娱乐和放松的选择也越来越丰富。中华传统造型艺术和表演艺术在满足消费者的休闲和娱乐需求时具有不同程度的效果。造型艺术偏向于再现，在静止的时空里存在，更需要依靠人们的想象，调动人们的主观能动性，实现休闲和娱乐的功能时显得较为节制和温和。

表演艺术偏向于表现，在动态的时空里存在，"在时间中先后承续的符号也就只宜于表现那些全体或部分本来也是在时间中先后承续的事物"[①]。叙事和抒情的表达特征能够大大填补人们的想象，又能极大地激发人们的主动参与，因而实现休闲和娱乐的功能时显得较为强势和突出。消费者购买敦煌研究院推出的佛教壁画文创产品，更多是受到佛教知识的教化，或是在静观中获得宗教的洗礼和升华，很难说是一种放松和休憩状态下的娱乐。尽管这种隽永的宗教沉思也会给忙碌的工作状态带来片刻的安宁和休憩，但更多是一种沉思和反省。传统舞蹈、杂技、戏曲、曲艺和音乐则截然不同，在流动的音符里，在跳动的节奏里，在舒展的肢体动作里，在活跃和充满力量的翻腾里，在婉转悠扬的吟唱里，在娓娓道来的诉说里，这些产品消费行为直击人们的心灵世界，人们在生活中的不安、急切、惶恐和担忧得以暂时放下，全身心投入表演艺术的趣味和情境中去。在此基础上，对这些艺术产品的消费，人们的情感和情绪得到了调节和补偿。人们在购买和观赏水墨山水画后产生的豁达、开朗的心境，在购票和欣赏《赵氏孤儿》《龙凤呈祥》之后产生的或哭或笑的生理反应和净化自己的怜悯和恐惧的心理状态，在购票和观摩传统杂技后产生的崇高感和敬畏之心等，这些情感和情绪或剧烈或微妙的变化都是消费者精神世界的构筑，也是他们在当代高压力、快节奏的生活中心灵世界的偏安一隅和短暂休憩。

最后是满足消费者自我实现的需求。中华传统艺术在古代有三大系统：一是宫廷管理和培养的职业化人才为主要群体的创作，包括院体画、宫廷舞蹈和音乐等；二是文人士大夫为主要群体的创作，包括文人画、戏

---

① ［德］莱辛，《拉奥孔》，朱光潜译，北京：人民文学出版社，1984年，第82页。

曲、书法、篆刻等；三是民间艺人为主要群体的创作，包括手工艺、造像、民间舞蹈和音乐等。当然，这三者不是完全对立和分割的状态，彼此之间也有相互的影响。更重要的是，这三个系统所对应的艺术类型也不是绝对的。以书法和篆刻艺术为例，纵然有宫廷职业书画家为歌功颂德、粉饰太平的创作，也有文人群体在纸本上的自然书写，也有民间匠人所雕刻的石碑。"民间艺术的三个层次：业余性质的、副业性质的和以此为职业的。前者最普遍，虽然水平参差不齐，但情感真挚，体现了民族的乐观、进取精神，显现出'人的本质力量'。后者的技艺精进，表现出艺术的想象力和创造力。值得注意的是，作坊艺人的作品，既可能是民间艺术品，也可能是为文人或宫廷制作的。"[1]进入当代社会，传统艺术的这三个系统的创作，逐渐汇流，又进而形成专业和业余两大系统。

以传统中国画为例，专业的国画家既能够得到政府相关政策的扶持和帮助，也能够以知识分子或艺术家的身份从事专门的艺术创作，同时又以公民的身份将艺术作品与日常生活和民俗活动联系在一起。业余的国画爱好者，同样也能够获得政府公共文化服务的支持，以知识分子或传统文化爱好者的身份进行艺术创作，并以公民的身份将自己的创作成果运用到社区活动或私人的社交场合之中。

古代社会那种以不同社会身份为前提的艺术创造到了当代社会中逐渐成为一种主体化、自由化的创作。专业的艺术家在产品消费的市场和价值评定体系中获得身份认同，而业余爱好者则在产品消费的行为过程和精神生活中获得自我实现。以传统民族舞蹈为例，专业歌舞院团的演员在政府的扶持项目中研习传统、继承发展，在演出市场中获得票房支持、观众口碑和专业评奖的肯定。在整个传承的过程中，产品消费是重要的价值呈现平台。专业演员的传承成果和产品消费联系在一起，在传承的过程中完成自我实现。这个过程当然不只是市场、口碑和奖项可以衡量，但自我实现必然需要一定的外在评判而不全然来源于自我认定和信心觉醒。对于传统民族舞蹈爱好者而言，他通过观赏专业的舞剧演出、购买表演艺术家的影像产品以及付费参与舞蹈课程来不断提升自己的表演水平和认知高度，进而在自媒体网络平台或群众文化活动、社区活动或专业机构的教育成果展

---

[1] 张道一，《中国文化传统与民艺层次》，《中国艺术报》，2012年6月29日。

示活动中建立信心，赢得各方的肯定和认可，从而完成自我实现。这种实现同样不会是完全来源于自身，而是以自己的公民身份、社会群体身份在与社会的互动过程中逐渐建立起自我实现的途径并最终得以完成。

三、符号消费的分类、特征与中华传统艺术的当代传承

符号消费与产品消费的区别并不在于消费的形式。中华传统艺术在当代传承过程中的艺术创造，如创作的国画、进行的民族音乐表演等，基于戏曲表演图像和书法图像的文创产品等，虽然存在着是否进行了二次加工的区别，但最终都是以产品的形式存在的。符号消费与产品消费的最大差异，在于对消费需求的不同满足。产品消费满足了人们对认识、审美、精神生活的需要，而符号消费则在意义指代和价值实现上满足了消费者在社会中身份和认同的需要。

此外，符号消费往往溢出艺术作品本身，而是以一种文化标识的形式出现在消费活动中。"所谓消费的符号性或者符号消费，是指人们在消费商品时已不仅仅是消费品本身具有的内涵，而是在消费物品所代表的社会身份等符号价值，商品的衍生价值附着在商品上，使得商品消费映射出各种身份符号从而吸引着消费者，消费者通过被赋予这种身份符号而在一种被动状态下变成社会存在中的符号，从而实现自我身份确认。在消费行为中，物品的价值不再表现在其原始功能性层面上，而是表现在物品的符号价值和文化层面意义上，吸引人们消费某种物品的不是该物品本身的功能，而是该物品被赋予象征性的符码意义。"[1] 例如，电影艺术是一种大众传媒艺术，几乎每个年龄层和各社会群体的人都有兴趣和机会去影院中观赏影片。但对于戏曲电影这种小众的类型片而言，有限的观众会被定位为知识分子、戏曲爱好者、文艺青年、精英人士等社会群体。尽管这种群体划分有时主观性很强，也存在一定程度的交叉，但毕竟是相对于大众、主流而言的。对于戏曲观众的个体而言，有些人也凭借观摩戏曲影片这种消费行为，实现了诸如资深戏迷、艺术电影爱好者的自我认同，同时又获得了不同于普通观众的社会认可和群体定位。这种消费行为已经脱离了艺

---

[1] 王岳川，《消费社会中的精神生态困境——博得里亚后现代消费社会理论研究》，《北京大学学报》（哲学社会科学版），2002年第4期，第33页。

术产品本身的价值和功能,而带有社会语境的限制力。另外,戏曲影片作为消费的对象,不仅仅在审美体验、休闲娱乐、精神观照、道德引领等产品消费的功能层面中发挥作用,并且以文化符号的形式指代了不同于战争片、悬疑片、爱情片等类型电影的意义系统,实现了消费者在自我身份认同和社会认同上的价值。

那么,符号消费中的"符号"究竟指什么?书法家沈鹏、孙晓云的书法作品,关良的戏曲水墨画,龚一的古琴演奏作品等,这些中华传统艺术在当代传承的作品以及由它们所延伸出的文创产品,固然都是一种"符号"。但在什么样的语境下我们说这些消费的对象脱离了产品消费的层面而进入符号消费的领域呢?中华传统艺术在当代的消费,根据语境、意义指代和功能实现的不同,主要可以分为三种符号消费:媒介符号、仪式符号和民族(地域)符号。

媒介符号,就是在媒介语境下,艺术作品作为消费的对象,产生了具有区别特征的意义指代和价值功能系统。上海工笔人物画家戴敦邦曾为《水浒传》《红楼梦》《西厢记》等古典名著绘制人物图和插画。这些绘画作品不仅出版成册,还被上海博物馆、上海美术馆等开发为明信片、书签等文创产品。作为消费者,购买和收藏戴敦邦的工笔画原作、购买画册出版物、购买文创产品,是截然不同的三种消费行为。收藏原作的门槛较高,通常适用于具有一定经济能力的人群,他们当中很多都是书画收藏家。购买画册的门槛虽然不高,但工笔人物画册毕竟不属于主流艺术消费领域,通常只有绘画艺术的爱好者和艺术家的追捧者才会实施购买行为。"由于多用直线、折线、顿挫和粗细对比,戴敦邦红楼人物绣像线条刚柔并济、爽朗有力、节奏鲜明,其审美风格与同时代的刘旦宅、程十发等人接近,阴柔中有阳刚的成分,与清代改琦、费丹旭等人柔弱、甜俗的审美风格形成了较大反差。"[①]戴敦邦的人物画风格鲜明,但在趣味上因革新性而尚属小众。购买文创产品,则具有更宽泛的条件,参观画展、逛书店、旅游等生活场景中,都有可能遇到消费的机缘,大部分人都可以是这种消费行为的潜在主体。而造成这种消费群体划分的决定性因素,正是这些艺

---

① 张克锋等,《戴敦邦〈红楼梦〉人物绣像的艺术成就》,《红楼梦研究》,2024年第2期,第174页。

术作品的媒介。

原作以特定的纸本为媒介，具有唯一性，它的收藏价值最高，但距离日常生活的需要也最远。画册以机械印刷出版物为媒介，具有可复制性，但又有知识储备视野的限定，它的收藏价值次于原作，在日常生活中承担着怡情、提升认知的功能。文创产品以工业化生产的实物为媒介，具有可复制性，在作品的还原度和细节感上存在很大的局限，但与日常生活的需求距离最近。书签可以出现在人们的阅读场景中，明信片可以出现在人们的通信、联络场景中，还能以各种形式出现在生活装饰场景中，收藏价值相对最低。同样是对戴敦邦的工笔人物画的消费，因为媒介的不同而形成了不同的符号类型，这些不同的符号类型又在客观上造成了消费者群体身份的不同。或者说，因为不同消费者的需求不同，他们在实施消费行为以后，赋予了这些不同媒介的艺术作品或艺术作品的衍生物以不同的符号形式。这些符号所指代的意义和实现的价值从而也产生了区别。原作指代的是工笔画在当代传承和发展的技法成果和风格演变，实现了收藏、审美、投资等功能。画册指代的是戴敦邦的绘画技艺、风格、题材与其他工笔人物画家的区别性特征，实现了认知、陶冶性情等功能。文创产品指代的是艺术家独特的绘画图像与其他一般图像的区别性特征，实现了装饰性、标记性等功能。戴敦邦的人物工笔画和插画，是在传统水墨人物画、工笔人物画的继承和发展中艺术实践的成果，是传统国画传承的成果。他的技法、风格、题材、内涵的特征正是消费行为产生的根源。离开了传承，绘画作品的意义和价值功能就无从谈起，就无法将戴敦邦的绘画同其他绘画进行比较，认知、收藏、投资也就无从谈起。

表演艺术的不同形式也同样具有媒介符号上的差异。马连良的京剧黑胶唱片、互联网视频、其弟子的传承成果和纪念马连良的实体演出，这些不同媒介的艺术作品及其衍生物代表了不同的符号消费形式，在意义指代和功能实现上也具有显著的差别。如果无法定位马连良在京剧传承体系中的特征和价值，也就无法区别他与余叔岩、言菊朋等其他名家的艺术特征，认知、收藏、学习表演等功能也就无从谈起。对于传统戏曲曲友、票友的媒介符号消费而言，收藏黑胶唱片在如今显得有些小众，但互联网视频几乎成了大众流行的消费终端。这些媒介的差别，其实也是身份的区隔。"这一过程将商品与某种特定的符号价值相关联，使网络符号消费成为一种展现个人地位、彰显阶层差异以及实现自我价值的新兴社会现象。"①

仪式符号，就是在民俗、祭典、节庆、纪念日等仪式活动语境下，艺术作品作为消费的对象，产生了具有区别特征的意义指代和价值功能系统。"仪式，通常被界定为象征性的、表演性的，由文化传统所规定的一整套行为方式。它可以是神圣的也可以是凡俗的活动，这类活动经常被功能性地理解为在特定群体或文化中沟通、过渡、强化秩序和整合社会的方式。"② 中华传统艺术与中国古代的祭祀、民俗等仪式活动具有重要的联系。有些艺术的起源也与仪式活动有关。进入当代社会，国家和地方政府在新中国成立、地区解放、建党建军、庆祝反法西斯战争胜利等历史节点和纪念日举行的各种仪式活动，除夕、元宵、清明、端午、中秋等传统节日的民俗活动（如社火、集市）等，以及孔子、黄帝等历史和文化名人的祭奠仪式活动等，成为新时期仪式活动的主要形式。

消费活动常常伴随着这些仪式活动。艺术作品及其衍生物作为消费对象，也因为仪式活动的语境差异而呈现出不同的符号类型。例如，在南京元宵秦淮灯会上，除了展示传统材料和手工艺制成的各类彩灯与现代技术的结合以外，夫子庙区域也成了春节的一个市集。虽然市集中也有大量工业化规模生产的物件，但仍保留了一部分手工艺产品。这些产品在春节民俗活动的语境中就演变为一种符号，与人们欢度春节、元宵，赏花灯、猜灯谜、尝元宵等风俗习惯融为一体。虽然孩子们手中把玩和拖拽的花灯已带有现代工业生产的烙印，使用电池等能源。但基本的造型元素还留有几分传统花灯的样貌。更重要的是，作为一种仪式符号，它指代的意义是上元节的民俗，实现的是阖家团聚、祈盼美好新年的愉悦和憧憬等心灵诉求。天津杨柳青传统年画是与民间镇宅、期盼风调雨顺、年年有余的民俗有关，而现代的机械印刷或是手工制版、手工印刷的新生产、新创作年画则仍然与这种民俗的仪式感和心理需求有着同样的意义追求和功能期待。在婚丧嫁娶等民俗活动中，邀请宣卷艺人和堂名表演，是古代生活中的传统习惯。这种习惯在某些地区仍然延续至今，只是艺人和艺班的存在形

---

① 卢晗等，《网络符号消费组织、生产和流通的运行逻辑与价值导向》，《学术研究》，2024年第7期，第105页。

② 郭于华，《仪式与社会变迁》，北京：社会科学文献出版社，2000年，第1页。

式、经营方式已经发生了很大的变化。

民俗不是一成不变的。在新的时代环境下，民俗的继承和发展也推动着传统艺术的传承和发展。这些表演艺术在特定民俗场景中的持续存在，离不开经济活动的支撑。它们本身也成了仪式符号，表达了人们对生活的期许、对故人的思念，实现了纪念、祭祀、祈愿等功能。现代技术的发展和人们生活方式的改变，也催生着新的仪式活动。"在新媒体环境下民俗文化创造力主体呈现多样化特点，'生产者'将打破传统的以市场为基础、以专业分工为条件、以资本为动力的传统创造力模式……能够更立体地建构文化记忆，推动其在新媒体环境中时间和空间两个层面的传承。"[①] 例如，央视举办的春节联欢晚会依托电视媒体，将除夕守岁和庆祝新年的到来改造成电视文艺晚会的仪式符号，以歌舞、语言、戏剧艺术为载体，实现欢度春节的功能，构建了中国人的集体记忆和新风尚。在纪念抗日战争胜利70周年的仪式典礼中，表演《黄河大合唱》并在电视和互联网中转播，让人们在新的历史时期铭记历史，继承和发扬民族团结、奋勇向前的精神。收看电视和网络视频晚会，都需要消费者订购有线电视或网络平台运营商的收费服务。

民族（地域）符号，就是在汉族和少数民族等民族语境下，或是地域语境下，艺术作品作为消费的对象，产生了具有区别特征的意义指代系统和价值功能系统。历史上，在中华民族共同体的形成过程中，不断出现汉族文化与少数民族文化的融合、不同区域之间的文化融合。敦煌莫高窟在北魏、唐代和宋代佛像和壁画的风格演变，就反映了现实的世俗观念对宗教艺术的影响，体现了中原汉族文化与西域少数民族文化的融合。音乐和舞蹈也是集中体现了少数民族文化与汉族文化之间的交流和相互影响。

"在长期的历史演进中，中华文化与中华民族同构交互塑造，形成中华民族的文化根基和中华文化的传承主体。"[②] 进入当代，中华传统艺术的民族（区域）消费符号主要有两种表征。第一是体现鲜明少数民族风格或地域风格的艺术作品，在消费活动中逐步完成中华民族共同体的认同和体

---

① 赵鹏，《产业数字化驱动民俗文化创造力传承发展的内在机理与实现路径》，《山东师范大学学报》（社会科学版），2024年第4期，第121页。

② 张伟军等，《中华民族共同体建设的文化机理及其实践路径》，《学术探索》，2024年第8期，第2页。

认。例如，2012年在国家大剧院首演的音乐舞蹈史诗《文成公主》就在保留西藏民族和地域歌舞特色的同时，开辟了一种具有现代特征的艺术风格。该作品从藏族人民的视角出发来审视文成公主入藏的历史，呈现了藏族的原生态音乐和舞蹈，但在伴奏、演唱和舞蹈的演绎上，又融入了现代元素。观众在观摩的过程中，既能明显感受到浓郁的藏族艺术风貌，同时汉族和其他少数民族的观众甚至国外观众也能体验到跨越地域和民族的美感和情感共通性，在情感共鸣中实现汉藏融合、民族大团结的观念传达。

第二是体现区别于世界上其他国家和民族的中华民族统一体风格的艺术作品，少数民族和地域性的特征消融在整体性的中华民族风格之中。首演于2004年的民族歌剧《木兰诗篇》改编自民间传说和乐府诗《木兰辞》，将交响乐、民族音乐、地方戏曲熔于一炉。观众在剧场观摩的过程中，既能够发现有不少唱段和曲目具有地方戏曲和传统民族音乐的特征，又能够感受到整场歌剧基本都是在交响乐的演奏中完成的。唱词明白晓畅，既有对仗、排比等传统文化的形式技巧，又融合了现代口语的表达特征，在形式和韵律上体现了"诗"的特点。《木兰诗篇》在呈现鲜明民族性的同时，又具有现代性和国际化的特征。对于民族（地域）符号消费而言，艺术作品的民族性和地域性是明确的，但又消融在消费行为完成的过程中，最终消费者得到的是一种中华民族的整体性的民族共同体的确认，而不仅仅停留在汉族或某些少数民族的文化感知层面，也不仅仅局限在某些地域的文化体验层面。"传统与现代不仅是彼此区隔的时间概念，同时也具有空间上的社会文化关联，当现代性将传统的空间内涵从固定时间域中剥离，两者发生了正面的交往与碰撞，从而产生了内涵上的流动与交换。"[①] 中华传统艺术在当代的传承，地域性和民族性会受到现代社会生产方式和价值观念的冲击。一方面，消费活动使艺术传承在一定程度上面向市场，突破地域和民族的局限来获得更为宽广的消费群体和更包容的现代形式；另一方面，艺术传承又必须保留和传递地域和民族的特色和独特价值，在保护和继承的前提下通过消费活动来推动传承的有序进行。

在这样的张力作用之下，中华传统艺术在当代的民族（地域）符号消

---

① 谢仁敏等，《民间艺术的现代性困境及其传承路径创新》，《民族艺术研究》，2021年第2期，第142页。

费，也就指向了民族性、地域性和现代性、世界性的平衡。传统中国画的当代创作，无论是人物、山水还是花鸟类型，在题材、技法和风格上越来越多地体现符合现代生活审美和精神需要的特点。游春、投壶、马球、婴戏等人物题材，逐渐演变为都市漫游、工业生产等现代生活场景的描绘，在技法上虽然保留了传统用墨和勾勒的特点，但也融合了一定的西方绘画技巧和视角。这些艺术作品的变化与艺术市场人们的需求、兴趣和品位的变化有着直接的联系。消费者、投资者在实施购买和收藏行为时，作为中华民族统一体成员的身份意识越来越明确，他们既清楚地认识到中华民族的传统艺术与世界其他民族的艺术有什么差别和优势，又明确地认识到中华民族的传统艺术如何在差异中传承，又是如何在传承中彰显优势。在这样的自我体认和符号认知过程中，他们的消费行为做到了在民族和地域层面的理性观照。而诸如此类的理性消费行为又为中华传统艺术的当代传承提供了一种有价值的参照。

第二章 中华传统艺术当代传承的消费语境

消费为中华传统艺术的当代传承提供动力，也使传承得以落地。传承不是孤立的。传承如果只是艺术创作的代代延续，必将成为无源之水、无本之木。进入当代社会，尤其是消费社会的特征日益明显，中华传统艺术的传承是在消费语境下进行的。一方面，传承的成果成了消费的对象，市场是检验传承成果的一个重要参考。另一方面，消费活动是艺术传承进入人们生活最为直接的一种方式。传承的主体即艺术家、非遗传承人、手工艺人、演员等，他们的生活离不开物质的保障，首先需要面对当代社会的生存问题。而这种物质保障和生存支撑无疑需要通过消费行为来维持。传承的整个过程，无论是教育还是创作，如戏曲的口传心授、拜师学艺、舞台布置、道具妆发，国画的挥毫泼墨、笔走龙蛇、力透纸背、长卷挂轴，必然都需要包括场地、材料、器具等经济消耗，这些消耗无一例外都属于消费活动。传承的结果，无论是舞台演出还是绘画、雕塑展览，抑或是民俗活动、宗教仪式，也都需要一定规模的、有组织的经济活动。而传承结果的形式则可以表现为具体的艺术产品。这些产品在经济活动中也成了消费的对象。可见，中华传统艺术的当代传承，离开了消费语境，不仅丧失了目的性和标准衡量的尺度，也失去了得以有效进行的基本保障。更重要的是，传承不可能只是一部分人的自觉行为，而是在整个社会生态中的系统性活动。传承与政治、经济、文化、教育等社会部类有着广泛的联系，而消费无疑是一个重要的维度，与这些社会部类都有关联，不可分割。

消费语境与中华传统艺术当代传承的关系，不是停留在理论层面的逻辑推演。消费语境为传承的动机、过程和结果都提供了实在的场景。为何传承、如何传承、传承何如，对这些问题的回答都可以建立在由消费架起的现实和实践的桥梁之上。艺术传承固然不能只考虑经济效益和产业价值，否则昆曲传承又何必追求原真性，传统舞蹈的传承又何必强调民族性？但是，艺术传承又不能只是一种依靠理想信念和精神境界追求的事业，它必然要与功利性的实际生活具有或多或少的联系。而这种联系就表现为消费的具体场景。当代社会也需要对传统艺术传承成果的消费来焕发新的经济增长点，使艺术消费成为不同于其他基础性消费和发展性消费的、具有独特价值的消费类型。

第一节　文旅融合推进中华传统艺术在当代的消费与传承

2018年，第十三届全国人大一次会议审议了国务院机构改革方案，国家旅游局和文化部合并，成立文化和旅游部。推进文旅的深度融合，既是一种经济社会发展的趋势，也体现了政府的战略思维。文化是内容，旅游是场景。这为中华传统艺术在消费市场的繁荣创造了有利的条件。中华传统艺术中不少艺术门类和类型与地域有着密切的联系，尤其是戏曲、曲艺、音乐和手工艺等，都与地区的地理、民俗、风尚等有关。而旅游则是依托于自然地理和人文地理的消费活动，与艺术消费具有天然的依存关系。旅游将传统表演艺术的空间从专门的剧场、音乐厅扩展至风景名胜区、园林、商场、茶馆、餐厅甚至是地铁、公交等公共空间，将传统造型艺术的消费与人们的日常生活联系得更为紧密。"生活在形式的领域，与生活在事物的领域，生活在我们周围的经验对象的领域，并不是一回事。但另一方面，艺术的形式并不是空洞的形式。它在人类经验的构造和组织中履行着一个明确的任务。生活在形式的领域中并不意味着是对各种人生问题的一种逃避。恰恰相反，它表示生命本身的最高活力之一得到了实现。如果我们把艺术说成是'超出人之外的'或'超人的'，那就忽略了艺术的基本特征之一，忽略了艺术在塑造我们人类世界中的构造力量。"[①]中华传统艺术的当代传承不是仅仅流于形式的关于点、线、面的形式延续或基于音符、演唱和肢体动作的表达延续，而是根植于人们生活方式的继承和发展。艺术传承面向生活，而生活又离不开消费活动。旅游给予了消费活动更多的场景和需求链接，将传承拓展到更具体的情境和更持续

---

① ［德］恩斯特·卡西尔，《人论》，甘阳译，北京：西苑出版社，2003年，第194页。

的时间段内。

一、文旅融合创造中华传统艺术当代传承的新业态

中华传统艺术在当代的传承不仅体现在绘画、雕塑、书法、篆刻、手工艺、戏曲、曲艺、音乐、杂技等传统艺术门类在技艺、风格上的继承和延续，也体现在与当代生活、新技术、新理念相融合的发展上。文旅融合创造了中华传统艺术当代传承的新业态，这些新业态不是横空出世的。它们无法脱离传统艺术而存在，是传承过程中艺术观念、艺术实践在当代社会的发展性的继承。山水实景演出、沉浸式表演艺术、增强现实和虚拟现实艺术、艺术节等新业态就是文旅深度融合后，中华传统艺术当代传承成果的新类型，反映了新的时代需求和发展趋势。

（一）山水实景演出

2002年，导演、编剧梅帅元邀请张艺谋合作创作了中国第一部山水实景演出《印象·刘三姐》，创造了一种全新的演出形式。这种演出形式以具有鲜明特色的民族和地区传统音乐、舞蹈表演为主要表现手段，以旅游风景名胜的自然山水实景为背景，形成了宏大的场面，在舞台和实景的交错、配合和互动中展开叙事，带有音乐舞蹈史诗的气质。此后，山东泰山的《中华泰山·封禅大典》、河南开封的《大宋·东京梦华》、呼伦贝尔的《成吉思汗》、湖南张家界的《刘海砍樵》等山水实景演出陆续与公众见面。山水实景演出逐渐成为中国旅游市场的一股热潮，成了旅游市场新的经济增长点。山水实景演出是文化与旅游融合的一种典型产品，使旅游项目具有了文化内涵和与当地环境、人文的具体结合点，同时也在一定程度上有利于当地非物质文化遗产和传统艺术的活态化保护和传承。有学者指出，旅游演艺进入4.0时代，"更加关注演出故事场景营造、游客互动、多感官体验和角色扮演……关注游客的选择性认知、情绪控制、信息超载、艺术语言、文化认同等方面……"[①] 山水实景演出虽然在演出空间和舞美等方面借助了最新的技术，使用了现代化的视听手段。但在取材、表现手段等方面却是对传统艺术的挖掘和继承。从艺术传承的角度看，山水实景演

---

① 卫红，《晋陕豫旅游演艺研究》，山西师范大学，博士学位论文，2023年5月。

出这种新业态具有如下的特点。

第一，在题材的选择上，多以当地的民间传说、口头文学和传统艺术为主要加工素材。广西桂林《印象·刘三姐》改编自广西壮族地区流行的歌仙刘三姐的民间传说，浙江杭州《印象·西湖》融入了白娘子和许仙的民间传说，湖北恩施《龙船调》以同名民间小调为主题，湖北咸宁《嫦娥》以民间传说嫦娥奔月为故事主线等。这些山水实景演出都立足于本地区的传统故事素材和艺术元素，具有代表性的地方特色。口头文学和民间传说大多没有文字记载的固化，依靠口口相传，在版本内容和故事结构上具有易变性和松散性。山水实景演出虽然对故事进行了改编，但大部分仍保留了故事在流传过程中的基本内核和本质精神，是对传统题材的延续。当然，作为现代旅游产业的项目，这些演出在叙事上也带有现代特征，尤其在强调音乐、舞蹈等艺术形式与自然山水的融合之后，情节的弱化和提炼也成为一个较为显著的特点。

第二，表现手段多依托原生态、民族性强的音乐、舞蹈和诗歌，突出音乐舞蹈史诗的综合性。海南三亚的《田野狂欢》就突出了海南当地的少数民族音乐和舞蹈元素，以原生态的表演风格强化了具有田园牧歌般情调的表达，又具有原始艺术的活力和奔放，热情洋溢、激昂澎湃。《田野狂欢》虽然也融入了现代舞美的声、光、电技术，但在艺术表现上还是充分保留了海南传统艺术的风格特征，以农耕生活的时节转换为线索，呈现了自然中风雨雷电的野性力量和人类在面对自然风云变幻中的乐观豁达和积极的人生态度。西藏拉萨的《文成公主》则体现了鲜明的佛教艺术特色，对佛教音乐和唐卡、佛像等艺术元素进行了动态的展现，营造了一种神秘、超脱的宗教艺术色彩。需要指出的是，这些山水实景演出的综合艺术表现手段，与自然山水和风景名胜的建筑空间融为一体，使传统艺术具有了完整的情境感，而不再以孤立的形式而存在。这正是文旅融合带给艺术传承成果展示的体验感和情景化。

第三，在美学风格上，这些山水实景演出不是全然的符合现代审美的臆造和无端联想，而是基于对传统戏曲、古代山水画等艺术作品的传承和运用。"强调'天人合一''情景交融'，讲究'入乎其内''出乎其外'，追求超脱与空灵，这些艺术法则与美学风格让山水实景演出完成了对西方景观歌剧及景区旅游表演的超越和升华。"①山水实景演出的场面调度、画面构图以及对自然山水的借景，是基于中国传统青绿山水和水墨山水绘画的审美习惯的延续，也是对写意、平远、散点透视等山水画审美观念的继承，从而在传承的基础上进行的现代化改良和创造。在《印象·西湖》中，对于浙江传统越剧元素的借鉴，也能够体现山水实景演出与传统艺术的互动关系。"绘画的主要功能，也从'叙其事''载其容'转化为构建'可居''可游'的山水审美空间。"②传统艺术为山水实景演出提供了审美理念、表现手段和艺术元素，而山水实景演出凭借消费市场对受众的号召力和影响力又反哺了传统艺术的传承和文化传播。

第四，山水实景演出开放或半开放的，将剧场和自然山水融为一体的表演空间是对传统表演艺术仪式空间的延续和拓展。中华传统艺术的表演空间，从源头的仪式空间向市民生活的"勾栏""茶楼""会馆"等公共空间转变，又逐渐独立进入剧场、剧院等专门的演出空间。这一演变过程与人们的生活方式、艺术观念的影响和社会环境的变迁都有关联。山水实景演出既呈现了最初的仪式空间，聚焦于主要演员在固定区域内的集中的表演，又安排了宏大场面的集体表演，打破了演出空间在封闭建筑内的局限，借景、延伸于自然山水和风景名胜的开阔建筑群落，突破了演出空间的边界。旅游产业和场景是一种需要消费者聚集的体验性消费，也需要给予消费者足够的自由和独立空间来安享片刻的愉悦与休闲。于是，山水实景演出将传统表演艺术的"剧场"空间与自然山水的空间有机结合，又借助观众的艺术体验和审美想象来获得生活场景中的精神满足和心理慰藉。这种心理体验既是一种心灵休憩的"剧场"集体观摩，又是一种寄情山水的私人化、自由化的驻足观赏和"闲庭信步"。

（二）沉浸式表演艺术

沉浸式戏剧（immersive theatre）是近年来戏剧领域新出现的一种形式，最早的代表性作品有英国Punchdrunk剧团2003年首演、根据莎士比亚戏剧《麦克白》改编的《不眠之夜》（*Sleep No More*）和美国德拉科特

---

① 黎学锐，《环境戏剧与旅游表演：山水实景演出的两个思想来源》，《贵州社会科学》，2017年第12期，第79页。

② 沈亚丹，《无人自足之境——论中国山水画空间的非叙事性》，《天津社会科学》，2024年第4期，第129页。

剧院在美国中央公园于2019年首演的《公园里的莎士比亚》(*Shakespeare in the Park*)。作为一种新兴的戏剧形式,沉浸式戏剧的界定尚无定论,但至少在以下特征上达成了共识:第一,戏剧表演在比戏剧舞台更为开放的室内或室外空间进行,舞台在一定程度上消融或容纳于相对宽广的表演空间之内。例如,《不眠之夜》是英国Punchdrunk和美国剧目剧团在2011年联合出品并在McKittrick酒店首演后才获得了更多观众的认可和欢迎。演出虽然仍有类似舞台的集中区域,但整个演出空间扩展至整个酒店的特定区域。"沉浸式戏剧剧场专属性和依赖性较强,无法复制传统话剧的多地巡演模式。"[①] 专属空间虽然降低了搬演的覆盖面,但消费的集中程度更高。第二,观众在观剧过程中,不再处于特定静止的观众席,而是可以较为自由地在整个演出区域内跑动。演出的进程、情节发展的段落、观摩的视角是由观众的行动以及与演员的交流所决定的。

2011年《不眠之夜》的演出取得成功之后,沉浸式戏剧作为舶来品被不断引进,我国也迎来了沉浸式戏剧的观演热潮。在引进这些演出项目的过程中,文化、艺术机构和艺术界人士越来越意识到沉浸式戏剧在观众的参与和体验感上的独特优势,也发现了这种新形式使戏剧表演与场景空间之间的关联变得前所未有的紧密和深入。更重要的是,随着文旅融合的深入推进,各地旅游区域和产业迫切需要文化提供有特色的、吸引人的旅游项目。于是,作为旅游项目的原创沉浸式戏剧在我国迎来了快速发展期。2019年8月,国务院办公厅印发《关于进一步激发文化和旅游消费潜力的意见》,提出要"促进文化、旅游与现代技术相互融合,发展新一代沉浸式和旅游消费内容"[②]。这种先锋戏剧的形式在进入中国当代社会以后,在政府的提倡、文化和旅游业界的实践之中,逐渐形成了一种文旅融合消费产品的新业态,成为艺术消费的新增长点。山西平遥古镇的《又见平遥》、甘肃敦煌的《乐见敦煌》、苏州沧浪亭的《浮生六记》、四川成都的《乐境印象》等分别以沉浸式歌舞和沉浸式昆曲的形式打造了精品旅游消费项目,同时展示了当地的优秀传统文化和艺术。需要指出的是,沉浸式戏剧

---

① 宋亭樾等,《元宇宙视域下沉浸式戏剧数字化虚拟剧场的建构》,《文艺争鸣》,2023年第12期,第188页。

② 参见中华人民共和国中央人民政府网,网址链接:http://www.gov.cn/zhengce/content/2019-08/23/content_5423809.htm,2019年8月23日。

原本是西方先锋戏剧艺术，但在引入中国的过程中逐渐脱离了戏剧艺术实验的圈地，与旅游项目开发的国情和消费需要相结合，呈现了一批具有代表性的沉浸式表演类旅游新业态产品。各地推出的沉浸式表演艺术不约而同地立足于当地的历史、文化，并在演出中融入了大量的传统艺术元素。这些特点表明，沉浸式表演艺术在文旅融合的推动之下，是中华传统艺术当代传承的新领域，是消费者通过旅游场景来共享传统艺术传承的新渠道。沉浸式表演艺术的特点以及与中华传统艺术当代传承的关系，主要体现在以下几方面。

第一，沉浸式表演艺术打破了观众与舞台之间的"第四面墙"，观众可以进入演员的空间中，在自由跑动的过程中与演员进行交流，更深入、主动地参与表演的进程，具有决定性的地位。在这样的交流过程中，中华传统表演艺术的写意性、象征性和程式化消融在表演空间和进程中。"传统戏曲文化注重隐性表达……舞台技术已从 2D 发展到 3D、4D，从实景演出到虚拟交互场景，这些全新的表达方式在戏曲文化中的运用相对滞后。"[①]沉浸式、实景版的戏曲演出产品则是一种先锋的、又回归历史语境的艺术尝试。观众在传统表演艺术接受过程中由演员的动作、神情和语言所制造的导向、暗示以及激发观众的想象为观众主动的交流、探究和发现所取代。在《浮生六记》沉浸式昆曲中，演员的指法具有明确的指向性，观众已无须通过想象来填补这些具有提示性、暗示性的动作，只需沿着手指放眼一望，演员所指的远处假山、花丛、池塘便确切地、清晰地映入观众的眼帘。传统戏曲表演艺术那种"隔"的美、写意的美、象征的美和暗示的美，都被观众主动的参与和体验所消解。但是，观众的行动和交流却是一种偶然性的安排。因为任何观众都无法知道自己的跑动路线和与演员的交流将会得到什么下文和效果。新的、未知的、探索的、悬念的体验也应运而生。传统戏曲的美学特征一部分被"沉浸"所带来的交流和参与过程中的发现、游戏和探知所取代。

第二，沉浸式艺术表演打破了舞台空间的限定，将园林、建筑、山水等实景以及虚拟现实和增强现实的人工场景引入表演中，打破了观众对传

---

① 罗澍，《破壁·渗透·融合：戏曲文化的出圈之策》，《文艺争鸣》，2024年第1期，第187页。

统舞台表演空间的假定性期待和想象。例如，在《乐见敦煌》表演中，飞天等场景是由计算机技术生成的人造空间场景，这些场景是具体可感、直观可见的。但在以敦煌音乐和壁画为元素的传统歌舞表演中，飞天的"天国"场景是依靠演员的眼神、动作等暗示和象征，并通过观众的想象来填补完成的。这种从虚到实、从间接想象到直接可见的转变，正是沉浸式表演对传统表演艺术的颠覆和发展。如果说传统民族歌舞表演的含蓄性、诗意性是依靠虚拟和象征来实现的，那么在剥离了写意和暗示之后的歌舞表演却凭借实景和人工造景以及声音特效的视听奇观提升了观众的感官刺激。心理的期待和绵延悠长的意象、体悟消失了，但感官和情感上的激发却提高了。沉浸式所带来的得失，也是传统表演艺术传承在文旅融合新业态上的时代特征，利弊优劣，还有值得探讨的空间。"沉浸式戏剧诞生流行于英美，其作品内涵与表达方式契合于当地文化背景与审美心理，而面对中国演出市场，则需要以中国观众的审美习性为参考，用民族化、本土化的创作手法承接沉浸式戏剧的表达形式……中国观众偏爱情节生动的故事，多数不善于对话、交流和互动……而沉浸式戏剧提供的剧情是一对一式、碎片化的，有些情节需要主动沟通才能体验。"[1]中华传统艺术的当代传承，必须考虑受众审美习惯、心理的改变和发展。如果不能充分把握中国受众在当代社会的审美心理结构的变化，传统艺术的传承就是一厢情愿、无所归属的。

第三，沉浸式表演艺术调整了演员和观众在完成作品和接受作品过程中的位置，使观众置于叙事的最高层。文旅融合的沉浸式表演艺术消费项目，无论是戏剧还是歌舞，都有一定的故事性和情节感，不是抽象的歌舞表演。消费者来到景区，需要通过历史情境或艺术情境的感受和体验来加深对自己旅行访问行程的记忆和印象。在沉浸式表演艺术中，情节的展开不同于传统剧场的时间线上的固定安排，而是在观众的行动中由观众自身的移动和交流所形成的故事段落或情节展开。但是，这种剧场整体性视野的消失也带来了一个问题，那就是观众的探索和揭示永远不可能穷尽。因为观众个人的行为和移动都不可能在同一时间把整个空间的表演全部掌

---

[1] 车晓宇，《从观众接受视角看沉浸式戏剧在中国的发展》，《戏剧文学》，2021年第1期，第82页。

握。一方面，沉浸式表演艺术确实填补了传统舞台表演的假定性和期待；另一方面，这种填补的经验由于时空的相对性是不可能绝对完整的。观众在获取了这一时段的具体而微、切实可见的情节走向和表演片段后，又不可避免地错失了同一时间里另一空间的表演细节和情节走向。这种不可调和的矛盾正是沉浸式表演艺术在消解传统表演艺术的写意性、象征性和程式化（仪式感）之后所带来的溢出效应。

然而，这样的矛盾却意外地形成了观众更多的探索欲和悬念感，加深了神秘感。这种陌生的、隐含的、未知的效果，恰恰也是一种独特的审美体验和心理期许。从这个意义来说，由观众的好奇心引发的对表演的介入和参与，在得到答案获得满足的同时，又引起了下一步的探索欲和好奇心，这种没有尽头的发现过程直到演出结束也无法终结。它把原本舞台表演的那种整一化、前后相续的审美体验打碎为一个个体验段落，从而激发观众对整一、前后相续的渴求和积极还原。"现在对观众参与的强调，是对'文学的戏剧'的否定之否定，是把话语权让渡给戏剧在场者的'身体'，让它决定自己的'观众伦理'，它既是'物质性'的，也是文化的——取决于具体而微的、与他人联结的文化现场。"[①]中华传统表演艺术在当代社会的融入越来越广泛，无论是日常生活消费还是旅游消费，受众的审美心理总有一种积极参与、主导决定的潜在因素。当受众面对物我合一、情景交融的山水画，面对绚丽缤纷、飘然自在的敦煌壁画，面对历经波折、起承转合的昆剧传奇，面对如见其景、身临其境的民族音乐时，我们总是渴望能够积极参与到艺术的情感交流和思想互动之中，总是期望能够影响甚至决定艺术接受的方向和进程。因此，沉浸式表演艺术在当代社会价值多元、信息繁复的语境中创造了更为开放和积极的艺术接受条件。而这种条件的形成又与文旅融合提供的地域场景和消费语境密切相关。中华传统艺术的当代传承，不能仅仅是艺术家、非遗传承人、创作者的自觉，也必须涵盖受众在新的社会语境下接受心理结构和习惯的变化。

（三）虚拟现实和增强现实艺术

虚拟现实（Virtual Reality）是利用计算机技术模拟现实的环境从而

---

① 邓菡彬，《观众参与：跨文化视域下的知识考古》，《中国比较文学》，2020年第4期，第75页。

生成虚拟的环境，使人产生现实环境的沉浸感。增强现实（Augmented Reality）则是利用计算机技术生成虚拟的信息与现实环境相结合，从而达到强化、提升现实环境的效果。虚拟现实与增强现实都善于调动人的感官，制造一种扩增现实环境的氛围。这两种技术手段与艺术传承的联姻，最早可见于美术馆、博物馆以及文化遗产（遗址）对于绘画、雕塑等展览品和建筑、遗迹等空间的效果渲染和氛围营造。然而，作为物的艺术作品和作为形象的艺术毕竟是有区别的。"作为功能物而言，它们是自由的，也就是说它们拥有发挥功用的自由，而且（就系列产品而言）实际上也仅有这个自由。"[1]艺术作品在环境中与人的联系，这种人的主体性和物的客体性的关系，在虚拟现实和增强现实中已进行了彼此重构。

2020年10月，敦煌研究院在江苏南京举办了"科技+文保"的成果展示，呈现了莫高窟第196窟《劳度叉斗圣变》大型壁画的虚拟现实互动体验，使千里之外的观众能够如身临其境般真切地感受敦煌壁画的高保真复制效果。为了增强观众的参与感，敦煌研究院设计的虚拟现实体验项目以游戏的形式展开，观众在触屏操作中寻找历史线索，按回合通关。作为"数字敦煌"资源成果开发的一部分，《劳度叉斗圣变》互动游戏体验项目不仅还原了壁画的色彩、造型等逼真细节，同时以沉浸式参与的方式加深了观众的观赏记忆。作为文化遗产和历史遗迹，敦煌莫高窟壁画艺术的传承，不仅重视文物的修复和保护，同时也肩负起文化传播和艺术教育的职责。对于敦煌艺术宝库的感受和认识，同样也是艺术传承的题中之义。一方面，壁画的保护性修缮需要专业的技术人才，而"润物细无声"的敦煌文化传播如同在观众心中栽下的种子，日后生根发芽，将吸引更多的人投身保护敦煌的事业传承之中；另一方面，艺术类院校壁画专业的学生也能够通过这些体验活动，感知敦煌壁画的创作技艺和风格特征的细节，为专业学习提供必要的形象认知和切身感受。虚拟现实技术不仅消解了敦煌壁画的不可移动性，使全国各地的爱好者、关注者有机会体验敦煌壁画的样貌和细节，同时也增加了趣味性和娱乐性，吸引了更广泛的人群对敦煌产生兴趣并持续关注。

"作为虚拟现实的3I（Immersion 沉浸感、Interaction 交互性、Imagination

---

[1] ［法］让·鲍德里亚，《物体系》，林志明译，上海：上海人民出版社，2019年，第17页。

想象性）特征之一，交互性为数字影像在传达方式上开拓了新领域。"① 近年来，北京故宫博物院开发了一系列增强现实的参观体验项目。观众穿戴专门的设备或是利用手机上的应用，就能在原本孤立的文物展示中获得更多的信息。通过增强现实技术的运用，原本静态的绘画会产生动态的效果，画中的人物和场景从平面走向立体，以动态活动的方式强化了文物展品的历史情境感，获得生动的影像展示效果。为了达到沉浸感，故宫博物院采用了全景摄影技术和三维建模。虚拟现实和增强现实常常结合起来使用，即以文物和建筑的实物为基础，叠加计算机信息效果，从而达到增强场景效果和沉浸式的体验。虚拟现实和增强现实技术在文旅融合的项目开发中开创了新的业态，它们与艺术传承之间的关联可以概括为以下几个特点。

第一，虚拟现实和增强现实将平面、静态的艺术呈现效果改造为立体、动态的场景，打破了造型艺术与表演艺术在形式上的界限。同时，立体和动态的效果增加了事件性和叙事性，在表达功能上也打破了造型艺术和表演艺术的界限。我们不能否认中国的造型艺术也具有叙事的传统。《虢国夫人游春图》《韩熙载夜宴图》和长沙马王堆的帛画，都有明确的故事性。明清时期的木刻版画尤其是戏曲插画，更是以叙事为直接目的。但是，这些传统造型艺术的叙事性大多需要受众想象力的激发和填补，在信息上毕竟不是时间线性的，也不构成完整的故事信息链条。虚拟现实和增强现实技术运用于传统绘画后，《清明上河图》的泊船、小贩、婴戏，都成了动态的线性画面，原本造型艺术固定的比例、构图、图形与线之间的联系都被置于背景的位置，突出的是人物的行动、水的流动、车马的行进等动态呈现。"山、水、树或人被提供给绘画，它们并非作为特有的形式和存在，而是作为张力的来源——载体（sources-supports）。"② 徐渭的大写意花鸟，也不只是我们知觉和想象机制之下的含情脉脉、生灵涌动，而是切实的雨打芭蕉、风吹莲叶、鸟雀回首。我们原本从绘画中的"景语"到"情语"的转换，为时间线上的行动、凝视所替代。对于历史情境的还原，同时也加剧了从"叙事"到"事件"的转换。以宋徽宗《听琴图》为例，原本在观赏画作的时候，在蔡京所题诗句中"入松风""含情客"的提示

---

① 陈京炜，《虚拟现实交互研究》，北京：中国传媒大学出版社，2020年，第3—4页。
② ［法］朱利安，《大象无形或论绘画之非客体》，张颖译，郑州：河南大学出版社，2017年，第368页。

引导下，我们在意识中形成一个弹琴、听琴的意境，是对凝神观照、静坐聆听的想象。虚拟现实和增强现实为我们创造和还原了一个历史情境，更是一个事件，人物抚琴、听琴的行动、声音，甚至风入松、琴之声都得到了切实可感的呈现。这样的效果已经不再是单纯的叙事，而是以一个事件的形式出现在我们的感知和体验中。虚拟现实和增强现实对于传统造型艺术开发的新业态，在文旅融合的语境中，教育越来越生动、信息传递越来越全面、历史背景越来越明晰，但对于艺术作品本身的形式、技艺等层面的关注则明显减少了。因此，虚拟现实和增强现实给予传统造型艺术的叙事性和事件性，有利于中华传统造型艺术生产的历史背景、知识信息的传递，在社会教育和文化知识体系的传承上具有积极的意义。

第二，虚拟现实和增强现实技术对传统艺术作品的利用和开发所形成的体验项目，弱化了受众在艺术接受中的创造性意识。艺术的感受、解读和阐释被信息的全面传达、准确理解所取代，指向的不是审美观照，而是知识获取和接受教育。体验项目的开发者取代了艺术作品创作者的作用和地位，受众处于一种相对被动的位置。"多数沉浸式艺术仍然是被创作者所操纵的，沉浸式艺术停留在艺术家通过艺术作品、虚拟空间的中介向观众进行单向度入侵的阶段，即使其中有受众的互动参与，但参与的情境、互动的内容仍然是由艺术家和技术设计师团队预设的，受众参展和体验本身还是被动接受、有所限制的。"[①]当我们穿戴着电子设备体验着《富春山居图》的增强现实项目时，我们对于黄公望作品的审美体验已然退居其次，尽管这种高保真的还原提供了观察技法细节和远观全貌的条件，但我们进入情境之后，那种包围感和沉浸感使我们产生身在何处，个人的渺小与山水的开阔渺远之间的关系感召，而不再只是一种积极的、抽离的审美观照。从这个角度来看，虚拟现实和增强现实技术对传统艺术的介入，一方面使文旅融合的需求满足和目标实现更为明确和具有针对性，将冷隽的、孤立的艺术作品、展品转化为有温度的、与历史产生关联的游玩、体验，在更为真实的多感官的知觉中形成对艺术作品更为完整、更为深入的记忆，是艺术传承中有关知识传递和文化传播的有力之举。另一方面，从

---

① 江凌，《论5G时代数字技术场景中的沉浸式艺术》，《山东大学学报》（哲学社会科学版），2019年第6期，第55—56页。

当代社会人们对传统艺术的接受方式和审美习惯的改变来看，传统艺术在产生的过程中，本来就与文人交游、民俗活动、宫廷礼仪等情境不可分割，但当代社会的博物馆、美术馆和遗址公园把艺术作品和历史情境隔断和分离的时候，人们试图从新技术对情境的还原和再造中理解和把握传统艺术的生产逻辑和社会属性，从而更全面、更准确、更深入地了解它们。这对于传统艺术的当代传承而言，与技艺的继承、人才的培养等环节具有同样重要的地位。因为艺术传承应当包含社会生活对它的承载和纳入。

第三，虚拟现实和增强现实创造的文旅融合消费新业态，也不止于上文所述的教育功能和知识体系的传承。它实际上也开创了一种接受艺术的新形式。"大型展览'转媒体艺术展——中国戏曲艺术的当代转换'在西泠印社美术馆展出。以中国戏曲为主题内容，上演一场当代高科技的'虚拟现实转媒体戏曲秀'。它设置了实时和非实时两种形式。观众进场前每人选择一个有脸谱纹样的面具式 VR 眼镜，以一种特别的戏曲身份转换为一个戏曲角色，参与到这个虚拟现实的戏曲剧场。"[1]观众以扮演角色的方式进入戏曲观摩的场景中，这种以演员的视角来观看演出的接受方式，本身就是一种全新的模式。旅游需要新奇和独特的创意来吸引消费者。传统艺术为这种创意提供了具体的内容，而新技术则提供了创意的实现方式。从戏曲传承的角度看，虚拟现实呈现的"角色"观摩视角当然不是一种常态和主流，只能是一种标新立异的接近于"噱头"的消费项目。但观看者视角的转移，虚拟现实填补观众对戏曲虚拟性的想象，这些投其所好、满足猎奇心理的新举措，对于戏曲观念和演出实践的探究和思考，本身也形成了对传承的反思。戏曲服饰对于角色行当和人物角色有着怎样的意义？戏曲脸谱有着怎样的指示和表意功能？戏曲舞台跟人物步法之间有着怎样的空间联系？这些涉及戏曲传承本身的议题不正是在这些过去不曾有的、新颖的接触和尝试中不断思考、总结和提炼而出的吗？新技术对传承的影响部分在于对艺术形式的改变，但更重要的是传统艺术在面对新技术产生彷徨和担忧的同时，更好地反思传统艺术的特点和优势，从而为传承指明正确的方向。

---

[1] 杨青青，《中国戏曲服饰纹样元素码应用的"新媒体"交互视觉设计》，《美术研究》，2020 年第 3 期，第 67 页。

（四）作为中华传统艺术当代传承平台整合的艺术节

艺术节是指政府及社会团体举办的以艺术为主题的节庆活动。随着文旅融合的深入推进，近年来全国性和地方性的艺术节迎来了发展的繁荣期，呈现内容丰富、主题多样、参与度高、与地方文化和旅游产业结合紧密等特点。这些艺术节或以综合的、一般的艺术为主题，将中华传统造型艺术、表演艺术结合起来，如1987年由文化部主办、在北京举办的首届中国艺术节。中国艺术节旨在丰富群众文化生活、促进文艺事业的不断发展。中国艺术节囊括了音乐、舞蹈、戏曲、话剧、曲艺、木偶、杂技、手工艺展览、雕刻展览、绘画展览、书法展览等多种艺术门类，涌现了一大批中华传统艺术当代传承的成果，其中不乏有荣获"文华奖"等官方奖项认可的优秀作品。除此以外，还有中国昆剧艺术节、中国曲艺节、中国书法艺术节等以特定的门类艺术为主题的艺术节。这些艺术节或由中国书法家协会等社会团体主办，或由苏州市人民政府等地方政府主办，或由社会团体与地方政府共同主办。例如，第五届中国书法艺术节由中国文联、天津市人民政府、中国书协主办。第七届中国昆剧艺术节由文旅部、江苏省人民政府主办。无论是综合类的艺术节还是以门类艺术为主题的艺术节，它们都是中华传统艺术当代传承成果展示的平台，也是消费者享受、参与艺术传承成果的集中体现。

之所以说艺术节是文旅融合背景下艺术消费的新业态，主要是基于艺术节的两个重要特征：一是艺术节多由地方政府和社会团体承办，在主题和活动特色上具有鲜明的地方性，往往与地方的文化旅游资源结合紧密。从社会参与的角度看，艺术节除了公益性的宣传和公众教育活动以外，大多数都借助旅游市场在文博、演艺等消费领域吸引广大消费者的参与。"艺术节不仅可以满足人们的艺术审美需求，提高大众艺术欣赏水平、丰富城乡居民的精神文化生活，而且随着近年来文化产业在全球范围内的迅速崛起和蓬勃发展，艺术节在建构城市形象、塑造文化品牌、促进区域经济增长、带动旅游业等推动城乡全面发展方面也有着重要意义。"[①] 二是艺术节所展现的艺术作品和艺术传承的成果，多以艺术消费产品和艺术体

[①] 董天然，《艺术节源流与当代发展研究》，上海：上海科学技术文献出版社，2021年，第2页。

验项目的形式在消费市场面向广大公众。人们通过购买手工艺品、绘画作品、雕塑作品和购票观摩戏曲演出、舞蹈演出、音乐演出和曲艺演出等消费行为实现对艺术传承成果的共享。艺术节体现了艺术资源、市场资源的集中性，艺术传承成果激励体系和艺术消费的多样性。艺术节是文旅融合市场的"节日"，是以庆祝和欢度的形式来推广艺术消费的，具有周期性。如果说实景演出、沉浸式艺术表演、虚拟现实和增强现实艺术是常态化的文旅融合消费新业态，那么艺术节就是有特定计划、特定日程的特殊消费新业态。

第一，艺术节体现了艺术资源和市场资源的集中性。以中国昆剧艺术节为例，在每年的活动中，不仅全国七大昆剧院团（2015年昆山当代昆剧院成立后，八大院团全部参与）会聚一堂，在艺术节举办期间上演几十场演出，而且都选择了当地最好的剧场，在演出效果和容纳人数上可追求最大化。同时，昆剧艺术节还集合了全国最知名的表演艺术家，包括蔡正仁、岳美缇、张洵澎等被誉为"昆剧界大熊猫"的老一辈名家和谷好好、杨凤一、罗艳、李鸿良、俞玖林等中青年表演艺术家。在剧目展演上，传统戏为主的同时也不偏废新编戏，全本戏和折子戏并重，呈现了完整、科学的剧目传承和展演体系。这些剧目演出艺术水准高、制作精良，既有对传统折子戏、全本戏的抢救和保护式排演，又有面向新时代、新生活的创新排演和全新创作。每年昆剧艺术节结束后的剧目评选和颁奖制度，确保了艺术节剧目的高质量呈现，同时又起到了激励和鼓舞艺术传承的作用。中国昆剧艺术节的艺术市场，除了集中的剧场演出可以供观众选择购票观摩以外，曲社和民间传承的艺术表演团体也在艺术节期间举办彩霸、清唱会、拍曲等活动。这些活动通常在苏州园林、古代会馆、风景名胜等旅游热门地举行，如拙政园、五亩园、全晋会馆等。艺术节期间的艺术消费与旅游消费密不可分。值得注意的是，中国昆剧艺术节的举办时间与虎丘曲会的传统民俗活动在时间上重合。艺术节的举办借助虎丘风景名胜和古已有之的曲会传统扩大影响力和市场规模。如果说昆剧消费是一种小众的消费市场，那么借助昆剧艺术节跟旅游产业的结合，昆剧的消费也成了一种大众的消费市场，是在旅游和文化产业之下的以昆曲为内容的消费市场。资源和市场的集中性带来的是影响力的扩大。中国曲艺节、中国书法艺术节等，不仅打开了传统艺术爱好者的消费市场，还通过与旅游项目的融合使一大批消费者逐渐产生对这些传统艺术的兴趣和关注。由于旅游市场的开放性和世界性，国际游客参与到艺术节中也是稀松平常的事。因此，艺术节还能够为传统艺术提升民族文化的国际影响力、增强国家软实力、宣传中国国家形象添砖加瓦。"我们的国际艺术节用优质、特色、多元、丰富的文化艺术产品吸引中外观众，使中外观众在艺术节活动中感受他们独特的体验，获得票房、衍生产品收入以及商家和个人赞助的基础上，还需要进一步提升国际艺术节综合竞争力效益，与相关产业形成协同联动发展。"[1]作为世界旅游的热门目的地国家，在文旅融合的时代契机之下，艺术节为提升我国文化软实力的国际影响力创造了有利的条件。

第二，对于中华传统艺术的当代传承而言，激励制度和体系的建设也是颇为重要的一个环节。除了消费市场对艺术传承的价值肯定以外，艺术节的奖项评定、立项扶持也构成了政府和专业机构对传承进行激励和表彰的制度确立。2000年，中国艺术节在江苏南京举行。除了戏曲、曲艺、歌舞、杂技、木偶戏等传统表演艺术的参演展示以外，该届艺术节还举办了"全国雕刻艺术大奖赛""全国刺绣艺术大奖赛"等。竞赛和表彰等艺术节的激励机制鼓舞了艺术团体、艺术家、非遗传承人在传统艺术传承事业上的进取心和不懈追求。奖项的设置与市场的经济刺激不同，在荣誉感获得的同时增加了传承人对自我价值的认同，也体现了政府和专业机构对艺术传承方向的引导和价值认定。2018年，第四届中国民族音乐艺术节暨第三届北京胡琴艺术节在中央音乐学院举办。此次艺术节也表彰了在胡琴艺术创作和表演上具有突出成果的艺术家。奖项被命名为"艺德奖"，取德艺双馨之意，从中也可窥见主办方对于艺术的社会效益以及艺术家在道德引领和精神导向上作用的强调。中国昆剧艺术节也在每次活动举办后，评选优秀剧目和表演奖，还专门设置了优秀青年演员表演奖。从这些奖项的设定能够看出，艺术节是传承成果的展示，但人才培养和剧目建设是戏曲传承的重要两翼，是戏曲传承在未来继续努力的两项基本内容。奖励制度的设立不仅是一种价值肯定和引导，同时也为艺术传承在未来的继续推进提出了要求。需要指出的是，艺术节这些奖项的设置和评选，都与消费有着

---

[1] 张蓓荔等，《国际艺术节对提升我国文化艺术国际影响力的作用探究》，《艺术百家》，2018年第2期，第54页。

直接的关联。它不仅仅是一种报送和评审的过程，而是在艺术节的消费市场中首先获得消费者的检验和评价。

第三，艺术节新业态还体现了多元的消费市场特点。艺术节原本必须在公共空间举办，需要大量的人力物力支撑，同时这种集中调度资源的过程还必须是在特定的时空内进行，符合此时此地性。数字技术赋能艺术节已成为目前艺术消费市场的新常态。一方面，技术和艺术的联姻使文旅融合具有了更明确的内容供应，展现了消费的更多可能性。"戏剧爱好者的涌入大幅刺激了杭州的旅游业、酒店业、餐饮业等行业，杭州国际戏剧节与自然风景及相关特色产业，共同成为杭州市发展文化创意产业、构建文旅产业链条的优势资源。"① 另一方面，艺术节的衍生消费品，包括文创产品在内，通过互联网平台进行销售，最大限度规避了数字鸿沟出现的可能性。而艺术节与旅游产业的融合，本身也集合了多元的业态，其中新技术尤其是数字技术可以说既是一种基础性的保障，也是一种优化提升的创意。为了刺激消费，苏州推出"姑苏八点半"文旅消费项目，将一些与文化关联较为密切的旅游景区开放时间延长至夜间，并打造了平江路夜书场、昆剧院夜场演出等多种夜间消费形式。将旅游的时间和行程延长，也就意味着更多的消费市场空间，而艺术节则将这些夜间经济的项目做出更为集中化、规模化的整合。艺术节在消费市场上的多元性，是由其在旅游市场的深入程度决定的。"当代社会与文化另一个突出变化是审美的日常生活化和日常生活的审美化。在这个变化中，审美已不再专属艺术，审美性也不再是区别艺术与非艺术的根本要素。"② 旅游市场是一个综合性的消费领域，既有饮食等满足基本物质需要的消费形式，也有文化体验、接受教育等发展性需要的消费形式。艺术节以欢度和庆祝的形式将节日与旅游日常的界限打破，将不同的消费需求与消费行为整合起来，形成了消费的网络，并将触角伸向了民俗活动、科研活动、群文活动等，将文旅融合的外延扩展到与人们的日常生活成为同义语。如此一来，消费的多元化也就成了一种必然的趋势和特点。

---

① 张蓓荔，《国际艺术节运作与管理精要》，南京：东南大学出版社，2021年，第7页。
② 杨斌，《消费文化与艺术创新》，南昌：江西美术出版社，2007年，第21页。

二、文旅融合与当代受众在中华传统艺术传承过程中接受心理的变化

在消费社会的语境下，我们不能仅仅把中华传统艺术的当代传承局限在艺术的生产领域。传承不只是艺术家、手工艺人、创作者在从事艺术生产的过程中，在技艺、风格、题材、表达形式、内容思想上代代相传、前后相继。传承在消费社会不能忽略消费者即艺术受众的地位和作用。正如李泽厚在《美的历程》中所指出的，"生产创造消费，消费也创造生产。心理结构创造艺术的永恒，永恒的艺术也创造、体现人类流传下来的社会性的共同心理结构。然而，它们既不是永恒不变，也不是倏忽即逝、不可捉摸……心理结构是浓缩了的人类历史文明，艺术作品是打开了的时代魂灵的心理学"[①]。在当代中国，人们接受艺术的心理结构发生了变化，而这种变化必然意味着对传统艺术传承提出新的要求。中华传统艺术的当代传承，应当是包含了艺术创作和艺术接受在内的系统化、整体性的传承。文旅融合适应了中国当代受众在传统艺术传承接受过程中的心理变化，体现了当前人们在消费活动中参与艺术传承的时代特点。

当代中国的艺术接受活动在维持艺术与生活界限的同时，不断突破着这个界限。艺术接受与消费活动的同一化使艺术逐渐告别宗教的、信仰的、仪式的、礼仪的独立语境，融入人们的日常生活之中。传统艺术在历史传承的过程中，总是维持着一些超越实际功利生活的独立语境。北魏的佛教造像、敦煌莫高窟的壁画，这些艺术的传承虽然总有世俗生活的影响和介入，但从本质上说是为宗教的，是超越功利生活的精神信仰的符号。传统音乐和舞蹈尽管在历代发展过程中也伴随着人们的实际生活，但与祭祀活动、礼仪活动等信仰崇拜和国家意志始终保持着紧密的联系。传统戏曲可以说是颇具有群众基础的，不论是民俗活动还是城市和乡村生产生活、休闲生活，都离不开戏曲艺术的表演和观赏。但是，戏曲仍然在舆神、民间信仰和宫廷礼仪中扮演着重要的角色。这些传统艺术的传承都有独立的与实际生活保持着相对距离的语境。进入当代社会，中国的社会环境和社会结构发生了巨大的变化，工业文明和信息时代的技术成果彻底改变了人们的生活习惯，接受艺术的独立语境也遭遇了支离破碎的境遇。

我们不能否认，在消费主义的浪潮之下，艺术市场不能完全消解这

---

① 李泽厚，《美的历程》，北京：生活·读书·新知三联书店，2020年，第217页。

些超越实际生活的接受语境,但突破这些语境,打破艺术与生活的界限逐渐成为一种趋势。在购买唐卡的人群中,仍然有一些佛教徒因为自身的信仰而通过消费行为占有和保存唐卡艺术作品,从而实现自己的宗教崇拜需求。但如今的唐卡消费市场也充斥着把唐卡作为一种装饰性艺术的人群,对于他们而言,购买和拥有唐卡的初衷与选择山水画、花鸟画没有本质的区别。也有一部分消费者确知唐卡和山水画在内涵、意义上的差异,但他们购买唐卡并不是出于宗教信仰的需要,而是抱着感受和了解一种文化现象的目的。他们对佛教充满敬畏之心,也可能饱有兴趣,但他们却不是佛教徒。但艺术的独立语境在当代中国并没有被彻底打破,仍然维持着它的疆域,只是这种疆域发生了位移。随着现代博物馆、美术馆、剧场等专业机构的出现,人们欣赏佛教造像、感受编钟的音乐、观摩《龙凤呈祥》的戏曲表演,都离开了这些艺术原本的存在语境,脱离了佛教信仰、古代礼仪和民间风俗,可以在现代公共空间里进行。消费活动开辟了新的艺术独立语境的疆域,人们让渡出货币价值,获得了新的使用价值。事实上,对于博物馆、美术馆里的释迦牟尼造像和董其昌的绘画原作而言,本雅明所说的"膜拜价值"并没有消失,而是获得了新的崇拜意义。对于传统文化爱好者,国画专业、雕塑专业的学生而言,他们对这些艺术作品仍然保持着膜拜的态度和瞻仰的姿态。当然,"展示价值"也确在一些生活场景中取代了"膜拜价值"。[①]购买以"吴门四家"画作和天龙山石窟造像为创意题材的画册、明信片等,固然不再具有原作的"光韵",是对于图像的接受和喜好。消费有时并不意味着对于艺术作品的占有和收藏,它更多是对艺术信息的占有和解读。当消费带来了语境和场景的转换,艺术作品的意义自然也就发生了变化。

艺术与生活的界限之所以被打破,并不在于艺术与生活的脱节。事实上,艺术一刻也无法离开人们的实际生活而存在。只是艺术作品的那种在独立语境下才能成立的意义和价值随着消费社会的到来,转换了存在的语境,改变了背后的意义和功能价值。书法艺术在古代是一种自然书写,书信、笔记、抄录、题画、作诗等,都是书法艺术的表现形式。换言之,在

[①] "膜拜价值"和"展示价值"参见[德]瓦尔特·本雅明,《机械复制时代的艺术作品》,王才勇译,北京:中国城市出版社,2002年,第19—20页。

古代中国，书法艺术与人们的日常生活语境是密不可分的。文人间的聚会交游、通信往来、礼物互赠，都是书法艺术的意义和价值的体现。进入当代社会，毛笔不再是人们的书写工具，书法艺术与生活的意义关联性不再如以往。如今，人们购买书法作品既有装饰性的需要，也有作为座右铭来自勉和激励，也有为了保值和升值的投资需要。中华传统艺术当代传承过程中受众接受心理的变化，正是由于社会环境的变迁、人们生活方式的改变导致的，而艺术与生活的界限也随之不断调整。艺术接受的语境在错置和重建中彰显着消费与传承的关系。

中国当代艺术接受的语境，很大一部分是由文旅融合创造的。旅游是人们离开自己熟悉的生活区域，带有目的性、计划性和行程性的活动。虽然旅游目的地与人们的常住地有着各种区别，但旅游是无法脱离人们日常生活模式的。旅游中既有满足人们基本生活需要的消费，如餐饮、住宿等，也有发展性的消费，如文化体验、接受教育、精神满足等。即便是基本生活的需要，旅游也提供了创造新的场景的可能。艺术接受在旅游场景中是通过消费活动来实现的。需要指出的是，这里的艺术接受语境（context）和场景（circumstance）不仅指自然和社会环境（environment），也指条件和状态（condition）。昆宴就是文旅融合语境下消费活动对艺术接受的纳入。昆曲表演在古代常常与宴席联系在一起。

近年来，苏州、南京等城市以昆剧演出伴随餐饮的形式作为旅游项目，吸引了来自全国各地的消费者。类似的还有在宴席间表演相声、评弹、评话和白局等曲艺。南京芥子园、苏州平江历史街区、广州沙面历史街区等，都有餐饮类的商家在用餐时提供传统戏曲和曲艺的表演服务。以昆曲为例，"人们在信仰、喜庆、社交、冶游等社会活动中多以昆曲'伴奏'，有些人甚至把它当作日常生活的'必修课'……社会总体消费昆曲能力较强。享乐之风炽烈，昆曲能够满足人们多方面享乐需求"[1]。一方面，在自然和社会环境上，这些商家都有专门的舞台或开辟独立的演出空间，所在的园林、厅堂等区域也有着表演戏曲和曲艺的传统。另一方面，宴席和戏曲表演、曲艺表演的关联也有据可考，在历史上曾经出现过，具

---

[1] 朱琳，《昆曲与近世江南社会生活——以昆曲受众群体为对象的考察》，苏州大学，博士学位论文，2006年4月。

有文化传承的意义和机会条件。如果说在文旅融合初期，餐饮服务行业提供的戏曲和曲艺表演更多是一种吸引眼球的噱头，是一种旅游品牌的标新立异，那么近年来餐饮行业与专业艺术团体的合作，甚至是专业艺术院团自身的商业布局中开发了有关宴会的体验项目，就是这种文旅融合消费活动逐步走向成熟的体现。住宿也是旅游消费中关乎人们基本生活需要的项目。过去，酒店、民宿的装修、摆设、服务更多体现出了奢华、豪华、经济、特惠等与人们的经济能力和价格相关的层次，但随着文旅融合的推进，酒店和民宿在人们的体验感尤其是辨识度和留给人们的记忆程度上有着越来越多的努力。此时，艺术尤其是传统艺术就成了消费的新增长点。在江苏昆山的巴城昆曲小镇，出现了以昆曲为主题的特色民宿。在江西景德镇，出现了以瓷器艺术为主题的特色酒店。这些住宿环境的变化，不再执着于价格和层次与人们消费能力之间的平衡，而是在人们消费能力允许的前提下，尽可能努力提升文化体验和给旅游者留下更为深刻的记忆。

除了满足基本生活需求的消费项目以外，对发展性消费的满足更是文旅融合的目标和前进方向。研学已日益成为旅游产业的一个关键词。在旅游的过程中学习，即在旅游的过程中寓教于乐，在体验和参与中实现休闲娱乐与接受教育的双重功能。事实上，研学已不再是一个产业概念或旅游活动中的特殊项目，它渐渐发展为旅游产业的引擎之一，也是文旅融合的一种重要体现，同时也是教育消费和艺术消费的有机组成部分。博物馆探秘项目，即在参观博物馆的过程中，完成预先设计的任务，带着学习的目的游览博物馆，正成为全国各大博物馆推出的热门活动。除了本身带有鲜明社会教育色彩的文博机构以外，其他旅游景区也越来越重视教育类、文化体验类的项目开发。在贵州苗寨旅游景区，让游客体验传统扎染艺术的工艺流程，亲身参与到扎染的制作之中已成为当地旅游的一个常设项目。在西安碑林，在复制的碑刻上学习和体会拓印、拓片技艺，也是旅游发展性消费的一个确证。中华传统手工艺，它的技艺传承可能只掌握在传承人、学艺人的手中。手工艺流程的复杂、技术的精细，可能需要长年累月的练习和积累。但把其中的一些门槛并不高的步骤或流程独立出来，设计为旅游体验项目，就能够实现广大消费者对手工艺、非物质文化遗产的传承体验。

研学消费项目体现的是消费者需求的多样性，也折射出文化的复杂性。"承认人们以完全不平等的条件参与消费文化是极其重要的,但是这些不平等条件并非直接地与经济不平等有关(尽管它们可能间接地与经济不平等有关),而是文化本身所特有的。"[①] 从消费认识艺术传承,从批判性视角转向建构性视角,也正是有赖于此种基本立场。

从表面上看,这些教育类、体验类的文旅项目似乎只是以艺术传承和传统艺术为标签,为消费创造了新的增长点。但如果我们从这些项目之所以能够被成功开发的条件和成因来看,正是由于我们对手工艺、非物质文化遗产、表演艺术在传承教育的科学化和系统化的充分认知和理解的基础上才有可能将其中的某些环节、某些部分独立出来并开展更为广泛的社会教育。以天津杨柳青木刻版画为例,如果我们没有对木刻版画的制作工艺、流程和技法有着清晰、全面、系统的反思和认知,明确哪些步骤是可以在保证质量的同时兼顾效率的,是可以改善和精进的,是可以用其他材料、方法来替代的,那么我们永远也无法真正独立设计出某一个环节让消费者来体验,我们也永远无法将木刻版画的传承真正做到教育的科学化。换言之,如果无法充分把握艺术传承在一代代教育、练习过程中的方法,无法了解艺术传承技艺和观念的更新迭代、取舍选择,那么我们在传承过程中也将屡遭困境。

"任何物质的改善都曾经把世界精神化。"[②] 旅游产业的发展是需要物质技术条件支撑的。无论是旅行中满足基本生活需要的餐饮、住宿,还是满足发展性需要的教育、体验等项目,文化提供内容,也必须得到物质技术的改善,但最终却作用于消费者的精神世界。苏州五亩园的园林实景版《牡丹亭》昆剧演出,借助了全息投影、现代灯光技术强化视觉体验。敦煌的数字展厅依靠高保真影像还原技术和增强现实技术确保壁画的细节呈现和逼真效果。延安革命老区红色教育基地的宣传版画制作体验项目依托计算机的模板设计来还原版画的制版模型。这些文旅融合的项目都建立在现代技术进步提供物质支撑的基础之上。消费者在体验的过程中,既是传统艺术传承成果的体认,也是对传承的直接参与。

技术的发展具有一定盲目性,如何服务于人类社会、作用于文旅融

---

① [英]西莉亚·卢瑞,《消费文化》,张萍译,南京:南京大学出版社,2003年,第6页。
② [英]雷蒙德·威廉斯,《文化与社会》,北京:北京大学出版社,1991年,第228页。

合、服务于艺术传承，需要凭借人们的理念、创意和策略。山东孔庙、西安碑林都推出了碑刻书法的描红本，受到书法爱好者的青睐。描红本要如实地还原碑刻的字体、用笔、章法等，需要借助计算机的扫描和绘制技术，从而保证描红本不出现偏差和失真，能够作为一种辅助性的、体验性的书法练习工具。描红固然不能替代书法传承的临帖，它以娱乐性和易操作性将书法的练习和书写体验带入消费市场的领域。作为消费者，在填涂、书写描红本的过程中，书法技艺的提升或许还在其次。了解碑刻的内容、历史背景、书法家其人其事，反倒成了描红本的主要目的和意义。

在旅行中消费传统艺术，在消费中传承传统艺术。人们离开自己熟悉的生活环境，在"陌生化"的文旅商品中回归作为集体记忆和身份符号的传统。而艺术的形式感和精神性又使这种产品越发"神奇"。"物品不再是劳动的直接产物，人们不再了解这些物品的生产环境、制作过程，展示在人们面前的商品愈发变得陌生而神奇了。"[①] 人们在参与这些项目之后，形成了新的认知，积累了新的经验，这本身对传承而言也具有重要的意义。传承不是只关乎创作的单向继承行为，同样关乎受众在面对传统艺术时产生了怎样的认识，获取了怎样的经验，采取了怎样的态度，是一种双向的继承。正如朱光潜在讨论艺术创作的人才与受众的关系时所指出的，"天才不但要创造新作品，还要创造能欣赏这种新作品的群众。新群众的产生往往是在新作品产生之后的一代中。浪漫派和象征派的诗，后期印象派的画，以及中国白话文学，在初出世时都被人唾骂，到后来才有人能欣赏，便是明证"[②]。苏州评弹传统曲艺的传承过程可以说是在培养观众的进程中向前推进的。经过百余年的发展，从最初的陈（遇乾）调、马（如飞）调、俞（秀山）调到后来的刘（天韵）调、杨（振雄）调、薛（筱卿）调、沈（俭安）调等，苏州评弹流派的继承和延续是在对观众的培育、经受观众的质疑和批评的长期过程中稳步迈进的。后起的流派、唱腔、曲调是在继承前人的基础上发展而成的，但观众对于新事物的接受都有一个滞后和犹疑的过程，这就需要艺术传承对观众进行培育和引导。

---

① ［法］安东尼·加卢佐，《制造消费者：消费主义全球史》，马雅译，广州：广东人民出版社，2002年，第10页。
② 朱光潜，《文艺心理学》，上海：复旦大学出版社，2020年，第196页。

可以说，中华传统艺术的当代传承也是对当代观众养成的过程。艺术传承的历史也是受众的成长史。受众不仅是艺术传承成果的享用者和接受对象，也是艺术传承的参与者。只有这样理解艺术传承，当代传承的事业才不会止步不前、孤立无援。文旅融合使艺术传承进入人们的日常生活，人们在参与艺术的过程中也起到了推进传承的作用。举例来说，在中国昆剧艺术节期间，民间曲社在苏州虎丘曲会、五亩园的昆剧传习所、全晋会馆的中国昆曲博物馆等景区开展了彩串、拍曲、清唱等活动。如果说专业的昆剧院团更注重在带妆表演上的折子戏和全本戏传承，那么这些在文旅融合平台上举办的各色活动则突出了对昆曲的制曲、曲牌的研习以及对唱词、音韵、格律等文词曲调的传承。曲社成员和曲友中不乏有退居舞台一线的专业演员，高校昆曲、古汉语、古代文学研究者和资深的昆剧爱好者（曲友）等，他们对于工尺谱的识读，曲牌的整理以及剧目的搜集、研究、试唱等，无疑构成了昆曲艺术传承的重要阵地。

事实上，早在晚清和民国的曲社、曲师（传授曲唱技艺的人）和清曲家就是技艺传承的重要力量。曲师和清曲家与家班和职业戏班有着直接的联系，是沟通职业演员与民间业余传承力量的纽带。"早期曲师多有清唱家身份，后期以演员出身居多，前者以叶堂、冯起凤、钮匪石等为代表，后者以殷溎深、沈月泉等为代表。演员和清曲家两种身份来源的曲师指导理念和曲唱风格也会存在差异。随着剧唱的发展，演员身份或者由清唱家转行的曲师渐居多数。曲社的生存发展离不开曲师的技术支撑，但曲社曲友却很少转为曲师身份。曲师作为曲社重要人才资源，成为业余曲社和职业昆班之间技艺交流的重要桥梁。"[1] 此时的民间曲社有着大量传统剧目的彩串唱演，有些曲社在呈现的水准和效果上也并不逊于职业戏班。从规模来看，晚清民国时期的曲社数量仅沪苏两地就多达五十上下。曲师群体中不乏有韩华卿、俞粟庐、沈锡卿、丁兰荪、殷溎深、陈凤鸣、沈月泉、王少亭、吴梅、王季烈等曲家。[2] 这些曲师有着文人和艺术家的来源，对于规范传承的技艺和提高艺术水平具有重要的作用。进入当代社会，曲社、曲师、学者和退居演出一线的表演名家和专业演员，同样以受众的身份直

---

[1] 裴雪莱，《晚清民国江南曲社与曲师关系略论》，《戏剧艺术》，2019年第3期，第39页。
[2] 史料参见裴雪莱，《晚清民国江南曲社与曲师关系略论》，《戏剧艺术》，2019年第3期，第34—36页。

接参与到昆曲艺术的传承之中。他们虽然无法在专业昆剧院团的排演和正式演出中担任职务，但在文旅融合的项目和平台上，同样能够亲身投入传承的事业中去。中华传统艺术的当代传承中受众的地位同样是不可取代的，他们发挥着重要的作用。

第二节　创意产业的发展营造了中华传统艺术当代传承的氛围

当人类进入消费社会，面临着后工业社会的经济困境和精神牢笼的时候，艺术通过创意进入产业领域，一方面，生产方式和消费习惯出现了新的面貌；另一方面，也引导和协调着人们的精神生活。"艺术产业是当代社会构成的重要的组织形态和存在方式之一。它是人们为了达成共同的目标，按照特定的结构方式和活动规律而结合起来的开放性的、动态的人类共同体。"[1] 中华传统艺术当代传承的消费路径与创意产业的发展有着内在的一致性。首先，创意产业的内容来源是基于传统艺术的。国画、戏曲、佛教造像、传统音乐等图像和影像资源成了创意产业的"创意"源泉。传统文化和中华民族文化基因的元素越来越多地成为创意产业的内容，彰显了国家和民族的文化形象。其次，创意产业与传统工业相比，是一种高附加值、注重知识产权、满足人们精神生活需要的产业，这与传统艺术传承中需要体现艺术的价值意义、注重人才培养和作品创作、反映人们精神世界的特征是一脉相承的。

与此同时，创意产业又与传统艺术传承的消费路径具有一些差别。第一，创意产业完全是一个经济学概念，尽管它与社会生态也有千丝万缕的联系，但市场是它的首要目标，承担的其他社会功能和社会责任是附属的。传统艺术的当代传承不仅仅指向经济领域，消费只是认识它的一种手段，也是它的一种实现方式。市场不是它的首要目标，更不是唯一目标。消费是为传承服务的。传统艺术的消费最终必须落实到传承上。第二，对于创意产业的认知和研究，定量研究既是方法也是目的。虽然在研究过程

---

[1] 张冬梅，《艺术产业化的历程反思与理论诠释》，北京：中国社会科学出版社，2008年，第73页。

中也需要结合定性研究，但最终要解决的问题还是在于"是什么"，即产业的布局、体量、发展趋势等。对于传统艺术当代传承的消费路径的认识和研究，定量研究只能是方法而不是目的，最终还是要凭借定性研究进行价值判断，既回答"是什么"的问题，也回答"为什么"的问题。第三，创意产业包含了对艺术的创意提升过程，从本质上说都是对艺术进行的产品加工，涉及生产、消费、再生产等完整产业链的问题，不涉及艺术的本源问题。传统艺术当代传承的消费路径包含了对艺术的产品加工问题，只关注产业链中的消费环节以及消费环节对生产和再生产的影响，指向艺术的本源问题，因为它最终是要落实到艺术的传承本身，而不是解决消费市场或艺术产业的问题。我们可以从如下的譬喻来认识：如果说艺术的本源问题是大海中生活的各类鱼、虾、贝类、珊瑚和其他海洋生物，那么创意产业的研究则侧重捕捞、养殖、水产品加工、海鲜餐饮等领域，是对完整的产业链的关注。虽然也不可避免地会提及海洋的生态环境本身，但重点在于前者。传统艺术当代传承的消费路径研究，则既侧重海洋生态环境，并关注捕捞和养殖之后对于珍珠、玳瑁等工艺品消费，海鲜产品消费等产业链中关于消费活动的领域。对其他经济活动的环节并不是关注的重点。而最终要解决的问题，则是这些消费活动对于海洋的生态环境本身产生了哪些影响以及如何促进海洋生物的可持续发展。

一、创意产业实现了中华传统艺术当代传承的"落地"

创意产业中的传统艺术是以产品加工后的形式出现的，如以北宋范宽《溪山行旅图》为主要创意设计的明信片、书签，以关良戏曲绘画《贵妃醉酒》为主要创意设计的笔记本，以张君秋、刘雪涛主演的京剧《望江亭》为影像来源的高清电影放映戏曲片等，这些创意产业的产品都经过了一定程度的设计、制作和加工。我们很难说这些产品的生产本身是传统艺术的传承行为，但它们在进入消费领域之后，产生的影响却与传承有关。因此，创意产业虽然不是直接的艺术传承，但它为传承营造了一种有利的社会氛围。有学者指出，这是一种文化价值和经济价值共同增值、良性循环的创意"态"。"挖掘'社会实践源'与'文学经验源'创意的协同、引导与整合，可以形成文字态创意，以作品的全产业链开发带来文化价值增值与经济价值增值，同时又为'社会实践源'文本创意的挖掘、生成提供经验激励及物质激励，形成良性循环。"①

　　创意产业完成了中华传统艺术当代传承的"落地"，通过消费使艺术传承从过程和目的转化为结果和起因。"传承"是一个强调过程性和目的论的词汇，它一直处于"未完成"的状态。以新疆维吾尔族的传统艺术"十二木卡姆"为例，它曾一度遭遇濒临灭绝的危机。新中国成立后，文化部于1950年组建了以音乐家万桐书、刘炽为首的"十二木卡姆整理工作组"，开启了挖掘、抢救和保护的工作。此后，工作组寻找到了能够完整演唱"十二木卡姆"的老艺人，用钢丝录音机对他们的演唱进行记录，并耗费了六年时间整理出曲谱和歌词。古典叙诵歌曲、民间叙事组歌、舞曲、即兴乐曲共340余首在工作推进的初期被抢救和保存下来。新时期，"十二木卡姆"的传承除了对曲谱、歌词进行进一步整理和挖掘以外，还培养了一批演唱、演奏和作曲的传承人才，使这种传统音乐能够以表演的形式代代相传、永葆活力。"实施本工程（即中国新疆维吾尔木卡姆保护和传承工程，笔者按）就是在全疆范围内建立起一套有效的管理、保护、传承和宣传机制，使维吾尔木卡姆这一精美的传统乐舞艺术在现代社会仍然保持活力，得到可持续的发展。"②传承是一个过程，也是一种目的性的要求，它在时间长河里前后相续，而成果的凝聚则需要"落地"。在传承的过程中，虽然也出现了出版物、展演等成果形式的凝固，它们固然是传承的结果，但无论什么样的成果性总结和展示，也都是传承过程的一些阶段，它始终处于一个动态的过程之中。创意产业为艺术传承提供了进入人们日常生活的机会，可谓落地生根。传承只有与人们的生活相融合，在这个意义上才能真正成为一种结果和继续推进的起因。

　　在国画艺术传承的过程中，我们很难说哪些代表性画家的出现就意味着传承的完成，事实上传承永远处于"未完成"的状态。但是，当吴昌硕、傅抱石的绘画作为一种资源和创意被开发和设计为工业产品的时候，无论它的形式是文具还是其他生活日用品，都能够进入消费领域，从而进入人们的日常生活。传承的生产转化为面向生活的生产。当代的画家们仍在努力推进中国画艺术的传承，但这些创意产业的产品却成了传承过程中

---

① 王烯等，《"文学经验源"与"社会实践源"：文学创意类型辨析及其逻辑阐述》，《学术研究》，2024年第5期，第176页。

② 周吉，《木卡姆》，北京：文化艺术出版社，2016年，第306页。

的"结果"形态，服务于人们的功利生活和文化生活。"传统一直都是当代的，是'未完成'的。或者更确切地说，在这种视角下，传统更多是处于一种被'悬置'的状态，其虽在过去的时间点中形成的事物，然而其对今天的意义有待论证，其位置有待锚定：其虽源于过去，延续于今日，但既不真正属于过去，也尚未在当代确立。它还有待于遴选与开发。"① 从程砚秋到张火丁，从富连成到国家京剧院、中国戏曲学院，无论剧目排演还是人才培养，京剧艺术的当代传承始终是一个不断向前的过程，它既不完全属于过去，也不止步于当下，持续朝向未来。但是，在传承的过程中，创意产业却将其物化为产品、固化为消费对象，从而在人们的生活中凝聚为"成果"。换言之，苏州昆剧院排演的《牡丹亭》是传承的过程，而观众购票在苏州昆剧传习所五亩园内观摩的实景版《牡丹亭》则是传承的成果，因为后者是以表演艺术创意产业的产品在消费领域完成了现实层面的"传承"。

　　创意产业重视知识产权，突出产品的品牌价值，既包含地域品牌又包含作者品牌。这就为中华传统艺术当代传承的消费提供了规范化的体制。2021年河南卫视在春节晚会推出创意舞蹈表演《唐宫夜宴》，灵感来源于河南博物院藏安阳张盛墓出土的一组隋代乐舞俑。创意舞蹈还原了乐舞俑的服饰和造型，并在歌舞表演中融入了钟磬的传统音乐和唐代宫廷舞蹈的元素。中华传统艺术在当代的消费，越来越体现出消费者知识构成的进步和对历史渊源的重视。当代消费者接受教育的程度越来越高，他们对于艺术的消费往往不停留在感官的满足和精神的愉悦上，而是向着获取知识、追本溯源的心理需求迈进。舞蹈表演《唐宫夜宴》原为郑州歌舞剧院作品，河南卫视的展播加入了5G和AR技术，增添了现代技术的创意，在视觉效果上更符合视频观看的需要。创意舞蹈表演的知识产权固然属于郑州歌舞剧院和河南卫视，但消费者对于这个表演艺术创意产品所建立的品牌认知却扩展到了河南博物院的文物和中国古代的中原文化、陶俑艺术。消费者并没有停留在感官体验上，而是以追问历史及其文化渊源暗藏更深一层的消费心理，产生了对灿烂的古代中原文化和民族优秀历史遗产的当

---

① 杨光，《创意产业对传统文化资源的挪用与转化——兼论作为一种转化机制的创意产业》，《文化产业研究》，2019年第3期，第93页。

代体认。

创意产业创造了一种以知识为导向的消费生态，使消费者格外重视知识产权相关的作者、地域和时代。"创意并不一定就是经济行为，但是，一旦创意具有了经济意义或产生了可交换的产品，创意就可能是经济行为。"[①] 中华传统艺术的当代传承只是创意的来源，为创意产业的发展提供了素材和想象力。在以传统艺术为创意产品或服务的经济活动中，交换行为的双方是创造性的契合，一方是知识产权的缔造者，一方是商品的享用者，沟通两者实现交换的过程必须凭借想象力。将古代建筑和历史文物的图像制造成糕点、冰激凌的创意发明者和购买并享用这些食品的消费者之间，达成了一种默契：食品的造型是美感体验的来源和生活雅趣的呈现。

创意产品品牌的信息和价值为学习型消费创造了条件。传承离不开技艺的练习。练习很多时候是从模仿开始的。技艺的继承有时意味着对作者、地域的剥离和融化。例如，学习王羲之的结体和运笔，学习梅兰芳的吐字和归因，这都是艺术传承中对于技艺学习不可或缺的步骤。在传统民族音乐的传承中，乐器品种的使用也常常能反映这一作品的流传地域。可见，在艺术传承中，作者、地域等要素也具有很高的辨识度和规范性，但这种特征不具有排他性。戏曲演员运用梅兰芳的发声方法，书法家借鉴颜真卿的笔法，国画家学习马远的山水构图，这些都不会成为"剽窃"或"侵权"。但是，在创意产业中，由四川省博物馆研发推出的三星堆文创产品，则不能在市场领域随意为其他市场主体所使用。江苏省昆剧院的《1699·桃花扇》等表演艺术也有版权，不能为市场主体随意出版、发行。市场的法律法规为艺术传承成果的消费活动提供了法律保障。

二、创意产业优化了中华传统艺术当代传承进入消费活动的布局

对创意产业类型划分的认识有助于我们进一步分析中华传统艺术当代传承进入消费活动的布局。英国学者约翰·霍金斯在《创意经济：如何点石成金》中，根据市场的划分，对创意产业进行了分类，共涉及15个产业，分别是广告、建筑、艺术、工艺品、设计、时装、电影、音乐、表演

---

① ［英］约翰·霍金斯，《创意经济：如何点石成金》，洪庆福等译，上海：上海三联书店，2006年，第4页。

艺术、出版、研发、软件、玩具和游戏、电视和收音机、视频游戏。[①]澳大利亚学者约翰·哈特利阐释了创意产业领域的"沙漏效果",将创意产业的部门划分为手工艺和设计、绘画、表演艺术、音乐、视听和传媒、出版以及多媒体,同时还将部门的发展情况以可视化的图文的方式加以阐释。[②]从这些分类方法中我们可以看出,创意产业分类方法的依据是有些含混和概念重合的。其中既包含了艺术门类的区别,也包含了行业的区别和产品类型的区别。设计、电影、音乐、电视等层面就是对艺术门类进行划分。广告、出版、时装、玩具、游戏等就是对行业进行划分,也可以视为对产品进行划分。中华传统艺术的传承成果就可以根据这些产业分类进入消费领域。对京剧艺术的音乐进行创意加工,就可以进入音乐创意产业。融合现代声光电、运用虚拟现实和增强现实的京剧舞台表演就可以进入表演创意产业。京剧电影、京剧电视剧就可以进入影视创意产业。京剧的服饰、道具等经过设计和加工,就可以进入艺术设计创意产业。如此一来,同样源于京剧艺术传承的创意加工,就可以形成不同类型的产品,进入不同的消费市场,从而使京剧艺术以更为多样的产品形式获得更大的消费动力,也能够满足消费者不同需求的市场细分。"观众在长期的娱乐消费中被隐性地培育……娱乐消费以及消费的类型,又会成为调整消费群体结构的力量。"[③]从这个意义上说,京剧消费类型的复杂性恰恰也是人的主体性建构的丰富性所决定的。敦煌的壁画和造像可以印刷为画册、录制为碟片等出版物,开发设计为手机应用、视频游戏,策划和举行旅游体验项目,建设数字敦煌网页和网络数据库等产品形式,从而更有效、更有针对性地进入消费市场。

创意产业的专业中介机构,也能够为艺术传承进入消费活动进而实现社会功能创造有利的条件。经纪、评论、宣传等职能性的平台沟通了艺术传承与人们参与艺术消费的生活。经纪平台便于产业链的良好运转,有利于艺术生产和艺术消费的接轨。评论平台允许各种独立的研究机构、学

---

① [英]约翰·霍金斯,《创意经济:如何点石成金》,洪庆福等译,上海:上海三联书店,2006年,第96—129页。

② [澳]约翰·哈特利,《创意产业读本》,曹书乐等译,北京:清华大学出版社,2007年,第234页。

③ 张婷婷等,《签约与垄断:孤岛时期京伶赴沪演出情况考察——以梅兰芳、程砚秋两家为例》,《民族艺术研究》,2023年第5期,第34页。

者、评论家和普通的艺术消费者公开发表自己的看法，对艺术产品进行各种角度和立场的点评，从而监督、引导艺术的再生产，为艺术传承创造自由、开放的社会氛围。宣传（资讯）平台则是生产方和消费者进行信息互通和交流的场域，用于生产方的产品信息发布和供给消费者的选择。这些艺术产品的资讯能够为消费者提供选择性消费的便利，从而优化整个艺术消费的流程。艺术消费通过创意产业的市场布局和专业职能机构获得传承与生活的联系。换言之，并不是传统艺术产品进入了消费领域，就意味着传统艺术成了创意产品。"正是由于产品所包含的文化个性、文化精神，才使这一产品在一定的消费区域和消费层次里增值、走俏、辐射。可以说，文化力是产品进入市场的权威'准入证'。"[1] 然而对产品文化力的理解，有时在供给和消费中会出现断层，这就需要艺术中介机构在创意产业中搭建桥梁，起到引导、阐释的作用。

创意产业与城市发展的空间规划等相勾连，从而将传统艺术与人们的日常生活融为一体，以消费活动影响人们的生活方式。以苏州为例，苏州的古城区以护城河为界限，与工业园区、高新区、相城区、吴中区等其他功能板块和行政区划相区别。苏州古城区建筑的"限高令"广为人知并发挥了切实的功效，对古城历史风貌的保存大有裨益。然而，古城保护是为了城市向友好、智慧、趣味、发展和享受型城市转型的一种手段，古代遗迹、建筑群的修缮，园林、名人故居的维护和开放，是城市空间优化的一种体现。苏州的艺术生产，很多都有明显的聚落，既包括艺术家，也包括受众。"创意产业集群在某种程度上与文化城市有所不同，尽管它们可能就在文化城市之中；它们基于这样一个观点：创造者和创意企业家亲密接触，其所产生的创新力大于各部分相加的总和，换句话说，集群具有外部效益。"[2] 这些艺术生产在历史过程中与人们的生活相融合，成为生活方式的一部分。桃花坞是年画艺术生产和消费的聚落，镇湖是刺绣的聚落，光福是核雕的聚落等。这不仅与家庭世代相传的艺术继承制度有关，也与区域空间在历史上承担的经济功能有关。桃花坞在古代集市的区域范围内，与活跃的市民经济密不可分，而年画又是民俗的一种载体。山塘街和平江

---

[1] 厉无畏等，《创意产业新论》，上海：东方出版中心，2009年，第105页。
[2] ［英］露丝·陶斯，《文化经济学》，周正兵译，大连：东北财经大学出版社，2016年，第147页。

路是古代商业最为繁荣的区域，也是会馆域邦经济的集中地，毗邻京杭大运河，因而古戏台的留存颇为常见，成了戏曲演出的集聚场域。

这种艺术与空间的联系，是长期的艺术实践和社会生活形成的结果，而非政府的干预或引导所形成的布局，这与现代化的工业园区打造的文化集聚区域有着很大的不同。因此，艺术创意产业在空间发展上形成的聚落，有助于城市功能空间的布局走向更为合理、优化。值得注意的是，城市功能空间的布局反过来也会促使艺术本体及其传播发生改变。昆曲的产生和发展与苏州的私家园林不可分割，尤其是昆曲演出和豢养家班的关联。而当昆曲介入创意产业后，又反过来成了园林的营造手段，增添意趣。最初艺术生产空间区域的形成依赖自然环境资源，逐渐为城市经济功能的统辖所替代。如今，创意产业与城市空间深度融合，彼此不可分割。"创意产业必须促使社会进一步发展，而反过来，城市建设也通过提供给本地居民和外来者有区别化的空间和环境方案，促使国际性的招商引资活动的发生，并通过艺术促进地区产业发展。"[①] 苏州—新加坡工业园区十余年的建设和发展实践表明，城市景观和公共服务空间的打造依托于传统艺术营造的氛围，园林、昆曲、评弹、刺绣等传统文化为城市提供了新的文化竞争力和不竭的资源。

第三节　消费活动中的艺术传承教育

中华传统艺术的当代传承离不开教育。传统方式的继承和教育主要是通过家庭的组织形式来实现。"现行的师徒传授模式既非20世纪40年代以前的传统师徒传授模式，也与20世纪50—80年代的新型师徒传授模式不同，当时的师徒传授模式已经转变为一种社会化的培养形式，脱离了作坊和家庭的观念意识，纳入了规划、有序、开放式的发展轨道。"[②] 目前，与师徒传授模式互补的传统艺术传承教育方式主要体现在三个层面：第一是以专业艺术院校、专业艺术团体和艺术家团队开展的传统艺术有关专业

---

①　邹梅等，《数字媒体艺术》，成都：电子科技大学出版社，2016年，第65页。
②　吴南，《中国传统手工艺术活态传承机制研究》，北京：中国纺织出版社，2020年，第211页。

的教育。例如，中国戏曲学院开设的戏曲导演、编剧、演员等专业，旨在培养专业的戏曲艺术传承人才。中国国家京剧院在排演和演出剧目过程中进行的以演带教、教演合一的艺术传承教育。刺绣、木雕、紫砂壶等手工艺名家和非遗传承人开展的师徒传承、口传心授的职业化教育。第二是以专业的艺术机构、群文机构和教育机构，如博物馆、美术馆、文化馆、中小学等组织和开展的社会大众艺术传承教育。如江苏南京云锦博物馆开设的云锦织造体验课程，浙江绍兴越剧博物馆开设的越剧艺术学唱学演体验课程，天津杨柳青木刻年画博物馆开设的木刻年画工艺制作体验课程以及中小学开展的各类传统艺术传承的兴趣班和特色课程等。第三是个人自发选择和参与的艺术传承教育活动，如购买周信芳的音像和影像产品来学习京剧艺术的演唱和表演，在互联网上订购中央美术学院教师开设的线上国画教学课程等。

艺术传承教育的三个层面都与消费活动有关，但存在着距离远近和程度深浅的区别。专业艺术院校的传承教育虽然与经济活动密不可分，但无论是从人才培养的国家战略性需要来看，还是从学生的受教育目的来看，都与消费行为的动机和价值实现相去甚远。虽然需要依靠经济活动支撑，但这种传承教育更多是一种"投入"，而不是"消费"。或者说，它的消费活动发生在传承教育的外围。教学场地的保障、教学活动的资源消耗、传承教育的人力成本等，这些经济因素都不以消费为目的。但是，专业的艺术传承教育和职业化的人才培养却是中华传统艺术当代传承的主要实现方式，它与传承的成果是否能够更好地涌入市场，为艺术的消费活动创造更为有利的局面，起着至关重要的作用。换言之，它是艺术生产的前提和保证，也就在一定程度上决定了消费活动的顺利进行。

专业艺术和文化机构推出的项目和课程，是艺术传承教育社会化、大众化的重要体现。虽然这些项目和课程带有鲜明的公共文化服务的公益特征，但它越来越多地演变为文化产业、旅游产业和文旅融合产业的产品，构成了兼具市场性和公益性的消费活动形态。如今各大博物馆和美术馆开设的这些项目和课程，通常收取一定的费用，并与旅行社、非公立的教育培训机构等市场主体合作，加入一定的商业运营模式。即便是公立中小学开设的传统艺术传承特色的兴趣课程，也都是由学校承担了全部或一部分消费资金，聘请社会上的艺术家来担任课程教师。相比专业院校的职业化艺术教育，这种形式的艺术传承教育与消费活动的距离更近。它本身依赖于专业教育的成果，在人才和教学内容的引进上都依托于专业院校或专业艺术组织。更重要的是，这些项目和课程培育了消费需求。它们设立的目的除了追求传统艺术的技艺传承和文化教育以外，更多是培养学生的兴趣。学生在参与了这些项目和课程之后，往往会更积极、更主动地参与到艺术消费之中。他们学习了京剧演唱，就会对京剧的剧场演出、京剧电影和京剧的各类产品产生浓厚的兴趣和消费的欲望。而这些消费活动对于京剧艺术的传承而言具有至关重要的作用。

个人自发地接受艺术传承教育的行为，则更深刻、更全面地与消费活动发生关联。甚至我们可以说，这些自发的受教育行为就是通过消费活动来完成的。购买张大千的画册、梅兰芳的唱片，购票去影院观摩沪剧电影《雷雨》，购买河北蔚县的剪纸作品集等，他们从欣赏到模仿，从模仿到创作，正是在兴趣的指引下不断将消费活动发挥出更多的教育价值。

一、中华传统艺术的当代传承与消费活动中的社会化艺术教育

中华传统艺术的当代传承与消费活动所能实现的社会艺术教育的价值具有紧密的联系。消费者在对中华传统艺术进行消费的同时，不仅增加了对传统艺术的有关知识，培养了兴趣和爱好，同时也身体力行地参与到了中华传统艺术的当代传承之中。以传统民族音乐为例，受到西方音乐中心论和我国中小学教育中偏重西洋音乐倾向的影响，很多青少年对于传统民族音乐的兴趣和好感是从民族管弦音乐会开始的。他们在音乐厅观摩之后，不仅有了对传统民族音乐的直观认识和情感体验，还引发他们从理性上进一步认知这种艺术形式的行为。他们购买书籍，在互联网上查阅有关信息和文章，对传统民族音乐的历史、知识有了更多的认识。其中还不乏有一些人开始学习民族乐器，从技艺的传习上与民族音乐有了更深入的互动。消费活动正是从兴趣和爱好的动机开始，逐渐让消费者与传承发生关联。消费活动与艺术传承之间有一种相互作用的力量。消费活动以社会艺术教育的方式触发了与传承的连接，而传承最终还是指向了消费活动。无论是专业院校和艺术团体还是中介机构、教育机构和个人在传承中所做的努力如何，传承都不是终点。只有将传承的成果再次回归到消费活动，传承才不会成为空中楼阁式的一项事业。以木刻版画为例，古代的木刻版画

有的是民俗活动的年画，有的是书籍印刷出版的插画。在延安时期，由于版画的复制性以及物质条件制约导致油画、国画、水彩画创作较为困难，木刻版画则承担了重要的革命宣传使命。

进入当代社会，木刻版画的传承除了非遗传承人和版画艺术家、艺术院校版画系学生的创作之外，也越来越多出现在教育机构、博物馆和美术馆开设的课程之中。但是，如果木刻版画的传承成果只能在天津杨柳青木刻版画博物馆、苏州桃花坞木刻版画博物馆等专业机构中作为专门的展览展示，那么木刻版画的传承必将失去一部分动力。只有充分发挥消费活动在大众艺术传承教育中的作用，才能真正使传承保有活力。手工制作的版画、机械印刷的版画，只有当人们有了在春节张贴的需要、在乔迁时张贴的需要、在家中装饰的需要，木刻版画艺术的传承才能获得持续的动力。任何传统造型艺术的传承都不是指向博物馆，传统表演艺术的传承也都不是指向影像保存，而是需要进入人们的生活，实现活态化的传承，这样才能在时间上永续不断，在空间上有所安顿。而融入人们的生活，需要凭借消费活动来完成。"传统，是各历史时期对过去文化储备进行的重新选择，它包括过去文化构成因素中的某些东西纳入充满活力的当代中来，在融入一种新的文化结构中得到改造。传统不是代代相传的一切遗产，而是在这个遗产范围中的选择过程的结果……传统是富于动力性，经常发生变革的东西，能赋予艺术以自己的民族特性。"[1]如果传统造型艺术的传承只面向博物馆，那么传承就会止步不前，只能成为一种不断还原和模仿过去的练习和复制。如果传统表演艺术的传承只面向影像留存，那么传承将会把发展中的表演艺术变成静止不变、泥古不化的遗产。传承只有面向日新月异的生活，面向新的文化，面向新的社会环境，正视人们的观念和心理结构的变化，传承才能在当代得以延续。而消费活动正是这些当下的新生活和新环境的集中体现和融入通道。

消费活动的社会化艺术传承教育的实现必须建立在较为完善的传承社会机制和信息系统之上。当青少年第一次走进剧院欣赏京剧艺术并对传统戏曲产生兴趣之后，他们这一次的消费行为虽然完成了，但他们参与传承的过程才刚刚开始。无论是购买戏曲书籍还是在互联网上查阅有关信息，

---

[1] 吴晓慷，《江苏二胡艺术传承概观》，南京：东南大学出版社，2014年，第256页。

这都需要戏曲艺术的有关传承工作形成了较好的机制。例如，博物馆、高校和数字技术企业通力合作，京剧、昆剧、越剧等传统戏曲的数字音视频数据库建设取得了一定的成果。对戏曲发生兴趣的青少年可以使用这些数据库来获得对他们有用的信息。数据库的建设使消费者在接受社会化艺术教育过程中的信息检索和自我学习变得更为便捷和有效。传统戏曲传承近年的"馆舍化"趋势也是作为非遗的传统表演艺术进入都市空间逻辑的必要举措。"'非遗'博物馆营造的第二空间隐含着全球化进程的'地方依恋情结'，其目的是服务于都市社会的文化转型与民众精神需求。"[1]再如，当青少年在参与了刺绣手工艺的体验之后，对这门传统艺术产生兴趣，他们在培训机构、博物馆和学校报名参加刺绣课程显然要比他们在艺术家和非遗传承人中拜师学艺要简便得多。而参与该兴趣课程的前提在于学校、博物馆、美术馆等机构已经设计并开放了此类课程。

传承的社会机制包含了高校、科研院所的科研成果体系，也包含了专业文化机构的教育资源，甚至还包括了互联网平台的文化教育业务等提供的有关社会化文化公共服务。没有健全有关艺术传承的社会机制和信息系统，消费活动所能起到的社会化艺术教育功能就非常有限。因为消费活动本身只是沟通传承与日常生活的一座桥梁，这座桥梁的通行证则是兴趣和动机，最终还是需要桥梁对岸的"社会生活"来对接此岸的"传统艺术传承"。

二、消费市场对中华传统艺术当代传承专业和职业化教育的影响

上文谈到，消费活动对中华传统艺术当代传承的作用主要体现在三方面。其中，由专业艺术机构、教育机构开设的课程和体验项目以及个人自发的消费行为主要是通过社会化的艺术教育对传统艺术的传承产生影响。那么，专业的、职业化的艺术教育与消费活动之间在艺术传承方面有着什么样的关联呢？

消费活动和消费市场可以说是传承的"风向标"。例如，在京剧消费市场，如果某一个剧目遭到了票房的冷遇，我们或许会将一部分原因归于

---

[1] 解梦伟等，《凝视与弥散：非物质文化遗产的都市实践反思》，《民族艺术研究》，2024年第3期，第155页。

受众对特定题材的疏远、排斥，但更多还是会激发我们反思在剧目传承的主观方面遇到了哪些问题——演员的表演不到位，剧本的打磨不完善，舞美的设计不周全，等等。在中国昆剧艺术历年的展演中，也曾出现市场不卖座、观众不叫好的情况。在演出后总结经验和分析教训的过程中，我们常常会发现，有时是剧团创作的新编戏不符合传统戏曲的艺术规律，唱词与曲牌格格不入，音乐的现代化痕迹太浓重，演员的形象突出但表演技艺不成熟，等等。这些因素都反映了传统戏曲在人才培养、剧目编创和舞美造型等传承的各个方面存在的不足和缺陷。

市场虽然不是传承的唯一追求，但也成了检验传承好坏的试金石。而戏曲表演、编剧、舞美设计等，这些传承的重要内容都主要依托专业和职业的艺术教育。无论是专业艺术院校的现代教育体系，还是专业艺术院团和艺术家个人、工作室的拜师学艺、口传心授，教育的成果都有可能进入消费市场，接受市场的检验。传统杂技是一种历史悠久的艺术，但在进入近现代社会以后，杂技的生存和发展问题曾一度面临挑战。如今，杂技艺术仍然处于一种较为边缘的位置，除了政府的扶持以外，主要依靠旅游产业、演艺产业和短视频经济获取市场生存的可能。杂技是一种观赏度很高的综合表演艺术，融合了武术、舞蹈、音乐、戏剧等多种传统艺术，与戏曲的发生和发展也有很大的联系。但是，杂技在人才培养上需要耗费大量的时间、人力和财力，在市场上又没有很好的表现。除了作为优秀传统文化和非物质文化遗产来推广、支持和保护以外，走市场化的道路还是需要解决很多问题。在美国，太阳马戏团等表演艺术团体打造了《欧秀》《卡秀》等一系列创新性的马戏表演，获得了市场的青睐。这对于我们思考中国传统杂技表演艺术具有一定的启发意义。杂技艺术的传承如果得不到市场的认可，观众无法认同某些表演形式和内容，那么这样的传承显然难以为继。传统杂技中善于运用碗、盘、坛、绳、梯、桌、椅、伞等生活用具和劳动工具，如何运用这些道具编排观众喜闻乐见的形体技巧和身体律动，就成为杂技艺术当代传承的一种方向。如果我们对消费市场的反响充耳不闻，只是拘泥于对杂技代代师承规范的因循和照搬，没有顾及消费者的需求和感受，那么这样的传承很快将失去活力，最终不利于杂技艺术的代代相传。

"纵观 10 多年来在国际上得奖的节目，基本都是我们民族独特的传统节目，而这些节目又都是经过近40年来加工和提炼有所创新的新节目。如5次在国际上获得金奖的《顶碗》，早在汉代百戏中已表演，河南安阳汉墓出土的画像砖石中，就有'顶碗单手倒立'的形象。"[1]以顶碗为主要展现技艺的作品表演，自汉代发展至今，如果传承不包含着创新和变化，那么这个作品在当代获得国际上的认可是无法想象的。杂技的动作难度是观赏的核心之一，而对难度的追求除了对演员个人和表演团体协作的自我超越以外，取悦观众，或者说满足消费者对于人类极限挑战的探究心理更是重要的一个因素。消费市场为我们在传承的过程中，除了保留传统规范和旧规则以外，提供了如何取舍、如何创新、如何发展的价值参考。河南省杂技团在2009年创新杂技表演剧目，命名为《水秀》。"该剧注入音乐、舞蹈、花样游泳、跳水表演等多种艺术形式，将中华传统艺术的杂技艺术、现代的声光电技术和全新的创作理念相结合，运用特制的水幕舞台的表现形式，突破平面舞台的限制，以空中、陆地、水面、水中舞台的结合，创造崭新的演出境界，开创了一个国际潮流的新杂技时代。"[2]杂技艺术当前的传承教育，主要还是依靠职业杂剧院团的人才培养和技艺传授。在没有形成系统的、科学的现代杂技教育规范，在杂技艺术的专门学校、专业相对不足和缺失的情况下，面向市场的专业和职业化传承教育就成了不可回避的问题。

消费市场塑造传统艺术传承的结果，还体现在艺术院校和艺术院团在人才培养、作品创造和技艺传承的成果上。在消费市场中，这些成果凝聚到了艺术产品和相应的品牌上。以戏曲艺术为例，全国各剧种的大小专业剧团纷纷以复排传统全本戏和折子戏展示传承的成果，并试图打造专属的演出品牌。国家京剧院的《野猪林》《杨门女将》《大闹天宫》《三岔口》《白蛇传》等、浙江省昆剧团的《十五贯》、上海越剧院的《梁山伯与祝英台》《红楼梦》等、河南豫剧院的《穆桂英挂帅》、安徽省黄梅戏剧院的《天仙配》《女驸马》等传统经典剧目不仅成了戏曲传统剧目保护和传承的优秀成果，同时也赢得了市场佳绩和观众的口碑。专业院团对剧目的技艺传承，主要是依靠传统的师承关系，但消费市场的反馈无疑会对剧目的排

---

[1] 刘骏骧，《中国杂技史》，北京：文化艺术出版社，1998年，第16页。
[2] 魏崇周，《河南杂技文化史》，郑州：河南人民出版社，2016年，第370页。

演和制作产生影响。

需要指出的是，消费活动对传统剧目的版本多样化起着最为显著的作用。由于观众的群体细分和需求细分，传统剧目的复排，往往会根据受众的面向而产生多种版本，体现在对现代舞美的使用程度、对演员的选择以及对文本内容的编辑上。仅以昆曲传统名剧《牡丹亭》为例，就出现了"青春版""精华版""大师版"等多种版本类型。[①] 版本的多样化意味着传承的标准也不再是一成不变的。中国戏曲学院、上海戏剧学院戏曲学院、江苏省戏曲学校等专业戏曲类院校更是向全社会开放招生，戏曲职业教育已成为中等、高等教育的一部分。这些戏曲院校不仅为专业演出团体输送表演人才，更重要的是，作为现代教育的专门机构，专业和学科的划分是传承的一种优势条件。传统戏曲的传承固然离不开演员的表演，但编剧、导演、配乐、舞美等，都是关乎传承结果的重要职业分工。虽然这些分工多为现代戏剧体系的一些提法，但皆可从古代戏曲史中找到相应的概念和人群。与其说剧场演出使这些分工统一起来，毋宁说是消费活动让这些分工集中起来。以中国戏曲学院为例，下设有京剧系、表演系、音乐系、戏曲文学系、舞台美术系、新媒体艺术系等，划分较为完备。在过去的传承体系中，对这些工种的培养往往是较为分散的。戏曲学校的专业划分和学科建设使分工走向细化又能够统一起来。

---

① "青春版"为苏州昆剧院复排，选择优秀青年演员俞玖林、沈丰英担任主演，融入现代舞美技术。"精华版"为江苏省昆剧院复排，精选十三折，兼顾审美和生趣。"大师版"为上海昆剧团复排，选择被誉为"昆曲大熊猫"的老一辈表演艺术家梁谷音、张继青、王奉梅、蔡正仁、张洵澎、岳美缇等担任主演。

第三章　中华传统艺术当代传承的媒介变迁与消费

媒介的变化是中华传统艺术经历古今之变、中西之辩，一路发展走向当代的凭借。书法艺术在山石、崖壁、庙墙等媒介的依附使其具备了传播的公众性，机械印刷时代的到来使书法的传播从时间偏向空间，历朝历代的书帖和碑刻得以在更广泛的人群中流布。戏曲艺术在广播电台和电影等大众媒介技术的介入之下，产生了新的表现方法和存在方式。手工艺在工业化的机器生产之下，更是呈现了比例的精确、细节的消失和程序的简化，在样式、做工和材质等层面都发生了巨大的变化。媒介变迁的介入，不仅直接影响着中华传统艺术自身的发展，同时也对当代的传承起到了至关重要的作用。山水画从帛、绢、纸等媒介到木刻版画，"孟姜女哭长城"的故事从建筑的雕刻装饰到民间的说唱、戏曲、电影，爱情主题从李商隐的律诗到言情电视剧，媒介的变化是题材、主题、风格等艺术要素继承和发展的途径。媒介变迁也带来了艺术消费品的相应变化。机械印刷媒介带来了画册、画报、字帖集等绘画和书法的新产品，电影媒介催生了戏曲电影、美术电影、歌舞电影等戏曲、美术和舞蹈的新产品。丰富的媒介产品使艺术的传承打开了格局，显得别开生面。

"除了艺术家外，社会导向、舆论支持、教育养成和媒介参与等也是艺术价值得以保持的重要因素。所以，传承是遵循价值规律的。没有价值的事物流传不久就会在传承领域消失；有价值但不被人们认可，事物也就无法得到传承。中华传统艺术的经典门类在农耕社会的生长环境中千锤百炼，每个门类都涌现出大批优秀的艺术家、创造出大量经典艺术作品、出现众多的艺术流派、形成优秀的创作并流传至今，说明其价值的恒久性。"① 媒介的变迁使消费品的种类更为丰富，价值实现的手段和中介也越来越多元。杂志和报纸的社论、互联网的即时互动、广播和电视节目的评论、电视和网络颁奖典礼等，这些艺术的价值认定渠道因媒介而获得更大的张力，在艺术的传承中树立口碑、主流和权威。当价值得到了认定，消费活动也就有了明确的指引。人们的消费行为往往与品牌、口碑、权威、从众性等因素有关，而这些都与媒介的价值塑造和话语建构有着密切的联系。从这个意义上说，媒介的变迁是中华传统艺术当代传承在消费这一路径上的"枢纽"。

第一节 媒介技术对消费市场的配置

传统艺术的风格、题材和类型等在传承的过程中受到媒介技术的影响，而媒介技术又对消费市场具有资源配置的作用。从风格来看，现代电子媒介和唱片、录像带等影音留存技术推动了表演艺术的流派传承，尤其体现在风格的继承和发展上。以苏州评弹为例，20世纪90年代不少新的曲调流派的产生，都与曲艺唱片的消费风潮有关。机械印刷出版物也在一定程度上影响了造型艺术，如绘画、书法、篆刻等当代传承的风格面貌。人们能够轻易通过购买获得各种风格和流派原作的复制版本作为训练和学习的摹本。

从题材来看，媒介技术的革新激发了传承的动力，提供了有利的条件。从20世纪上半叶到20世纪末中国民族美术电影的兴盛，就能看到媒介技术对传统绘画和手工艺题材传承上的重要延续力。《小蝌蚪找妈妈》《牧笛》可以说是水墨山水和花鸟画题材在电影媒介中的成功延展。美术电影的消费市场扩展了传统美术市场的大众性。从类型来看，戏曲电视剧、网络音乐、微电影等，不仅是媒介技术发展催生的新艺术类型，同时也是新的艺术生产方式。人们消费艺术的渠道和行为模式也发生了深刻的变化。

---

① 王廷信，《中华传统艺术当代传承的媒介路径》，《北京电影学院学报》，2020年第11期，第5页。

从传承主体来看，人工智能技术介入艺术，与其说是传播方式的更迭，毋宁说是计算机和互联网时代因消费终端的位移而反向作用于生产者和生产方式，即传统艺术传承的主体具有了"间性"特质。"人工智能软件作为人类艺术生产中的合作伙伴，它与人类主体之间的协作沟通实际上是一种主体间关系。"[①] 据此，中华传统艺术当代传承在未来有可能出现更多的人机协同。至于机器是否能创造自身的风格，成为传承进程中的变革之因或是生成动力，这还有待技术的迭代和人的应对。

一、电影、电视、互联网等媒介技术对传统表演艺术消费市场的配置

1958 年，中国第一家电视台——北京电视台（中央电视台前身）成立，电视在之后的数十年逐渐普及到千家万户。随着戏曲电视剧、电视文艺晚会、电视书场、电视歌舞演出等形式的广受欢迎，剧场转播、电视台录影棚拍摄等专门的电视播放的需要，也为传统表演艺术提出了影视化的要求。一方面，电视的远景、中景、近景甚至特写的镜头运动，需要事先进行分镜头的设计；另一方面，影棚内实景的搭建和露天场景等场面调度往往要求表演能够与周围的环境有所呼应、协调一致。"在拍摄与录制过程中，除了多机拍摄以外，还频繁切换镜头，扩大了观众的视角，能让观众从不同角度观赏到演员的表演。再加上俯仰拍摄、多场景同时拍摄等技巧的运用……拍摄过程中也会反复运用特定镜头，将远距离的舞台观赏变成近距离的审视……"[②] 这种由消费者视角倒逼表演风格影视化的现象，是媒介技术发展对表演艺术消费市场资源进行配置的表现。电视文艺节目和晚会的出现，为歌舞剧院（团）的演出和推广提供了更多的空间。河南卫视的歌舞节目《唐宫夜宴》就是在郑州歌舞剧院舞蹈作品《唐俑》基础上进行调整和创作的，更符合电视转播的需要。古典舞的传承因为电视和网络转播成了大众消费品，而不仅仅是剧院里的艺术。更重要的是，为了配合这种需要，歌舞节目在舞美、化妆、服饰和舞蹈编排上都做了改变和创新，加入了电视人才的智慧和电视艺术的语言。

---

① 张梦杨，《媒介视域下人工智能艺术的主体性之思》，《江西社会科学》，2024 年第 6 期，第 77 页。
② 秦洁，《传播学视域下电视戏曲栏目的艺术创新与传播价值研究》，《大众文艺》，2020 年第 8 期，第 185 页。

表演风格的影视化虽然不是传承过程中的刻意为之，但却是媒介技术发展在传承格局上留下的烙印。对于担当技艺传承的演员来说，如果无法掌握在电视转播或剧场转播过程中的影视化技巧来配合拍摄的话，传承的效果就无法在电视这种大众传媒中得以呈现。从这个层面来看，电视介入传统表演艺术的传播，对于表演风格有着潜在的塑造作用。"电视已经不仅是一种载体，它用景别、角度、镜头运动等电视语汇强制性地取代了广场、厅堂、剧场式的视觉全景体验；运用蒙太奇手法改变了舞台戏曲的虚拟时空；发挥运动摄影、场面调度、画面剪辑的特殊表现功能，增强画面的冲击力……从传承与转型的角度看，新生态的电视戏曲已经是戏曲传播的新形态，是戏曲传播的转型。"[①] 电视和戏曲艺术语言的融合，必然对戏曲表演的风格产生影响。

对于消费活动而言，消费者在剧场观摩越剧《孟丽君》和在电视机前收看戏曲电视剧《孟丽君》是两种不同的消费行为，他们的消费动机、消费场景、消费心理和消费结果都不一样，但这两种形式的题材内容都是越剧传统剧目《孟丽君》传承的产物。影视化的艺术风格固然不会成为《孟丽君》传统舞台表演的要求和发展方向，但它作为一种与新的媒介技术相匹配的风格变化是符合消费需求的。从这个意义上说，新媒介技术与传统表演艺术的联姻，除了改变传播的方式和效果，同时也拓宽了传承的外延。

戏曲艺术的表演风格呈现"话剧化"（一说"话剧加唱"）趋势，也是颇为显著的一个特征。为了适应时代发展的需要，满足观众的审美趣味，将现代话剧舞台的一些表演方式和艺术风格融入戏曲表演中，是一种积极的探索。"那些较成功的被称为'话剧加唱'的剧目，由于保持了戏曲韵味的唱腔，配合以必要的戏曲伴奏与打击乐，所以较好地表现了戏剧故事；而上述歌唱与器乐的配合所构成的戏曲音乐节奏，对整个演出也起到了统一的作用，并使舞台对白、心理节奏、生活动作等都发生相应的变化。同时也因为对来自话剧的艺术手段做了必要的改造，所以也实现了一定程度的变形与夸张。应当承认，这些都是符合戏曲基本规律的，而在创

[①] 杨燕等，《戏曲电视剧创作新论》，北京：中国广播影视出版社，2016年，第7页。

作风格上又是富于独创性的。"[①]"话剧加唱"曾经是戏曲剧目现代转型过程中的一种富有启发性的尝试和探索，在新编戏创作中更为常见，而部分传统剧目也受到了这种理念的影响。它在一定的历史阶段内解决了戏曲与时俱进的问题，满足了消费市场的需求。

随着舞美技术的高速发展和高清录像、转播和直播技术对剧场演出的介入，传统表演艺术的影视化倾向已不仅仅是一种创作策略，而是一种艺术风格的转向。这种转向反映了积极的意义——传承中的创作应当是一个较为开放的艺术语言系统，各剧种、舞种、曲艺流派和各艺术门类（杂技、舞蹈、戏曲、歌剧）之间的壁垒常常被打破，跨界融合也值得鼓励。同时，我们也必须警惕，传统的文化基因如果消弭在延续和发展的过程中，那么这种传承就成了无源之水、无本之木。尤其是现代化舞美和虚拟现实、增强现实技术的借用，这些做法有时并非能够迎合消费市场，反倒有可能引起消费者的反感。当传统表演艺术得到了更好的传承，艺术的教育和文化传播呈现欣欣向荣的局面，人们的媒介素养随之提高，对于中华传统艺术的品格和风格特质将会有准确和理性的判断。由这个侧面我们也可以看到，传承不是一项孤立的事业，而是能够与教育、商业等人类活动连接在一起的。消费正是这种连接的实现方式。

互联网信息技术对时空局限的打破和对各类消费平台的整合，也在潜移默化间影响了传统表演艺术的传承。一方面，互联网消除了消费者的地域性特征，使各剧种、各地域的艺术风格更容易呈现一种普适的、统一的趋势。以昆曲剧目传承为例，"南昆""北昆"统治力较强的表演越来越被稀释，"湘昆""浙昆"浓郁的地方特色也渐渐淡化，更多追求的是一种一般意义上的昆曲的艺术风格。另一方面，不同门类之间题材和内容的借鉴和互通也更为普遍，因为信息的传递变得前所未有的便捷和高效。

总体而言，互联网对用户消费需求的精准化满足和互联网用户在时空局限上的突破，使艺术风格在"同一"和"差异"的两极之间游移。无差别的、一般的、总体的互联网用户群体，呼唤的是普适和同一，个别的、特殊的、具体的互联网用户，则总是以个人的喜好和需求为诉求。在这样的调和过程中，我们既能够看到相声、苏州评弹等艺术的有序传承继续书

[①] 吴乾浩，《"话剧加唱"是一种积极的探索》，《文艺研究》，1985年第4期，第19页。

写着师承谱系，同时也能够看到民族舞已踏出了和现代舞、芭蕾舞和传统戏曲等艺术门类跨界对话的先锋脚步。无论是走向两极的哪个方向，对于传统表演艺术的传承而言，艺术风格都是一个开放的系统，不断吐故纳新，去芜存菁。

二、机械印刷、机器化生产和计算机辅助设计对传统造型艺术消费市场的调整

绘画、书法、篆刻、造像等造型艺术的当代传承也受到了媒介技术的冲击，消费市场的资源配置与机械印刷、机器的规模化生产和计算机辅助设计的兴起和发展有着密切的联系。

20世纪初，随着机械印刷技术被引进中国，外资的出版业开始在上海、北京等城市兴起。传统美术（主要包含了中国画、壁画、佛教造像、手工艺等）作为一种诉诸视觉的艺术，色彩、线条和结构对于印刷出版物的受众而言都具有一定的冲击力。相较于文字出版物，画册、画报等以图片为主的报刊和书籍获得了杂志社和出版商的偏爱。这背后的动力固然来源于巨大的消费市场。20世纪二三十年代，出版物进入繁荣时期，当时不仅有美术类的杂志、画册，还有以图片为主要表现形式的时事性出版物——画报，还有美术、历史和建筑理论、学术类的报纸和刊物在文字之余配合以图片的刊载。上海有正书局自1908年开始出版《中国名画集》，组织人力财力，不惜工本，使用进口的珂罗版印刷机，先后印行了40集，包括范宽的《溪山行旅图》、赵子昂的《饲马图》、倪云林的《怪石丛篁图》、石涛的《长夏消闲图》等。画册的图片选用了清代宫廷珍品和江苏溧阳收藏家狄楚青的平等阁藏品。[1] 这些绘画作品的真迹对于当时的受众而言，大多无缘谋面，只存在于文本的有关记录之中。对于绘画创作和练习而言，高清的印刷出版物无疑提供了一种重要的参照，无论是从技法、思维还是作品普及、认知的角度，都对传承具有不可取代的意义。

上海三一印刷公司在1934年创刊《美术生活》杂志，风靡全国，其时有"全国唯一的美术杂志"之赞誉。该杂志涉及古代书画、现代书画、工艺美术、西方绘画等种类，刊载了荆浩的《匡庐图》、仇十洲的《渔笛

---

[1] 参见叶康宁，《有正书局与〈中国名画集〉》，《中国书画》，2018年第3期，第106—107页。

图》、刘彦冲的《夏寒图》等古代绘画作品，林风眠的《静物》、颜文樑的《月夜》、吴作人的《出窑》等现代绘画作品，以及青铜器、金石篆刻、建筑等多种美术作品的图片。①《美术生活》不仅有作品图片的展现，还有画家、评论家和学者的交流文章。这些针对创作心得、美术史和创作观念等层面进行反思和讨论的文字对于传统美术在现代转型时期的传承和发展进行了理论建构和实践的认识探索，可以说在西学东渐之后逐步体现现代性的传统美术发展进程中起到了推波助澜和建言献策的作用。1950年《人民美术》杂志、1982年《中国美术》杂志分别创刊，各种以艺术家和历史分期为主题的画册也呈现了欣欣向荣的出版局面。当代美术杂志和画册的出版是20世纪初印刷出版媒介技术介入传统艺术传承的延续和发展。新中国成立后，美术类杂志的创刊和印行、画册和图集的出版以及美术理论出版物的推陈出新，对于传统美术的当代传承在理论和实践两个层面都发挥了重要的作用。征订美术杂志，购买画册、字帖等消费行为，已经成为传统美术（包括书法、篆刻、造像）专业人士、学习者、爱好者的一种习惯性选择，这对于临摹练习、观察积累和阅读体验都具有积极的意义。

传统造型艺术和表演艺术在存在方式、感官接受方式上有着很大的区别，因此，与媒介技术的结合也有很大的不同。机械印刷媒介技术对传统美术消费市场的资源配置，可以说是将特定的社交场合（如个人收藏的雅集）和专业机构（如美术馆、博物馆）对美术作品的集中展示分散和延伸到了更广泛的生活场景之中，以复制性、移动性进入消费市场，既是技艺传承的图像根据和学习蓝本，又是观念传承的文本呈现和讨论空间，同时也是美术文化教育和普及的有效阵地。机械印刷媒介对美术消费市场的资源配置，降低了传承的门槛，扩大了传承的目标群体。编辑、整理和出版美术作品，是印刷媒介作为"把关人"的价值引导和内容甄选过程。收录的美术作品、出版的画家画册，都是专业机构和团体对作品艺术价值和社会价值的肯定，也是其对受众的教育和公共服务。"把关系统的每一阶段，组织的规模和数量以及它们界定受众趣味的方式，影响到新的文化生产者进入这个系统的机会。"②

---

① 陈坚，《风靡民国的美术杂志》，《扬州晚报》，2013年6月22日。
② ［美］戴安娜·克兰，《文化生产：媒体与都市艺术》，赵国新译，南京：译林出版社，2001年，第78页。

伴随着工业化、规模化生产的发展，尤其是现代设计领域计算机辅助设计的运用，一部分传统手工艺产品的制作和加工逐渐为机械化生产所取代。天津杨柳青年画、苏州桃花坞年画等传统木刻版画自20世纪80年代起逐步建立起了机械印刷的生产线，成为文化工业生产的组成部分。玉器、核雕、木雕等雕刻工艺在21世纪初融合了手工雕刻和机器雕刻，将计算机辅助设计的技术运用于工业化生产。这些传统手工艺与现代机器生产相结合的转变，不仅体现了生产效率的提升和消费需求的增长，同时也反映了媒介技术对传统手工艺技术和生产流程的影响。

产能提高的同时带来了绘图、制版、印刷、加工的同质化、模板化和细节的丢失。中华传统手工艺术的机器化生产，从本质上说是当代视觉文化的重要构成，文化生产的规模化只是一种表象，更重要的是，作为图像的手工艺已基本丧失了原先物品承担的生活功能，转向一种符号的意义和文化的内涵。而这种视觉文化的含义也正蕴含了人们的消费需求。当人们购买机器生产的景泰蓝工艺花瓶、机器制造的苏州刺绣屏风时，原本的装饰和实用意味着蜕变为对历史文化的认知型消费，它代表了一种文化品位和审美追求。"当历史学的研究涉及文化中的视觉面向时，自然会注意到惯于处理视觉物品或图像的艺术史。事实上，在'视觉文化'此跨学科领域蔚然成为风潮后，艺术史研究遂由人文学科中乏人问津的边陲地带，开始吸引各方的目光，虽不能说引领风骚，独擅胜场，但其他学科希望与艺术史交流切磋的企图却也十分明显。"[①] 作为视觉文化的一部分，中华传统手工艺的传承，就不再仅仅是技艺和制作流程的代代流传，更是对历史观念、文化思潮和美学价值的继承和弘扬。也正是从这个意义上说，机器生产和计算机辅助设计对传承的影响，不仅是技术进步对传统工艺的冲击，更是在传播的层面上媒介革新的结果。从手工到机器，从个人和家庭作坊到社会化、规模化，媒介对消费市场的调整表现为信息的传达和文化的传承。

---

① 王正华，《艺术、权力与消费：中国艺术史研究的一个面向》，杭州：中国美术学院出版社，2011年，第5页。

第二节　媒介变迁对消费行为的影响

中华传统艺术在当代与大众媒介的结合，导致了消费行为的分散化。人们对曲艺等说唱艺术的消费，不再需要前往勾栏瓦舍、茶馆酒肆等特定的场所，进行集中的、固定的消费。在腾讯视频、爱奇艺、蜻蜓FM、喜马拉雅等互联网平台或手机应用上支付单个产品或订购，就能在零散的、自由的时间节点和环境欣赏相声、评弹或渔鼓的表演。临摹颜真卿的书法，观赏吴镇的绘画，了解徐悲鸿、张大千、傅抱石等人如何将传统绘画与现代绘画相结合的方法和样貌，也非必须前往美术馆、博物馆等收藏原作的场合，或是在拍卖行购买高价的作品。出版的画册、书籍以及互联网平台的资源库都可以满足消费者足不出户的欣赏需求。这些消费行为的改变甚至是新的消费习惯的建立，是媒介技术的发展、媒介技术与艺术传播的结合所导致的。

消费行为逐渐出现了分散的、自由的转向，与曾经集中的、固定的消费行为同时存在于当代消费语境中，二分天下。中华传统艺术的消费，从单一的方式演变为既可以获得临场感、唯一性的消费，又可以获得自由感、复制性的消费。消费行为因为需求的多样化而呈现更为多元的特征。媒介的发展为这种特征注入了更多的活力。如今，收藏、投资郑板桥的花鸟画与购买郑板桥花鸟画的印刷出版物，成为并行不悖的两种消费模式。从传承的角度看，消费的多元化导致了参与度的提升，传统的技艺传承和人才培养的高度集中和人才作品中心（以师承和家传为主要表现形式）转变为一种社会化的、大众化的方式。"媒介消费的主体也由法兰克福学派认为'被动的'接受者，葛兰西文化霸权视野中的'顺从于对抗并存'的人逐步转化为费斯克眼中'能动的'消费者，在与媒介构建'关系'的消费过程中'寻找'属于自己的快乐。"[①]

一、新消费行为形成社会化、大众化人才培养模式

中华传统艺术的传承人才培养，在过去主要是通过口传心授、拜师学艺的方式进行的。这种人才培养模式具有专业化和资源集中程度高的特

---

① 黄可，《媒介消费新论》，北京：新华出版社，2017年，第36页。

点。戏曲传承的人才培养，无论是明清时期的宫廷戏班、家班还是民间科班，都是以组织化的师徒传承为主要教育方式的。此外，官办机构"教坊"的设立，也成为传统表演艺术传承人才培养的重镇。杂技、音乐、舞蹈，都是教坊艺术传习的重要对象。从表演艺术人才培养的模式来看，演教合一是最为显著的特点。在演出实践的同时建立师承关系，人才培养是为演出服务的。无论是接受官方的资金支持和管理，还是通过经营的方式自给自足，传统表演艺术的人才培养最终都是为了归位于实际演出的。手工艺传承的人才培养，一是以家庭为单位，以继承家学渊源、代代相传为技艺传承的主要实现方式。这种人才培养模式在进入当代社会以后，发生了转化。非物质文化遗产传承人的家传和对外收徒，其实也是延续了这种方式。以刺绣为例，沈绣、顾绣等流派都是以历史上的刺绣名家命名的，一直延续至今，仍然以家传和收徒的方式建设着传承的人才梯队。一是以集中化的、以地标（或曰集群）为中心的人才培养模式。这种模式除了家传和师徒传授的特点以外，还具有比较明显的社区特征。在这个集群内的各个家庭、各个社区组织、个人以及从各地慕名而来的学徒、手艺人，都成了艺术传承的重要力量。例如，苏州的镇湖是核雕手工艺的集群，浙江东阳是木雕手工艺的集群等。这些地域集群从社区化集中人才培养模式逐渐向社会化、公众化转型，在当代社会，呈现出开放、融合的特点，打破了地域性的限制。"随着非遗从一个社区、群体或个体的文化实践申报和公布为各级各类非遗名录项目，非遗实践的主体、方式和意义随之发生变化。一方面，随着大众对非遗认识增多和认同度提高，非遗主体范围不断扩大，非遗传播边界也在扩大；另一方面，非遗实践方式和意义也随着参与者的增加不断发生变化，不同利益诉求相互作用会影响非遗实践方式和意义。"[1] 人才培养的规模和开放程度，很大程度上取决于产业发展的需要。传统艺术和非遗的消费行为越来越多元化，尤其是需求量的大幅提升，直接推动了人才培养的模式不能只停留在高度集中和专业化的层面，而必须向社会化、大众化的转型。

在政府文化部门和非遗保护部门的支持和引导下，传统艺术的技艺传

---

[1] 宋俊华，《契约、中间人与规则：非遗保护的行动逻辑》，《中央民族大学学报》（哲学社会科学版），2021年第4期，第109页。

承在艺术家和集聚区两方面都开始了建设体系化课程的过程。例如，在昆曲的传承方面，虽然被誉为"大熊猫"的表演艺术家蔡正仁、岳美缇等都已年过八旬，但上海昆剧团和上海戏剧学院依然在昆曲专业人才培养的过程中将老一辈表演艺术家的口传心授作为常设的课程内容。福建晋江、宁德的水密隔舱福船制造技艺是一项较为复杂的工程，其中包含了油漆上画、装饰木工等手工艺环节。除了非遗传承人仍然维持着传统的师徒传承以外，在福建当地的工艺美院也增设了有关的课程和实践环节，作为体系化的课程建设来推动艺术传承的人才培养。"福建采取了多种措施：一是建立专业传习所，已建成晋江职业中专学校水密隔舱福船制造技艺传习所、晋江市芳财水密隔舱福船制造技艺传习所、宁德漳湾水密隔舱福船制造基地等。二是开展进学校活动，编写了《水密隔舱福船船模制作简明手册》等教材。"[①] 艺术家、代表性传承人在技艺上具有高度的集中性，在教学方法上也往往颇有经验。但由于人力和场合的限制，拜师学艺的传统培养模式毕竟无法实现较大规模的教学，尤其体现在人才遴选的被动上。社会化、大众化的人才培养模式，有利于克服这些问题。这些人才培养体系的开放，并没有止步于教育，而是最终落实到消费领域，服务于人们的生活。宁德水密隔舱福船技艺的传承与旅游业结合，还同漳湾镇的民营企业家合作，在休闲观光、创业产业等领域转化传承的成果。传统艺术在传承的社会化、大众化过程中，不断转换着媒介身份，以日用品、图像、影像等产品形式与人们的生活融为一体，与人们的消费需求紧密结合。戏曲和曲艺的录像带、唱片等媒介产品，成为传统艺术爱好者学习演唱的素材，也是他们业余精神生活的有机组成部分。

互联网媒介技术的发展推动了线上教育产业，加快了传统艺术传承教育社会化、大众化的过程。线上教育为课程的消费提供了精准的服务，同时也避免了传统教育模式在集中场地、时空限制上的缺陷。互联网技术不仅能够将传承教育的主讲人、参与者统合到一个平台上，而且还能真实地还原影像、声音等信息，既保留了传统教育信息交流的完整性，同时又提供了即时的互动空间。对于传承教育课程的消费者而言，随时在课程中反

[①] 福建省非物质文化遗产保护中心，《让水密隔舱船重回"海上丝绸之路"》，《世界遗产》，2015年第6期，第5页。

馈教学效果、参与学习互动是线上教育项目最大的优势和主要特征。"电子媒介使空间凝缩，消失了空间距离，通过削弱自然场所空间的重要性，重新组织了社会环境和社会情境，人们的经验和行为不再受所处场所及哪些人与他们在一起的限制。"①

在数字技术融入艺术的时代，南京博物院、河南博物院、苏州博物馆、浙江省博物馆等专业机构纷纷推出了线上艺术教育和体验活动，在传统手工艺和传统戏曲、曲艺的课程中，消费者只需在网络平台进行报名和付费，就能在线上参与传承课程。在中国昆曲博物馆（苏州）开展的"昆曲大家唱"和"抄录工尺谱"线上活动中，不同年龄层、不同教育背景的消费者都能在网络平台学习传统记谱知识、识读工尺谱、练习昆曲的拍曲和演唱。这些传承课程的社会化和大众化，不仅能够培养更广大人群对传统艺术的兴趣，更重要的是克服了技艺传承中必须面授的局限。有些课程在直播结束后还被制作成影像，解放了受教育者在时间安排上的矛盾，最大程度上延伸了教育活动的时空自由度。"媒介在被消费内容的同时又成就了其他产品被消费，即通过媒介消费实现'再消费'。"②

商业性的艺术培训和教育机构，也越来越重视推出有关传统艺术的精品课程，与专业演出团体、博物馆、公立非遗传承机构等合作，邀请表演名家和代表性传承人开班教学。"多种多样的项目网络能够尽可能扩大艺术教育的受众群体，而相比之下，课程体系更强调通过长远而系统的系列活动实现对一个人能力的深度培养。"③从传统艺术传承的历史看，遴选教育对象、开展传习教育活动，都受到了时间和空间的限制，线上教育推动了社会化和大众化的人才培养，至少在一定程度上弥补了人才基数的不足。这种线上教育的课程体系，同时也是消费领域中对教育类产品的细分，人们在接受教育的同时本身也是消费行为的完成。此类消费行为带有鲜明的个人发展性特点，是对有关精神生活和价值实现的更高层面消费需求的满足。

---

① 文长辉，《媒介消费学》，北京：中国传媒大学出版社，2007年，第142页。
② 贾毅，《电商直播：技术推动下的媒介消费与再消费》，《河南大学学报》（社会科学版），2022年第1期，第126页。
③ 李尽沙，《文化空间视角下博物馆公共艺术教育跨媒体机制研究》，《艺术管理》，2020年第4期，第96页。

媒介技术的发展还通过消费为传统艺术的传承赋能。在机械印刷媒介兴起后，戏单、海报、报刊专栏等宣传阵地为艺术产品的传播和推广提供了效能。这些海报和戏单不仅在剧场、音乐厅等建筑空间内起到了渲染氛围的作用，更记录了演出的阵容、时间、曲目（剧目）等重要信息，成为表演艺术流传的历史留存。有些海报和戏单的设计，还融入了传统美术的元素，本身就是一件件艺术作品。1952年在北京举办的第一届全国戏曲观摩大会，有京剧、昆剧、评剧、晋剧、湘剧、汉剧等23个剧种参演，共演出82个剧目。当时的戏单、海报和报刊报道（包括文字评论、剧照等）成了戏曲传承的重要史料，为人们了解那个时期戏曲演出的各个侧面提供了参照。虽然受到技术的限制，当时演出的影像资料很难保存下来，不能直接作为技艺传承的依据，但反映出的剧目、演员等信息以及服装、化妆、道具等演出样貌仍然为传承研究提供了有价值的线索。这些宣传媒介为传统艺术的消费市场凝聚了人气。传统杂技的表演在现代剧场演出中属于较为小众和冷门的种类，但大幅的海报张贴在剧场内外，为杂技的演出进行了推广和传播，吸引更多的受众前来观赏。而消费市场的繁荣显然有利于传承的开展，有利于完善从创作到消费的产业链。

二、新消费行为促进艺术语言和技法的发展和融合

中华传统艺术在当代传承的过程中艺术语言和技法也都处于不断发展的过程中，不是一成不变的。艺术语言和技法在媒介技术日新月异的时代，尤其获得了前所未有的发展，主要表现在逐步建立了一个开放的语言体系，不同艺术门类、类型之间的语言和技巧发生了流动和融合，相互之间的界限不再泾渭分明。然而，技法和艺术语言是较为抽象的，它们本身是一体两面：艺术语言体现技法，又受到技法的制约。"皴"是传统水墨画的一种技法，但同时也是山水画表现山石纹理的一种"语言"，是观画者（受众）能够观察和感知到笔墨刻画和描摹山石的最直接的呈现方式。运笔的走势、用墨的浓淡，这既是技法，也是语言。既是路径，也是表征。电影、机械印刷、广播、电视、互联网等媒介技术介入传统艺术的传承尤其是传播以后，人们接受传统艺术的活动与消费活动有了越来越多的重合，消费的行为也变得越来越多元化。"人们对世界的认识又有了一个变化，它愈加削弱了传统的影响……人们对现存事物的兴趣增加了……随

着教育的普及、生活水平的提高，以及大量的报纸、电台、图片和电视传播，他们对当代事件有了更为充分的了解。"①事实上，人们对当下的关注未必意味着对传统的忽略和遗忘，但消费活动使大家聚焦此刻的生活，毋宁说是对传统的当代重塑。

欣赏古琴曲《关山月》，意味着购票进入音乐厅观摩古琴音乐会，或是选购管平湖、龚一等人演奏的古琴录音带、录像带，或是订购QQ音乐、网易云音乐的VIP用户使用权并点播乐曲，等等。这些接受古琴音乐的活动与消费古琴音乐产品的活动保持了高度的重合。"随着声音录制和复制技术的兴起，音乐消费获得了更多的可能性。留声机、收录机、激光唱片、电脑等音乐消费工具的出现，让音乐消费不再需要以集体的、聚集的、同步的方式出现，人们可以按照自己的意愿，什么时候想听就听，不再受限于音乐演奏（唱）者的演奏（唱）时间或传播者的播放时间。"②媒介环境变迁以后出现的新消费行为迫使艺术语言和技法必然随着媒介形式的改变而做出调整，以适应新的媒介形式之下的艺术产品类型。即便是同一折京剧《四郎探母·坐宫》，同样的演员于魁智和李胜素，他们在录音棚录制的唱片、在电视台录制的戏曲节目和在剧院进行的表演以及面对互联网直播平台的更广泛和更年轻的观众所进行的艺术处理、使用的艺术技巧、呈现的艺术语言必然是有所差异的。这种差异既有来自艺术家内在有意的调整和设计的成分，也有来自外在因媒介技术的差异而导致的感官和存在方式的变化。新消费行为促进艺术语言和技法的发展和融合，主要在以下几方面与传统艺术的传承发生关联。

第一，新的媒介形式与传统艺术相结合，产生了新的艺术类型，推动了艺术门类之间语言和技法的流动。新中国成立后，随着出版业的蓬勃发展和对连环画事业的重视和关注，1951年，《连环画报》创刊。连环画的教育功能得到了前所未有的重视，不仅在题材上避免了20世纪初为了迎合商业市场出现的庸俗化、娱乐化倾向，以弘扬优秀传统文化和反映历史、现实，为社会主义服务的内容成为连环画的主要表现对象，而且创作

---

① ［美］爱德华·希尔斯，《论传统》，傅铿等译，上海：上海人民出版社，2014年，第11页。
② 王宁，《美感穿插实践与日常生活的美感化——音乐消费工具、可供性与音乐消费革命》，《山东社会科学》，2018年第10期，第29页。

队伍中容纳了众多一流的画家，在技法上也融合了传统绘画和手工艺的特色，涌现了包括刘继卣《鸡毛信》、顾炳鑫《渡江侦察记》、华三川《王孝和》、王叔晖《西厢记》、董子畏《屈原》等代表性作品。这些作品借鉴和运用了传统木刻版画、水墨写意画、工笔画、剪纸等传统绘画和手工艺的技法，又受到了电影、戏剧等艺术门类在场景构图和造型上的影响，形成了较为开放的艺术语言系统。题材内容的审慎选择和技法的成熟，促进了连环画出版业市场的繁荣。"从1949年到1962年，全国各美术出版社共出版1.2万余种连环画，发行量达5.6册之多。"[①] 在电视尚未进入中国之时，连环画的故事性特征使其与电影一道成为大众媒介的艺术产品，产生了广泛的影响力。连环画这种新的艺术类型，拓展了传统绘画的传承路径，为传统美术的产业生存赢得了新的空间，同时也在传统绘画的创作观念、技法和效果上继往开来、传承有序、创新发展。在1958年人民美术出版社出版的由程十发创作、根据鲁迅小说改编的《孔乙己》中，除了传统水墨人物画、篆刻和书法的运用以外，用传统绘画"题款"的方式达到解说性文字的效果，同画面连贯起来，实现了模仿电影和戏剧一般的叙事效果。人们可以通过购买或租借书籍两种消费方式来获得程十发《孔乙己》的连环画册。这种消费行为既摆脱了广播节目在播出时间上的固定性，又摆脱了戏剧舞台艺术在时间和空间上的双重固定性，同时也降低了阅读小说对于受教育程度的消费门槛。新的媒介技术环境带来传统艺术的新消费类型，不仅有利于探索传统艺术在技法上与现实生活和新媒介的对接，同时也促使传统艺术进入人们的日常生活，使传承具有了更大的支撑和动力。随着电视逐渐在新中国普及，电视文艺节目的直播和录制也同样推动了舞蹈、音乐、曲艺等表演艺术与电视语言的结合，又凭借电视的传播能量反哺了这些表演艺术的消费市场。如今的刘老根大舞台、德云社等都是剧场艺术和电视艺术相互作用后在消费市场赢得成功的实例。

第二，媒介的变化对于艺术门类内部的语言和技法也具有一定程度的影响。传统艺术在不同媒介形成的产品，在消费行为发生变化的同时也会引起传承的方式有所更新。摄像技术的发展使戏曲舞台艺术有了新的存储和传播媒介。昆剧"传"字辈、富连成社以及"越剧十姐妹"等出生于

---

① 马克，《呼唤连环画的新成就》，《人民日报》，1963年12月29日。

19世纪晚期和20世纪早期的戏曲表演艺术家，有很大一部分都参与了戏曲电影的拍摄，或是面对摄影机镜头留下了演出的史料。有些被制作成音像产品长期在消费市场流通。新中国成立后，戏曲电影作为一种民族特色浓厚的电影产品，与戏曲电视剧、戏曲音像制品都成了戏曲消费市场的一部分。在录制和拍摄这些作品的过程中，戏曲的表演无疑会受到媒介的影响，产生符合电影、电视和视频产品的表现技巧。对于参与过这些拍摄的表演艺术家而言，如何面对镜头、适应镜头，升华自己的表演，成了不可回避的议题。如何处理戏曲情境与生活情境的关系，如何平衡写实和写意的关系，如何将程式化表演恰如其分地展现在记录性的摄像技术之中，这些戏曲表演的技巧和戏曲艺术的语言都是在不断尝试和摸索中逐步累积起来的经验。无论是戏曲电影、戏曲电视剧还是戏曲音像制品，因为有消费需求的存在，有消费人群的存在，所以发展是势在必行。这也是传承过程中必须面对的转型。对于21世纪成长起来的青年戏曲演员而言，面对镜头就不只是一种尝试，更是一种基本的素养和能力。对演出进行影像记录，制作影音产品，在互联网上以视频产品的形式上架，几乎成为当前戏曲消费市场行为的一种惯例。当代的消费者习惯在电视机前、在影院、在个人电脑和智能手机上消费戏曲，这也就为戏曲传承提出了新的要求。"传统的观演状态自然不再适用于新兴的传播载体，舞台到荧幕，戏曲观演在规定条件和特定要求下发生了转变。"[1] 这同样也适用于舞蹈、音乐、杂技等传统表演艺术。"新媒介环境给相声提供了崭新的运作条件与经验，相声艺术也通过其自身的复兴来适应当下的媒介环境。于是一种贴着传统艺术标签的现代娱乐样式迅速被受众关注。"[2] 传统造型艺术也面临着同样的转型。当机器化生产、计算机辅助设计、机械印刷技术甚至人工智能介入艺术产品的消费市场，创作的观念、语言和技巧就不可能不考虑这些因素。坚持精益求精、极尽细腻的手工苏州刺绣在技巧和题材上能够从历史传统的纵深处挖掘，但人们购买机绣产品的新消费行为和需求也给传承附加了新的条件——如何在图案、纹理、针脚等构图和细节上更适应机器量产和计算机加工的要求。

---

[1] 李炳辉等，《从舞台到荧幕：戏曲电视剧化后的观演转变》，《当代电视》，2023年第9期，第67页。

[2] 王振宇，《论新媒介环境中的相声艺术传播》，《现代传播》，2016年第8期，第167页。

第三，新的媒介技术推动了传统艺术各门类的跨界、融合，在艺术语言和技巧上博采众长，引用现代科技成果，引导消费实验。2018年，苏州昆剧院推出园林版沉浸式昆曲《浮生六记》，将园林艺术、昆曲艺术相结合，同时引入现代声光电技术手段，在古典园林沧浪亭开展了新形式的昆曲消费产品。此项消费实验在首演后获得了成功，推广至昆山亭林园、四川大凉山听涛小镇等，与旅游产业融为一体，开辟了新的消费空间。值得注意的是，沉浸式昆曲需要消费者在实景的园林中自由跑动，以消费者的参与式行为和视角进行昆曲欣赏，形成了一种全新的消费行为。演出的互动性和消费者主体地位的提升，推动了昆曲表演者需要即时调整自己的表演方式，实现表演过程中的交流。对于昆曲传承而言，在保留传统演出技艺的同时，还需要注重适应园林的空间环境、灯光、声音等技术条件的变化以及表演的多线并进。"截至2021年9月，《浮生六记》已累计演出逾260场，单场票价在1000元以上。小众的昆曲表演赢得了消费实验的成功，这与人们消费方式和理念的转变有关。根据制作人萧雁的介绍，沉浸式《浮生六记》对于消费者而言是一种体验性消费，也是一种伴随着社交需要的消费。消费者把参与昆曲体验的活动看成自己文化体验和确认自己文化身份的行为，满足了自我实现的需要。"[①]传承并不意味着因循守旧，只有在维持文化基因的同时适应时代和社会的新变化，传承才是可持续的。时代和社会的变化，显在的是新媒介技术、新科技给传统艺术带来的变革机遇，潜在的是消费者接受传统艺术时心理需求和行为习惯的变化。摇滚评弹、虚拟现实敦煌壁画、《印象·刘三姐》山水实景演出等消费新业态，正是传统艺术传承过程中面对媒介变迁和时代发展所进行的转型和创新。

第三节 消费的媒介化对中华传统艺术当代传承的影响

随着大众传媒的崛起和媒介技术的发展，尤其是在互联网信息技术对

---

① 参见张楠，《票价1880元演了260场！昆曲中的"爱马仕"如何打动Z世代》，《扬子晚报》，2021年9月24日。

当代消费环境的影响之下，人们对商品的消费不再是对物品的直接消耗，而是要借助于物品所在的中介物。同时，物品的使用价值也不再限于满足人们的实际物质需要，而是向符号化的、文化的方向不断延伸，作用于人们的精神世界。

消费活动呈现出一种媒介化的特征。媒介化意味着至少两种根本的转变：一是消费对象对社会环境具有意义的依赖性。作为消费对象的物品，与周围的事物具有意义和功能的联系，因而不是消费的终点，而越来越作为一种中间的通道而存在。当我们在喜马拉雅手机应用上订购网络文学的有声书和广播剧时，作为小说或戏剧物质承载的纸质书籍或光碟（录像带）是否为我们所占有已不再重要，内容和信息以及我们在碎片化的时空和生活场景中何时何地如何使用这些产品，才具有关键的意义。二是消费品作为一种符号使消费对象成了人们交流和沟通的桥梁和管道，消费对象在消费环境中充当着中介物的作用，也是信息流通得以达成的介质。"消费是人们接近幸福生活的一种形式……当消费主义在某一社会或某一人类行为共同体中达成了共识，消费社会中的符号就更为重要，人们迫切地渴望占有这些符号价值，以与既得者平等交流与沟通。"[1]消费的媒介化一方面意味着消费活动的精神指向性和文化特征越来越显著，另一方面也意味着媒介技术和大众媒体对消费活动的干预。

一、消费的媒介化与中华传统艺术当代传承的主流和支脉的形成

从中华传统艺术的当代传承来看，消费的媒介化使传承突破了对物质载体和时空支配的限制，我们对传统艺术门类在时空存在方式和感知方式上的固有认知被打破，从而使传承在主流和支脉之间形成了一种新的关系。以传统曲艺苏州评弹为例，在古代以表演为中心的传承体系中，曲艺通常被认为是一种时空艺术、视听综合艺术。苏州评弹的传承主要是伴随着艺人"跑码头"的演出和师徒传授的过程中进行的。尽管在演出行业的外围，诸如伴奏乐器三弦的制作技艺等传承支脉也在有序进行，但表演仍然是传承的主流和中心，支脉的传承是围绕着表演进行的。进入当代社

---

[1] ［英］帕特里克·贝尔特，《二十世纪的社会理论》，瞿铁鹏译，上海：上海译文出版社，2002年，第135页。

会，消费的媒介化使苏州评弹形成了各类媒介的"标的物"，如弹词书目、评弹画册等，这些"标的物"或属于时间艺术、空间艺术，或属于视觉艺术、听觉艺术，在存在方式和感知方式上具有一定程度的强化或剥离，作为传统苏州评弹传承主流以外的支脉而相对独立地存在和发展着。需要指出的是，这些传承支脉并不等同于上文所谈到的传统艺术在当代的媒介商品或文创产品，并不是指代评弹唱片、评弹视频产品等表演的衍生物。苏州评弹中的弹词书目，是表演艺术家和学者对舞台实践的记录和相关文献资料进行整理、提炼和修订后形成的文本，对苏州评弹剧目的传承和发展具有重要意义。过去，苏州评弹剧目的流传更多借助于舞台表演和师徒传授的口耳相传之中，或是评弹艺人和观众的手写记录或传抄。新中国成立后，随着政府对传统曲艺保护和传承的重视，借助机械印刷出版物媒介将苏州评弹的传承纳入教育和文化事业的范围内。近年来，在众多表演艺术家和学者的努力下，苏州弹词书目的整理和编纂取得了丰硕的成果，包括《白蛇传》《啼笑因缘》《玉蜻蜓》《珍珠塔》《三笑》《落金扇》等经典篇目在内的文本均已出版，并形成了书目库，呈现出体系化的特点。这些弹词书目从成书到发行、流传，都具有与舞台表演相对独立的特点，以支脉的形式进行着传承。这些书目的文本具有较强的文学性，在选词、修辞和文法结构上虽脱胎于说唱，但具有一定书面语言的特点，读者群也不仅限于评弹演出的观众。

除了弹词书目以外，评弹绘画也是具有代表性的传承支脉。苏州籍画家潘裕钰将水墨人物和木刻版画的传统绘画技法融入创作中，以苏州评弹为题材创作了一系列作品，其中以《玉蜻蜓》最为人所熟知。评弹绘画作为一种空间艺术、视觉艺术的创作，并不是评弹时空艺术、视听综合艺术的附庸，它作为传统国画的一种类型和题材，更多是一种传统绘画艺术的传承，在消费媒介化的当下以苏州评弹传承支脉的成果形式进入市场，在国画领域占有一席之地。评弹绘画又与故事题材的绘画迥然不同。潘裕钰的绘画创作不仅呈现了故事的人物、情节和环境，同时对苏州评弹表演的服装、氛围也进行了艺术的凝练和还原。当人们消费画作《玉蜻蜓》的时候，不仅满足了绘画作为空间艺术和视觉艺术的装饰性，其作为评弹传承支脉的文化含义获得了收藏价值和认识价值，转换了评弹艺术原本作为表演艺术的媒介特征，具有了静止和固化的对象物的特点，引起了周遭环境与物品、人与物品之间的联系。当人们品评画作《玉蜻蜓》的时候，场景从书场、剧院转移到了画廊、美术馆，谈论的内容信息也必然演变为了由媒介所带来的不同语境。"大众传媒的繁荣消解了评弹在舞台艺术上和传播过程中的意义。然而，评弹在大众新兴传媒下的生存发展中也遇到了新的挑战与困惑，这直接或间接影响着听众传统的消遣方式。"[①]不仅是曲艺，其他艺术门类也同样存在着围绕主流传承的支脉传承。关良、高马得等画家的戏曲绘画，顾冠仁创作的戏曲音乐，智化寺的京音乐等，都是传统艺术在原本依赖的民俗、仪式和商业等生产环境在消费媒介化时代形成的新的传承领域。"'笔墨生戏'意味着戏画艺术中存在相对完善的模式，它们分别围绕戏曲的舞台效果展开，主要通过绘画内容、笔墨韵律、款识文字等手段形成写意性水墨画面，表现出'戏味'与'画味'并盛的艺术效果。"[②]与戏曲唱片、年画明信片等媒介产品和文创产品不同，这些支脉传承发生的条件并不是现代媒介技术的介入和干预，但消费的媒介化为他们提供了传承的通道和空间。从这个意义上说，消费的媒介化使中华传统艺术的传承不再限于对物的消耗，而是转向了可持续发展的、带有生态消费特征的再生产。这种再生产是在当代社会的媒介变迁中得以生成和发展的。"他人指向性强的消费者，不仅消费欲望更强，较之商品的功能或属性，他们也更重视品牌的想象意义。"[③]消费的媒介化也反映了自我指向性消费态度的式微，意义比效用更值得追求。正如互联网并没有为我们带来戏曲绘画，这种艺术样式早已有之。但互联网却为戏曲绘画的消费开辟了更多的市场机遇，也正是基于此，戏曲绘画的消费才能不止步于对画作的购买、收藏和占有，而进入了信息共享和意义交流的更广阔领域中。

传统艺术的生产因媒介的变迁而发生存在方式和感受方式的演变，这并不是当代才有的现象。明清时期木刻版画的流行推动了戏曲和小说插图的兴起。动态的表演艺术凝固到了纸上，人们在消费出版物的同时也是在消费着戏曲和小说。苏州桃花坞木刻年画也有专门的戏出年画，多

[①] 吴磊，《传播学视阈下苏州评弹艺术生态建设思考》，《民族艺术研究》，2015年第4期，第92页。

[②] 潘玥，《20世纪戏画三家艺术风格研究——关良、马得、韩羽》，东南大学，博士学位论文，2022年10月。

[③] ［韩］金兰都等，《从小众到主流：谁是中国未来消费主力》，路冉译，南宁：广西科学技术出版社，2013年，第16页。

以折子戏的精彩瞬间为表现对象。人们在民俗活动的场合同样也消费着以年画为载体的戏曲艺术。无论是插画还是年画，民间艺人、艺术家的技艺传承都有着独立的系统，区别于表演艺术的科班传承或师徒传授。这些现象表明，传统艺术传承的主流和支脉的形成，不是一蹴而就的，而是有着一个逐渐发展的过程。由于古代社会商品经济发展的水平还没有达到当代的程度，产业的分工、布局和市场的细分也没有成熟和完善，社会总体上还没有处于消费社会的阶段，是农耕文明时期的商业社会。因此，只有当工业文明发展到一定程度，消费社会到来，媒介技术尤其是大众传媒的兴盛才真正导致了消费的媒介化。也正是如此，传统艺术的传承支脉才因为媒介的强大支撑辐射到了更广的范围，也形成了更多的行业。按照霍华德·S.贝克尔的艺术社会学观点，艺术的生产是一种集体活动，集体活动就必然存在着劳动分工。艺术品创作的进程跟参与者之间既有合作也有冲突。"每一种艺术都依赖于广泛的劳动分工。这在表演艺术中尤其一目了然……但是，我们需要用劳动分工这个工具去理解绘画吗？我们需要。劳动分工并不要求所有参与制作艺术品的人都处在同一个屋檐下，就像生产线上的工人一样，甚至也不要求他们在同一个时期活着。它的要求仅仅是：艺术的制作或表演依赖于合适的人在合适的时间做合适的事情。"[①]艺术的传承既然涉及不同的参与者和他们的行为，传承这种活动本身从社会生产的角度来看，就不会是封闭的、单一的，也具有时间上的延展性。同时，也正是因为传承活动的复杂性和层次性，就一定存在中心和边缘、主流和支脉的区分。社会分工的程度越高、艺术活动的复杂程度越高、媒介技术的发展水平越高、消费需求的划分越细，消费的媒介化表现得越剧烈，传承的支脉也就有更多的表现形式和更深入的发展。仅以上文提到的评弹书目库的出版为例，从策划、投资到写作、编辑再到研究、审校和发行、宣传，传承流向了更多元的社会分工，组建了更为庞大的传承活动工作群体。"劳动分工将会成为一种绝对的行为规范，同时还会被当作是一种责任。"[②] 传承的社会分工在此意义上就可能对艺术的本体、风格产生影响。例如，绘画的不同题材和风格需要不同的笔，反过来说，笔也就规定

---

① ［美］霍华德·S.贝克尔，《艺术界》，卢文超译，南京：译林出版社，2014年，第11页。
② ［法］埃米尔·涂尔干，《社会分工论》，渠东译，北京：生活·读书·新知三联书店，2000年，第4页。

了绘画在题材和风格界限之内的技艺或艺术语言，也就成了画家训练和精进的责任。

从历史脉络和时间进程来看，在消费的媒介化过程中，传统艺术传承的各支脉不会均衡地发展，与主流的关系常常产生或远或近的偏离。中国书法的艺术自觉或产生于魏晋时代，但甲骨文、金文和汉简等汉字书写载体的发展，无疑对后来逐渐成熟的书法艺术具有不可或缺的影响。早期的文字书写和传播，很难说已经具有了消费的维度。但从书法艺术以毛笔为书写工具、以纸本为物质载体的主体生产模式得以确立后，尤其是书法的审美特征逐渐突出，收藏、流通书法作品的行为活动就具有了一定的消费维度。如果我们将汉字书写的创造性活动视为书法艺术传承的主流，那么毛笔、纸本、绢本等工具和载体的生产和加工就可以视为传承的支脉。书法曾经在很长的历史时期内承担着自然书写的功能，是记录文字、社会交往、政务管理、仪式活动等社会功能性活动的重要工具。与生活紧密的联系促使这种艺术在古代的传承拥有着强大的主流和庞大的支脉体系。浙江湖州的制笔工艺，安徽泾县的制纸工艺，广东肇庆的制砚工艺，等等，都需要专门的传授、学习和实践才能得以有序传承。这种生活场景中自然书写的巨大需求推动着主流和支脉行业的繁荣发展，形成了庞大的规模和消费市场。随着摄影术、机械印刷术的兴起，尤其是进入当代社会后电子媒介的崛起，电脑可以模仿魏碑、唐楷等字体，人力的文字记录和书写也在一定程度上由电脑所取代。此时，即便我们不愿把那些设计者试图将各种字体电子化的努力视作一种支脉的传承，但我们仍无法回避传统制笔、制纸行业的衰微和产能的降低。在书法艺术消费媒介化程度越来越高的当下，我们购买字帖、书法作品集出版物已稀松平常，但作为书法传承主流的文字书写活动，依旧是这些消费活动的初衷和归宿。消费的媒介化调节着传承主流和支脉的关系以及各支脉的走向。

20世纪末，随着计算机和互联网在中国的引入，如果没有汉语拼音的发明和使用，如果没有汉字电脑输入法的运用，那么在信息时代和网络时代，汉字的交流和记录功能将在很大程度上失去条件和场景，必将对文化的传承和传播产生极大的负面影响。而汉字的信息化和电子化，本身也是一种对人力自然书写的模仿，就必然涉及字体、审美、材料、技术等问题，也就必然会催生新的行业，激发新的消费。支脉的传承比起主流或许微不足道、细枝末节，但却完成了与当代消费市场的对接。

二、消费的媒介化与中华传统艺术当代传承的经典生成

经典是我们对中华传统艺术当代传承成果进行体认的坐标。技艺、风格、题材等传承的要素都必须依托作品才能得以呈现，而经典则是传承成果的一种具有代表性和凝聚力的体现。例如，对于传统山水画的传承而言，皴法、晕染等技法，平远、高远的构图，奔放和含蓄的风格等传承要素，都必须在一幅幅山水画作品中呈现，我们才能感知和体认到传承的有序和高效进行。刘勰在《文心雕龙·时序》里说："时运交移，质文代变，古今情理，如可言乎？"[1] 从唐尧到先秦，《诗经》《楚辞》等文学之所以能够谈论其风格、题材和情感特征上的差异，正是基于各自的代表性作品。

经典不是固有的、既定的，而是在艺术传承的过程中逐渐生成的。经典的生成是一个能动的过程，不是一成不变的，它包含了受众的代际建构。《桃花扇》不是在孔尚任创作完成后就立刻成为经典的，而是经历了两个多世纪的文本流传和舞台表演，在一代代文人和学者的评论和研究中，在观众的口碑中，在演员的表演中，在书籍的出版中，在接受和再创作的过程中不断生成的。经典也不是一个孤立的表演或文本，而是一个话语系统和意义体系，它反映了传承人和接受者之间的互动关系（更突出的是接受层面的能动性），也反映了时代语境的影响。"以欧阳予倩改编《桃花扇》为典例，联系每一特定时期的时代环境，可以呈现出这位胸怀壮志的剧作家是如何与时俱进、顺时而动地推进中国艺术事业的发展。他一次次地冲破陈规束缚，用一部清代传奇创作出了形式多样的艺术作品，也向我们证明了旧剧改革的多重可能性，为我们提供了传统戏剧的多种发展路径。"[2] 欧阳予倩对《桃花扇》的改编，既具有符合时代局势的需要，也有对演出市场和观众需求的迎合，同时也考虑了戏曲评论和学术研究中的观点，是旧剧改革的实践努力，也是戏曲传承关于一部经典作品在一定历史时期内意义体系的建构。江苏省演艺集团昆剧院的《1699·桃花扇》于2006年在北京首演，它成了我们体认昆剧经典剧目传承的一个坐标，从中

---

[1]（南朝）刘勰，《文心雕龙》，王运熙等注，上海：上海古籍出版社，2016年，第439页。
[2] 金宏宇等，《旧剧革新的多重可能性——欧阳予倩话剧本〈桃花扇〉的前世今生》，《黄冈师范学院学报》，2020年第5期，第81页。

既能够感知各角色行当的技艺传承，也能体会具有"南昆"艺术特征的剧团在舞台表演时的风格传承。然而，《1699·桃花扇》又仅仅是《桃花扇》昆剧艺术经典在当代传承的意义体系的一个组成部分，并且是在有限的时间序列内进行的。

艺术经典是一种文化记忆，因而传承作为文化记忆的保存方式，也是生成经典的通途。"瓦尔堡认为，艺术是社会记忆的器官，人类最为深刻的原初集体记忆，终究会通过艺术以记忆痕迹的形式不断保存和呈现。艺术家们在创作时的冲动，来自被经典艺术所激起的热情，他们被记忆痕迹焕发的强烈生命力所征服，进而在作品中继续表达这种情感，这就是文化记忆框架下的艺术经典观。"[①]

经典的传承包含了作品的集合。从这个意义上说，消费的媒介化促成了中华传统艺术当代传承的经典生成。不同的媒介赋予了传统艺术经典更多的作品存在方式。1960年北京电影制品厂出品的昆剧电影《游园惊梦》，梁谷音、蔡正仁主演的舞台版《游园惊梦》，江苏省昆剧院出品的张继青《游园惊梦》唱片等，这些诉诸不同媒介的艺术消费对象，共同构成了《游园惊梦》昆剧经典的作品集合。对于经典生成而言，消费的媒介化提供了传承的对象，也参与了历史建构的过程，受众的观摩、评价和媒体的报道、专业机构的授奖等，都是传统艺术经典意义体系的有机组成部分。而意义体系的建立，必须依靠媒介的承载才能完成。

消费的媒介化拓展了中华传统艺术经典的意义建构和价值认定的渠道，使更广泛的受众参与到经典生成的进程之中。在古代，经典绘画艺术的意义建构和价值认定往往与收藏行为协同一致。历代帝王、文人和收藏家对绘画作品的题字、印章、撰文和品评，促成了作品在流传过程中产生可以认定为经典的合法性。这种确立经典的过程，伴随着对物品的占有和消耗，虽然也存在着受众参与经典生成的其他渠道，如有关作品的文本解读、评论和生发，或是观赏者的文字描述和记录，但信息的交流相对局限和封闭。例如，唐代张彦远所著绘画通史《历代名画记》，在阐述绘画发展和有关鉴赏、装裱、收藏绘画知识的同时，对画家和画作进行品评，并

[①] 李洋，《情念程式与文化记忆——阿比·瓦尔堡的艺术经典观研究》，《民族艺术研究》，2020年第2期，第20页。

提出了自身对于绘画创作的主张。这本身是对经典绘画艺术意义体系和价值认定的过程。但由于古代媒介技术和消费市场的局限，消费的媒介化趋势尚没有形成，人们对画作本身很难做到亲身观赏，也无法通过中介物实现对绘画图像的接受。因此，人们参与经典意义结构的渠道是有限的。

经典表演艺术也存在着类似的境遇。无论是宫廷戏班、贵族家班抑或是民间班社，人们对戏曲的消费都建立在对实地表演进行观赏的基础上，信息交流的产生不能脱离时间和空间的局限。即便是对文本的阅读和评论，也必须依托当时的出版业和社交活动。"都市戏曲消费往往以戏曲的演出场所作为空间载体……是一个承载着审美消费、思想体验和情感寄托的媒介空间，更与整体的都市空间结构和都市人文气质有着相契合的异质同构关系。"①这些消费行为的信息交流所导致的意义建构和价值生成都有一定的封闭性，在参与的广度和层次上都是较为有限的。进入当代社会，大众传媒行业的发展和媒介技术的革新，使传统艺术的经典作品获得了时间和空间的自由度和信息交流的开放性，经典生成的意义建构和价值认定往往不需要消耗物品本身。人们借助机械印刷的画册、出版的唱片以及广播、电影和电视等中介物，就能对经典艺术进行消费，在消费的同时完成品评、鉴赏和议论，并随即展开沟通和互动。

受众在经典生成中的能动作用与消费者在市场中凭借媒介完成的消费行为具有高度的一致性。从这个角度来说，传统艺术经典传承的意义和价值体系，不再必须依托于著书立说或是题字撰文，演变为消费者在占据媒介资源后的信息传达。例如，越剧电影《红楼梦》能够成为当代的艺术经典，既包含了对传统越剧的传承，也包含了越剧在借助电影实现媒介化进入消费市场后，新闻媒体的报道、海报的张贴以及其他媒介产品的发行对于意义的建构和价值的认定。人们购买电影画报、越剧电影碟片、电影音乐唱片，订阅网络平台的视频产品等，这些消费活动的媒介化过程本身也是传统艺术在传承过程中生成经典的过程。

消费的媒介化并不意味着在中华传统艺术当代传承的过程中取消艺术作品的重要性，它体现了对意义系统的重视和转向，但传承仍然必须以作

---

① 邓天白等，《明清时期江南都市的戏曲消费空间演变——以苏州和扬州为例》，《南京社会科学》，2020年第9期，第159页。

品的呈现为表征。换言之，传统艺术经典在当代的传承因消费的媒介化承载了更多文化传播和教育的功能。"新媒体所倡导的传受一体、高度交互、网状流动、个人中心等传播理念进一步普及，更导致了媒介消费成为现代社会的最主要消费之一，并导致了规模强大的传媒经济的形成。"[①] 消费的媒介化有时会带来碎片化和零散化的问题，对传承的文化和教育意义带来一定程度的负面影响。当消费者通过媒介的手段消费经典艺术时，例如购买颜真卿的《勤礼碑》字帖或是碑林博物馆出版的单幅拓片时，消费者获得信息的便利程度也影响了他们参与艺术传承的深度。对于购买者而言，他们未必需要进行书法练习，也并不一定需要了解书法的技艺和美学，他们可能只是在很浅显的层面参与了经典书法作品的文化传承和艺术教育。仅仅掌握颜真卿书法作品的部分图像信息，就足以支撑他们的媒介化消费活动，但这种零散的、片段的信息掌握，并不像古代的书画收藏、流通那样，需要对作品和相关的信息进行更为全面和深入的把握。

因此，在消费媒介化的时代，传统经典艺术的当代传承不仅需要注意意义的建构和价值的认定，我们仍然需要回归对作品内容、技艺、风格等层面的重视，这样的传承才不会陷入消费主义的泛娱乐化和审美的日常化。"在传统经典艺术世俗化、普及化的过程之中，艺术作品的产业化满足了社会大众的普遍需求，计算机图形设计以及信息技术的普及使得'人人都是艺术家'的愿望成为可能，反之，文化艺术的泛漫化、大众化、娱乐化走向极端，必然会反过来呼唤和促进创作生产出蕴含深刻思想的经典艺术作品，因为人类社会对于真善美的普遍追求和公平正义的呼唤不会改变。"[②] 消费的媒介化对于中华传统艺术经典的传承而言，激发了更广泛的社会参与性，也有利于经典在意义建构和价值认定中的信息流动。传承不是一种全然自发性的活动，也不是一种绝对自觉性的活动，它需要引导、调整和激励。在此过程中，传统艺术经典背后的精神力量是传承的重要动力。艺术传承本身也是文化的延续和精神的传递，而艺术经典作为传承成果的体认坐标，在当前的消费社会之中正是通过媒介的物质性和承载信息的能力与人们的生活实现了对接。

---

① 黄可，《媒介消费新论》，北京：新华出版社，2017年，第2页。
② 楚小庆，《技术进步对艺术生态变化与作品形式表现的影响》，《东南大学学报》（哲学社会科学版），2017年第1期，第118页。

第四章　中华传统艺术的当代传承与消费心理

如果说消费为中华传统艺术的当代传承提供了动力，创造了语境，使传承能够深入人们的生活，并与经济发展和各项社会事业的建设相接轨，同时又参与了塑造传承格局的过程，对人才培养、技艺沿革、形式转化、风格变迁等层面产生了影响，那么，消费心理可以说涉及了这种动力和影响机制的全部层次和整个过程。人们在进行艺术消费之前的心理需求和期待，在消费过程中的观察、选择和决策，以及在完成消费以后产生的心理感受、体验等，正与传统艺术传承的动因、表现和结果都存在着莫大的关联。因此，消费心理能够反映中华传统艺术当代传承的全面情况，同时也从经验的层面描绘了传承的当代图景。从农耕文明到现代社会，从民俗艺术场合到大众传媒、现代商业，从文字语言、身体语言、图像语言到影像语言、虚拟现实和人工智能，人们的价值观念、艺术的生存环境、艺术的语言和媒介等发生了相应的变化。而消费心理始终贯穿其中，隐而不显，与人们的物质和精神需求协调一致。

从人类的本质共通性上来说，"美的嗜好满足，犹如真和善的要求得到满足一样，人性中的一部分便有自由伸展的可能性……'生命'其实就是'活动'。活动愈自由，生命也就愈有意义，愈有价值。实用的活动全是有所为而为，受环境需要的限制；艺术的活动全是无所为而为，是环境不需要人活动而人自己高兴去活动。在有所为而为时，人是环境需要的奴隶；在无所为而为时，人是自己心灵的主宰"[1]。人们对艺术的需求，是一种基本需要，也是人实现心灵自由和精神充实的本能，是人实现价值的途

---

[1] 朱光潜，《文艺心理学》，上海：复旦大学出版社，2020年，第117—118页。

径。从这个意义上说，艺术的消费，本身就是一种心理活动。中华传统艺术的当代传承，也就是中华民族共同体进入当代社会后艺术消费心理活动的延续和发展。

消费心理动机的广度引起了艺术传承的多元价值。在"日出而作，日入而息"的农耕时代，人们消费艺术是为了在生产劳作之余的休闲娱乐和放松游戏。如今，人们出于学习的目的付费前往博物馆、美术馆参观展览，接受绘画、造型、手工艺等传统艺术的熏陶，获取知识、增长见闻。认知的消费心理动机使传承的价值具有了教育民众的维度。同时，人们在当代的工作生活常处于"高压"的态势之下，快节奏的生活方式激发了人们寻求身体休息、心灵愉悦的需要。消费心理需求的个性化引起了艺术传承成果的多样性。艺术传承不能固守陈规，要勇于开拓新的形式，尤其是与人们日益增长的美好生活需要相符合。每一个消费者的心理需求都或多或少有不同，但在整体上又会呈现出一些倾向性的特征。这就对传承成果的形式起到了引导的作用。"在艺术消费活动中，从众心理表现为消费者自觉或不自觉地追随群体的消费行为，努力使个体与群体保持一致，从而避免个人心理上的矛盾和冲突。"① 自得琴社是一个以互联网为主要传播平台、兼顾剧场演出的古琴传承社团和演出团体。他们运用传统古琴演奏技艺与其他民族乐器、西洋乐器相结合，不拘泥于传统古琴曲目，而是突出表现消费者耳熟能详的现代乐曲，创作既具有民族特色又适应时代和国际审美的新曲目，在实体剧场演出中融入了民族服饰的使用。他们善于把握当代观众的消费心理，实现了传统古琴艺术与当代社会风尚和生活习惯的对接，也满足了消费者对传统文化的兴趣、对时尚的追求和对自我身份的认同等丰富的心理需求层次。

除了社会消费心理以外，消费心理的特征也在中华传统艺术的当代传承中得以体现，并通过消费行为在现实层面发挥着作用。消费心理具有从众性和盲目性的特点，这就激发了艺术传承的能动性，"冷门绝学"和热点并不是一成不变的。传统民族服饰在流行和时尚文化中的复兴掀起了"汉服"的热潮，也带动了古琴、琵琶、箫笛等营造传统文化氛围的民族乐器的消费潮流，还推动了团扇、发簪、首饰等传统手工艺的市场繁荣。

---

① 宋建林，《艺术消费心理的表现与引导》，《民族艺术研究》，2005年第3期，第50页。

这固然是因为文化自信和复兴传统文化的自觉作为社会消费心理在背后调节着消费行为，但也反映了消费者追求新风尚的心理特征，为人们传承传统艺术提供了新的社会行为的发生条件。诗社、汉服社、国乐社等民众自发组织的社团和兴趣小组应运而生，成为中华传统艺术当代传承的新生力量和业余团体。

第一节 社会消费心理与中华传统艺术的当代传承

社会消费心理是经过长期积累，以隐而不显的方式存在于消费活动中的心理结构和文化无意识。社会消费心理表现为社会风俗、价值观念、思维方式和道德伦理等，通过人们的消费行为显现出来。中华传统艺术的传承在消费中获得动力，背后往往也隐藏着深层的社会心理。每年新春更换张贴年画，这是社会风俗潜移默化的影响，消费者的行为有从众的心理，不完全是一种个人意志的表现。在观看戏曲和曲艺表演时，产生对反面人物的厌恶感，升起对正面人物的钦佩感，这是伦理道德和价值观念的影响，有时并非完全出自个人的情绪好恶。购买字帖和文房四宝练习书法，这体现了将书法看成修心养性的方式而不是功能性书写的思维方式，有可能成为一种兴趣、爱好和生活习惯，但未必就意味着用毛笔书写替代了用现代书写工具进行办公、记录和交流。可见，社会消费心理是在人们长期的社会实践和生活中逐渐积累而成，它可以具体表现为个人的消费行为，但内在的根源和机制既依托于历史的发展，也依托于集体的共同性和倾向性意识。

一、传承的无功利性和消费心理的符合目的性

从世界角度看，中华传统艺术的当代传承是中华文明优秀文化的延续和发展，是中国为世界文化多样性、可持续发展能够做出的贡献。从国家和民族的角度看，中华传统艺术的当代传承是中华民族文化基因的继承，是新中国文化建设、树立文化自信的重要内容。因此，传承作为一项事业和使命，本身并没有功利性特征——它既不是为了经济发展，也不是为了伦理道德，虽然它与这两者始终相因为用。传统艺术在当代社会进入了商

业、传媒、教育、旅游等众多领域，已经成为国民经济的有机组成部分，也是消费市场的重要类型。与此同时，传统艺术所倡导和弘扬的思想观念和价值取向，也作用于人们的精神世界，调整着人们的言行，具有引领风尚、教育熏陶的重要功能。但是，对传统艺术的传承不能仅以助推经济发展或赢得商业利润为目标，也不能以任何具体的、明晰的价值观念或伦理道德为目的。传承是不以功利目的性为方向的。

传承不是孤立的，它必须经由各种路径进入当代社会生活，并且发挥它的功能和作用，成为文化产业、文旅融合等经济活动的动力和资源，成为文化软实力的组成部分，为构建中国国家形象服务。因此，传承又具有符合目的性的特点。"回答中华传统艺术的当代传承问题，主要是解决好文化自信问题，要深入发掘让全社会充分认识和重视中华传统艺术的当代价值，要落实到如何在抢救、保护和传承好中华传统艺术的基础上，让中华传统艺术融入国民生活体系，让中华传统艺术有效进入当代艺术创作领域，为提升国民文化素养服务，为当代艺术繁荣服务，为在全球范围内塑造中华传统艺术的价值体系和独立形象服务。"①中华传统艺术的当代传承具有高度自律性，它是历史价值、艺术价值和文化价值的统一，这项事业在排除功利目的性的同时又具有他律性，集中表现在消费路径上。传承不是单向的，它在历史进程中始终与社会发展和人们的生活构成能动的关系，最终需要落实到消费活动中。没有消费，传承就如同空中楼阁，无法真正落地。而消费却有明确的目的，或是精神补偿，或是身份建构，或是娱乐消遣，或是陶冶性情，或是培育智识。消费心理正是这些诉求和目的的出发点和源泉。因此，传承具有无功利目的性，但传承在消费领域中的社会心理和个人心理却具有符合目的性。传承也只有借助消费心理对消费行为和消费结果的符合目的性才能真正完成双向、能动的历史和现实过程，才能置身于社会发展和人们的生活之中。

社会消费心理指一定时期内在社会思潮和观念基础上形成的共同的、广泛的消费心理现象，反映出一定的趋向和普遍特征，受到经济、政治、民俗、宗教等各方面的影响。"人类社会需求的变化，经济、政治、文化

---

① 王廷信，《中华传统艺术当代传承研究的理论与方法——"生态理念"与"共生机制"视角》，《民族艺术》，2021年第3期，第65页。

技术等外部因素的变化,总是促使传统文化艺术在传承中不断发展和创新,更何况中国传统文化艺术内部就存在着诸多矛盾因素,它们在不同历史时期此消彼长。"[1]传统的这种激变性和革新性促使社会消费心理具有地域性、群体性和时代性等特征。社会消费心理是把握传统艺术传承方向和塑造传承格局的主要依据之一。这是由于社会消费心理往往是传承的效果在历史和现实中的体现。例如,中国古代的文人尤其是贵族家庭有养家班、藏书画典籍的习惯。这是与传统艺术传承直接相关的一种消费行为,既涉及商品交换,也涉及货币流通,反映了古代贵族在审美雅俗上与大众的界限和差异,也反映了他们在建构群体(阶层)身份时的或自觉或无意识的共同行为趋势。从社会消费心理上看,他们为维护和确立自身群体(阶层)身份时在无意间加剧了传统艺术在传承过程中的所谓雅俗对立,也加深了文人书画、受文人偏爱的手工艺与民间书画、民间手工艺的鸿沟,造成了贵族与民间、文人与市民两个阶层、群体和两种审美趣味、艺术风格之间的分界。尽管如今我们不会用单一的高低标准去衡量,但这两种区分已经都转化为传统艺术在当代的风格差异。

新中国成立后,对立才逐渐消失,尤其是"为人民服务,为社会主义服务"的文艺方针提出后,社会群体之间消费艺术的偏好和特征逐渐为典型和共识的方向所取代,工农兵、妇女、儿童等对象描述成了社会消费心理在群体划分上的趋向。工农兵艺术、儿童文学等艺术类型也开始在消费市场中渐渐成形。这是传统艺术在当代传承进程中如何实现转型的一种依据,也规定了方向。可以说,原先在古代因趣味不同而产生的艺术格调的对立转变为基于不同消费需求的艺术风格的差异。20世纪八九十年代,连环画(小人书)风靡一时,木刻版画、水墨写意画、剪纸等传统美术技法纷纷融入连环画的创作,成了具有鲜明时代特征的艺术消费产品,也是传统美术传承具有代表性的阶段性成果。刘继卣在谈及连环画《大闹天宫》时说,"1958年开始画《大闹天宫》,这是用绢画的,我特意从古典文学研究所借来《地狱变相图》照片五十余幅,原作传为吴道子画,这些都是白描,据说是他当年画壁画的底稿,都是用铁线描勾成的,是古画中的稀

---

[1] 宋眉等,《传统文化艺术资源的当代转化》,杭州:浙江大学出版社,2019年,第10页。

见精品"①。消除传统绘画艺术的社会阶层属性，在连环画创作中继承传统、开拓创新，将连环画当作教育儿童、感召儿童的艺术消费品，这是当时社会消费心理的反映，也是国家对于传统艺术当代传承的价值导向。从绘画技法的兼收并蓄和对连环画创作技艺的革新来看，这种传承无疑是没有功利目的的，但从消费行为及其结果来看，连环画的艺术价值和社会功能都引起了质的变化，是社会消费心理起到的导向作用。

中华传统艺术在古代的传承，形成了宫廷、贵族和民间艺术的分野，反映了不同阶层的社会消费心理。新中国成立后，随着这些社会阶层的消亡，传承的这些界限逐渐消失，社会消费心理不再具有社会阶层的特点，而是能够以一种更为全民、更为广泛的方式进行。鲁迅曾在《且介亭杂文·论"旧形式的采用"》中将文学和艺术划分为"消费者的艺术"和"生产者的艺术"，并坚信劳动人民的艺术会取代统治阶级的艺术。②事实上，"高等有闲"的艺术体现的正是因社会阶层的不同而出现的艺术风格和审美趣味的差异，当社会消费心理不再以社会阶层的差异为显露时，中华传统艺术的传承就会以时代的精神力量和文化价值与历史传统相调和的方式进行，传承也就不会沦为一种工具。

当互联网技术介入艺术的生产，社会消费心理经历了平等和自由的权利意识的洗礼，传承开始呈现日常化和全民化的特征。"网络是大众化的公共空间，网络文学也具有全民性、公共性和大众性。网络的全民性，使得文学写作的体制发生了重大改变——写作再也不是一种垄断性的少数人行为，也不是一种书斋性的知识技艺，而是一种大众文化的行为，乃至一种日常的生活状态。"③不仅是文学，艺术生产在当代的互联网时代不再专属于某些社会阶层，是自发的、广泛的、平等的。当短视频、歌唱、绘画设计等网络应用不断出现和发展，当自媒体平台成为信息发布和沟通的常见存在方式，当个人电脑和互联网的普及化程度越来越高，人们能够直接参与艺术的传承，而这种参与平台往往是通过消费活动来搭建的。人们通过媒介化的消费，如购买字帖、戏曲音像制品、画册图录等，学习并操练技艺，并通过作品的发布加入传承的事业中。

---

① 高信，《新连环画掠影》，上海：上海远东出版社，2011年，第69—70页。
② 鲁迅，《鲁迅全集》（第6卷），北京：人民文学出版社，1973年，第29页。
③ 欧阳友权，《网络文学概论》，北京：北京大学出版社，2017年，第107页。

尽管大众的传承效果因人因时因地而异，有时甚至参差不齐，有很多并不能进入传承的主流，但它的价值在于全民共享传承的成果并在此基础上不断深化传承、延伸传承。京韵大鼓的非遗传承人跟普通的曲艺爱好者、擅长"碑学"的中青年书法家和普通的书法爱好者等专业传承人才和普通的传统艺术爱好者之间固然有水平的高低、作品的优劣，但他们共同构成了中华传统艺术当代传承的整体，只是中心与边缘、主角与配角的差别。在互联网提供技术支撑的全民传承时代，中心与边缘、主角与配角的地位差异已演变为专注时间多寡、取得成果多少和专精程度如何的差别。因此，社会消费心理对传承主体身份的影响越来越小，而是在传承的方法、目的和结果方面发挥着潜移默化的作用。社会消费心理对传承的影响，不再带有商业、政治等工具性、目的性的诉求，而是在效果上起到了反哺艺术产业的发展，助益于人们的精神补偿以及消除社会等级对立等符合目的性的作用。就此，传承也成了个体以社会为尺度对自身的反观。"中国的策展人和艺术家必须接受和参与其中，对新技术的关注和运用，并不是强化传统与当代的区隔，而是超越其间的藩篱界限，建立一种反观自我的方式。"①

二、社会消费心理的延续性和易变性特征对中华传统艺术当代传承的影响

社会消费心理具有延续性的特征，在时代更迭的过程中，前代对后代会产生持续的影响，这种影响体现在个人的消费行为上虽然会有所差异，但从一定时期的社会面上看具有共同的趋势和特征。在社会主义建设阶段的初期，百业待兴，"三大改造"的完成形成了为社会主义服务的社会消费心理，人们的消费行为具有计划经济和集体经济的特点。此时中华传统艺术的当代传承更多是一种国家的文化事业，在消费方式上也具有计划安排和公共服务供给的特点。"事业单位依赖国家财政运行，通过政府计划安排的方式进行公共服务供给，逐步固化为一种资源封闭循环的垄断性的发展模式。20世纪50年代院团社会主义国有化改造基本就采用这种模式，

---

① 徐进毅，《威尼斯双年展中国馆观察：中国当代艺术创新与中华传统优秀文化的传承发展》，《艺术评论》，2024年第6期，第78页。

并一直延续到世纪之交。这一阶段的事业体制院团被赋予了重要的工具性价值，成为党和国家重要的宣传阵地，承担公益性演出职能，传承发展表演艺术事业。"[1]这种特点的影响一直持续到了文化体制改革以后。随着社会开放程度的提高和经济发展的多元化，市场化在传统艺术传承中渐渐萌芽。一方面，传统表演艺术的组织化传承主体，如歌舞院团、戏曲院团等拉开了文化体制改革的序幕，逐步走向市场化。作为个人化传承主体的表演艺术家、演员等也不得不面对市场化的转型。另一方面，传统造型艺术的传承主体也告别了依靠国家财政支持的局面，开始以市场主体的身份融入艺术产业。

尽管市场化运营已经成了传统艺术当代传承的一个普遍现象，但由国家财政和政策扶持之下的传承事业依然是不可或缺的一种保护和支撑体系。进入21世纪，传承作为国家文化事业的一部分和作为艺术市场的一部分已然成为现实的运作方法和发展路径，两者在融合的过程中形成了互补和互动的关系。从消费的视角来看，新中国成立和社会建设初期的"戏曲观摩大会""全国美展""金鸡百花电影节"等具有社会主义文化建设特征的引导性消费模式，已逐渐在新时期蜕变为市场和宏观调控并举的消费模式。为社会主义文化事业添砖加瓦的奉献精神作为当时的一种社会消费心理，并没有因为经济体制的改革而彻底不再作用于人们的消费行为，而是始终发生着持续的影响，延续到了市场经济高度发达的当下。以"中国昆剧艺术节"为例，国家文旅部的政策引导和财政支持仍然是传统昆曲艺术在剧目传承、人才培养和展演推广方面的重要支撑，也是艺术节得以长期、持续举办的保障。

与此同时，市场化的运营模式也是艺术节激发活力的有效手段。从社会消费心理的角度看，"中国昆剧艺术节"依靠政府财政和面向市场的双重特征，正是艺术传承为社会主义文化服务和为经济发展服务两种不同思潮和心理在发挥着推波助澜的作用。无论是以专家学者、专业表演人才还是戏曲爱好者的身份，无论是集体组织还是个人购票的消费方式，昆剧艺术节期间在各大剧院的演出观摩都体现了对传承事业成果的共享和对传承

---

[1] 陈庚，《国有文艺院团分类改革的实践检视及优化思路》，《深圳大学学报》，2020年第5期，第57页。

艺术市场的参与。

社会消费心理还具有易变性特征，受到时代、地域和群体的影响。"中华民族的艺术，与中华民族的思想道德、民族心理、风俗习惯是息息相通的，因为它们不仅由同一个经济基础决定，而且它们之间都在相互影响着。"[1] 社会经济的发展，地域之间的人口流动和文化交往、群体之间的社会交往和身份转换都会引起社会消费心理的变化。

改革开放和社会主义市场经济的发展使人们的消费需求多元化，也为追求个性解放创造了空间。例如，人们对江西景德镇陶瓷产品的消费，有的是出于对手工艺的审美和装饰需求，有的是出于饮茶仪式感的追求，有的则是出于收藏和投资的需要。这也影响了陶瓷艺术的工艺流程和销售模式。名家手作、计算机设计纹样、批量化生产等不同的生产方式满足了多样化的消费需求，同时也反映了当代传承与市场对接的自觉尝试。城乡之间、区域之间的人口流动在一定程度上消除了消费习惯的差异，消费行为的趋同性具有了更大的适用范围。"尤其是在全球化的今天，横向的空间交流与传播加速，以往特定群体——民族、社会群体、村落——不能再被视为文化孤立体，而应该用更宽广、更动态的眼光来审视，包括文化符号的再创造也是如此。"[2] 城市空间中的庙会、社火、集市等民俗活动还原了乡村社会在节庆、仪式时的热闹景象和繁荣市场，而电子商务的发展则提供了乡村社会享有现代商品经济便利的机会。以无锡的传统手工艺惠山泥人为例，我们已经很难从网购或是集会购买的消费行为来判断消费者的生活环境。即便是地域特征显著的地方戏曲，我们也无法确切地从演出地点来判断消费者的成长地域。群体之间的界限和身份边界也不断模糊和转化。少数民族的歌舞演出已遍及中华大地，学习的人群也不再受到民族身份的局限。昆曲家班已不复存在，但昆曲与宴会、民俗的联系仍然维持着传统戏曲与民众生活之间的连接。社会消费心理处于不断变化和发展的过程中，而中华传统艺术的当代传承在与消费活动的互动中也始终面临新的机遇和可能。

社会消费心理的延续性和易变性使传承既保留了传统艺术的内核和基

---

[1] 成葆德，《中国传统艺术的继承和弘扬》，银川：宁夏人民出版社，1999 年，第 31 页。
[2] 方李莉，《各民族共享的中华文化符号的内涵及共同体意识的再建构》，《民俗研究》，2024 年第 1 期，第 12 页。

因，同时又不断产生新的特质，中华传统艺术的当代传承总是在实践活动中积淀和体现着历史和当下的社会消费心理。而积淀的过程又离不开个体的生命活动、生产实践和消费行为。"积淀既由历史化为心理，由理性化为感性，由社会化为个体，从而，这公共性的、普遍性的积淀如何落实在个体的独特存在而实现，自我的独一无二的感性存在如何与这共有的积淀配置，便有极大的差异。"[①] 个人的消费活动是传承能够进入人们生活的存在方式，而任何时期的社会消费心理都不可能脱离个人的消费活动而直接发挥作用。因此，传承作为一种积淀了人类历史和生活的活动，是通过个人的消费行为来落实社会消费心理的，而这些个体的行为和活动累积、集聚起来，对传承产生了不可取代的影响。宋词的兴起跟市民经济发展导致的审美平民化社会心理有关，这也为元散曲在民间的盛行奠定了心理基础。山水画从全景式的构图到宋代"马一角、夏半边"，再到明代更为丰富、多样的视角构图，除了绘画艺术内部自律性的因素以外，与文人的山水游历和旅行的经验累积也有一定的联系。

到了近现代，传统山水画因西学东渐和现代技术发展的影响而逐渐成为一种以水墨为基础技法和基本表现方式的"风景画"甚至"风俗画"。近现代以来的中国画传承中，除了传统题材的山水画仍在散发着余温以外，现代性的绘画创作积淀了人们越来越丰富的旅行观察经验和生活体验，不仅体现在体裁、内容的表现上，更体现在对于空间和生活形态的感知上。"新式交通工具的出现在带来全新时空感受的同时，也因此潜移默化地改变了近代人的日常生活形态、公共空间秩序，更带来了一种全新的视觉感官感受，车上车下、船上船下都处在一种强烈的视觉关系中，风景的发现与交通工具密切相关。"[②] 无论是文学体裁的流行还是文人的山水之旅，都与消费活动密不可分。"唐宋八大家"的首倡者朱右编有《八先生文集》和《唐宋八大家文钞》144卷，以编纂和出版书籍的方式复兴古文，彰显了当时出版业的时代号召与诉求。这些社会消费心理的形成、艺术传承的形式和内容的发展，都离不开个人的行为活动。

---

① 李泽厚，《华夏美学：美学四讲》，北京：生活·读书·新知三联书店，2008年，第406页。
② 唐宏峰，《旅行的现代性——晚清小说旅行叙事研究》，北京：北京师范大学出版社，2011年，第81页。

当人们习惯于用收音机、唱片来消费传统戏曲和曲艺作品时，唱和演的传承就在一定程度上分道扬镳、各行其道。尽管唱演仍然在舞台合一，但戏曲和曲艺爱好者只唱不演的传承形式在当代也颇具规模。唱和演的侧重与其说是艺术所生存的环境的要求和塑造，毋宁说是消费者的心理需要因环境的变迁而发生了潜移默化的改变。"从剧场到云端，戏曲剧目线上演播已不是简单的媒介转换，基于当代观众审美需求以及网络文艺全新业态，戏曲'云演艺'从内容呈现、传播渠道到运营方式，都在不断进行新的调适与嬗变。"[1] 传统手工艺的计算机辅助设计和机器化生产，在一定程度上也是为了满足消费市场的巨大需求。当人们在春节张贴年画、在元宵节挂彩灯的民俗需求仍然持续存在，传统手工生产的能力或高昂的成本又无法满足社会需求时，机器化生产就成了一种必然的趋势。这些因个体消费行为凝聚、积累为社会消费趋势和风尚的现象冲击着传统艺术当代传承的格局。个人消费行为是社会消费心理的具体呈现方式，同时，社会消费心理又是在个人的消费活动中蓄积起来的倾向和潮流。传承正是在这种倾向和潮流中得到了引导和落实。

第二节 个人消费心理与中华传统艺术的当代传承

个人消费心理包括消费者的动机、态度、知觉、认知、信息加工、归因和人格等个体内部的心理因素，这些心理要素不仅涉及了中华传统艺术当代传承的动力、目标、成果和影响，同时也反映了传统艺术在当代的创作、接受、传播等环节，体现了消费者与传统艺术之间的联系。

一、消费动机与消费态度

消费者的动机反映了传承的动力，是传承对消费需求的满足。"动机是指推动个体朝向一定目标行动的内在动力。这种动力的产生是由于身心的紧张状态，而紧张状态又是某种需求没有得到满足的结果。个体为了克

---

[1] 李华裔，《媒介融合背景下电视戏曲节目创作实践与前瞻》，《戏曲艺术》，2024 年第 2 期，第 150 页。

服或缓和这种紧张状态,肯定要有意识或下意识地选择某个目标来满足自己的需要。"①传统艺术的消费动机,从古代农耕文明背景下对休闲娱乐、民俗信仰的需要逐渐向当代社会对自我实现和精神补偿的需要转变。艺术指向人们的精神生活,消费动机与生活物质层面的需要距离较远。在农耕文明时代,人们消费艺术的动机同样具有精神的维度,除了满足农业生产劳作之余休憩和游戏的需要,也与人们期盼风调雨顺、年年有余、家庭美满的仪式和祭祀需要有关。

当宫廷、贵族和民间的社会阶层形成稳定的结构以后,传统艺术的消费动机还与社会交往、政治需要和经营谋生相关。英国学者柯律格对明代文徵明的研究表明,古代文人的书画在宫廷、贵族和民间流通,构成了一种礼物交换和价值手段,从而使书画艺术市场具备了社会交往的功能。书画的赠予、购买、收藏和传世反映了提升仕途、提高社会地位、树立社会形象等动机。②随着日常生活的审美化和审美的日常化趋势不断显现,如今又出现了消费动机中精神需要和物质需要相融合、统一的特点。一方面,博物馆、美术馆、剧院等传统艺术的传承机构推出食品文创产品系列,如苏州博物馆的秘色瓷莲花碗饼干、四川三星堆博物馆的古蜀面具饼干、中国昆曲博物馆的"在梅边"咖啡等。它们试图调和艺术消费动机中精神需要对物质需要的排斥,同时又尝试在满足物质生活需要的场景中营造审美和艺术的氛围并制造干预。另一方面,消费者在日常生活中的物质层面消费动机又无法止步于物质需要本身,人们对衣食住行的消费越来越具有文化体验和艺术审美的动机。这是文旅融合、文创产品进入人们生活的契机。传统艺术的当代消费在物质和精神动机上的界限不断被打破,这就涉及了个人消费心理中的态度因素。

对于消费动机的性质进行判断,就是消费态度。消费态度通常以成对的概念出现,如实用的和审美的,积极的和消极的,一次性的和可持续的,等等。中华传统艺术的当代传承是需要全体社会成员共同努力的,与人们的功利生活和精神生活都有关联,也是一个长期的、延续性的过程。因此,对于中华传统艺术的当代消费,我们需要引导它走向实用与审美相

---

① 成伯清等,《消费心理》,南京:南京大学出版社,1995年,第10页。
② 参见[英]柯律格,《雅债:文徵明的社交性艺术》,刘宇珍等译,北京:生活·读书·新知三联书店,2012年,第5—12页。

结合的、积极的、可持续的态度。艺术的起源和发展跟审美性超越实用性的历史进程有关。艺术一旦成为一种商品，它就必然具有实用和审美相互作用的张力。"文化艺术的商品性并不是导致它丧失艺术个性和独特性的原因，反而因为商品属性具有强大包容度，文化艺术商品能够容纳多元化的艺术表达，整合社会结构系统。"[①]清代木刻年画的兴盛，与人们在节庆和重要人生礼仪中对风调雨顺、国泰民安、阖家团圆等美好的实用性愿望和希冀有关，但木刻套色技艺的成熟、线条的细节展现和明暗、透视关系的出现，也与人们的审美态度有着密切的关系。"我国传统木版年画既具有鲜明的商品属性，又具有精神产品特有的品质以及独特的艺术属性，以此在传统社会中发挥着历史积存、民俗引导、社会整合、审美娱乐等方面的功能。"[②]中华传统艺术在当代的技艺传承，很大程度上反映了消费领域实用态度和审美态度的双重引导。苏绣、粤绣、蜀绣、湘绣的当代技艺传承，始终维持着手工和机器、繁复和简化、写意和透视等相对性之间的平衡，在制作流程上符合消费活动的需要，尤其是受到了消费态度的制约。积极的消费态度能够激发艺术生产的活力，在扩大产能的同时维系着消费市场的繁荣。中华传统艺术的当代传承能够激发消费态度的积极性，主要在于两个层次——第一是在消费行为前，艺术产品的广告、宣传等能否引起消费者的兴趣和关注；第二是在消费行为后，艺术产品能够满足消费者的心理期待。戏单、演出（戏曲、音乐、舞蹈等）海报、电视广告、互联网广告甚至是地铁和公交车等移动屏幕广告、建筑物外墙的宣传图像等，这些对于传统艺术产品进行推广的媒体承载物都有可能影响消费行为的发生。

除了创作者、传承人的名家身份符号以外，"跨界""经典""第一"等观念和评价的信息符号也成了宣传的手段。江苏省昆剧院在2021年首演的现代戏《瞿秋白》，在宣传的过程中不仅使用了"戏曲梅花奖"等身份符号，也使用了"革命历史""红色基因"等信息符号，引起了较大的市场关注。苏州评弹的演出推广，常常出现学者评价的"中国最美声音"

---

① 张慧喆，《社会变革的棱镜：20世纪80—90年代北京摇滚乐研究》，北京：中国传媒大学出版社，2020年，第10页。

② 张士闪，《中国传统木版年画的民俗性特征与人文精神》，《山东社会科学》，2006年第2期，第53页。

一词，引发消费者的好奇和期待。仅仅依靠宣传和推广来保持消费者的积极态度是远远不够的，但它能够有效触发积极的消费态度。

消费活动具有时空自限性，往往需要重复进行。因此，消费的效果对消费态度具有不容忽视的影响。"我们将流行文化的身体时空称为消费时空，它蕴含了身体时空的基本特性，它是流行的消费实践所组建的时空情境。"[①]消费时空的自限性也是感性经验的生成性所规定的。《印象·刘三姐》等山水实景演出就是以口碑效应不断满足着消费者的期待从而吸引着旅游市场演出观摩的火爆。高频次的演出反映了这一文旅融合商品的高产能，而高产能和高市场期待意味着演出所需的歌唱、舞蹈等表演传承的规模和质量。可以说，脱胎于广西传统民族歌舞的山水实景演出在消费领域取得的佳绩，本身就是广西传统民族艺术传承的成功。积极的消费态度反映了传承的效果不仅在市场和社会影响上都获得了认可。由于旅行目的地的选择性，对于《印象·刘三姐》的消费者而言，这部演出产品的消费多为一次性的。但对于广西传统艺术在当代消费市场的其他产品而言，却呼唤着持续性。从演出的频次来看，这种消费本身也带有可持续的特点。

引发消费者持续性的态度和关注，需要艺术产品在需求的满足上具有延续性。"当消费者尝到了信息交换带来的满足感后，其购买的标准也会随之产生变化。也就是不再追求那种在购买的一瞬间满足感最大化后便不断减少的，而是更倾向于购买那些可以持续带来满足感的物品，或者是那些随着时间的流逝，反而会带来更多的满足感的物品。"[②]景德镇陶瓷艺术的传承在与日用品的结合上，就产生了花瓶、茶具、餐具、酒器、药罐、笔洗等多种产品类型，对消费者的日常需要进行更大程度的覆盖和持续的满足。消费者对瓷器艺术品的满足，不在于占有物品的那一瞬间和购买的当下，而在于持续使用物品时的仪式感、场景感和体验感，有时随着时间的流逝和长久而获得更为强烈的感受。安徽省黄梅戏的代表作《天仙配》《女驸马》等也是在老中青演员的调配安排、版本精选和演出场景的设计上不断适应观众的需要从而引起消费者的持续关注和观赏。从适合传统戏台的厅堂版折子戏演出，到适合大剧院的现代舞台版全本戏演出，再到适

---

① 郑震，《作为存在的身体：一项社会本体论研究》，南京：南京大学出版社，2007年，第190页。

② ［日］三浦展，《第四消费时代》，马奈译，北京：东方出版社，2014年，第100页。

合电视转播的实景版、影棚版影视化演出,这些不同版本类型的产品做到了精准满足消费者的期待和需求,从而维系着他们持续关注和感兴趣的动力。他们对于黄梅戏的消费,哪怕是同一个剧目、同一个版本,也常常出现日久弥新的情况。积极的消费态度使黄梅戏的传承人才辈出,在技艺观念上也与时俱进,成了传统剧目在当代长演不衰的典范。

二、消费知觉层次和人格要素

个人消费心理的知觉活动,首先是从感觉开始的。对传统造型艺术的感知,主要包括线条、色彩、体积等视觉信息。对传统表演艺术的感知,主要包括声音、动作、图像、影像等视觉听觉信息。消费者对艺术产品的选择,从感觉的层面来说,受到技术条件和感官信息与消费需求(动机)之间关系的制约。传统民族音乐爱好者购买唱片的行为,一方面与音乐记录和留存的技术有关,是物质载体对感官的限定;另一方面与音乐这种艺术形式主要作用于人们的听觉,人们又有调节情感情绪的需要有关。当人们需要使身心宁静时,选择购买古琴音乐碟片的行为比购票观看杂技演出的行为具有更大的消费动机。在传承的过程中,感觉信息对于消费者需求的影响往往体现在对感官形式的选择上。虽然"消费者的知觉就是消费者对商品的总体性认知",[①] 但艺术商品对感官的规定性是消费者选择对象的物理性边界。

京剧《三岔口》《九莲灯·火判》等武生、武丑、净角的剧目,动作信息比声音信息更为重要,因此相应的消费产品还是以影像记录和现场表演为主,很难以唱片或是广播节目的形式进入市场。对于大部分武行、丑角和净角演员而言,专门录制演唱的经验是不多见的。南京云锦传统手工艺的制作,从传统的服饰到传承创新的装饰品,除了突出色彩和纹样等视觉信息以外,质地的触觉也成了不可忽略的感觉信息。"在研究传统的基础上,云锦传人运用传统技艺,取其章法格局等程式,赋予新的内容,探索设计出既有云锦风格,又富有时代精神的新图案,如满地云纹雨花锦、金陵绸,以及和平友谊敦煌锦、妆花暗叠花锦、牡丹锦金宝地、普天同庆

[①] 杜心灵等,《消费者行为学》,北京:中国传媒大学出版社,2013年,第23页。

妆花缎等一系列高级装饰用云锦面料。"① 消费心理的感觉信息选择，有时也与信息的加工有关，会产生感官的转化或联觉。例如，音乐会带给人视觉的想象，在江南的沉浸式旅游体验项目中，古筝曲《渔舟唱晚》、江南丝竹曲《紫竹调》比二胡曲《赛马》更能够符合消费者的期待。在感觉层面的知觉活动之后，消费者对产品的信息加工心理活动进入认知、审美、道德等层次。获得知识、审美愉悦和道德崇高感有时是艺术消费的心理动机和需要。

2020年9月，故宫博物院推出了"千古风流人物：故宫博物院藏苏轼主题书画特展"，展现了与苏东坡艺术创作和人生经历有关的书画作品，包括苏轼本人的字帖、米芾的字帖、徐渭的绘画、苏轼人物像、朱耷的手稿、丁观鹏的图轴等。消费者购票观摩展览，既希望从书画艺术作品中体验美感，得到艺术熏陶，同时也试图通过艺术作品、手稿、解说词等信息了解一代文学家、画家、书法家的生平、历史意义和文化价值。这种属于明理、认知层面的心理活动，是传统艺术通过消费在文化传承上有所作为的重要现实路线。

道德伦理层面的知觉活动对于艺术消费来说，更多表现为一种被动的结果而常常不是主观的动机。2018年3月，北方昆曲剧院在梅兰芳大剧院首演《赵氏孤儿》。这部元杂剧的故事引起了观众对于"忠""义"伦理和人性的矛盾以及对复仇、残暴和反抗等社会秩序的反思。这种反省和理智的活动未必是人们走入剧场的消费动机起点，但确是消费活动引起的心理效果。从传承的角度来看，戏曲剧目在创作、表演技艺和风格上的传承以及人才梯队的建设固然是题中之义，但剧目在受众间和社会引发的理性认识和反省思考所形成的文化价值和思想价值在后代的延续和发展，同样也是应有之义。

《赵氏孤儿》的当代传承，不仅包含了剧本的改写、主创人员的再度演绎、舞台的设计和布置，同样也包含了观众、评论家、学者对于剧目在社会观念和伦理道德等方面的理性认识活动。这种认知活动由个体走向群体以后，就带有了上文谈到的社会消费心理的性质，能够体现时代的变迁。古人对《赵氏孤儿》的伦理认知，必然伴随着儒家思想的影响，而当

---

① 王宝林，《云锦》，杭州：浙江人民出版社，2008年，第152页。

代人则更多从经历了现代转型和社会主义精神文明建设、社会主义核心价值观弘扬的取向和立场出发。"(当代国内外的《赵氏孤儿》剧场演出，笔者按）侧重于为传统戏曲作品进行重新阐释，赋予现代意义，但具体做法却有很大不同，体现为：国外改编注重体现个体意识，地方戏改编更注重构建传统在现代社会的合理化。"[1] 消费知觉心理活动中的认知、审美和道德层面，通常决定了艺术传承与社会部门对接的通道。认知活动、道德活动使传承成为教育的一部分，审美体验使传承成为文化旅游、休闲娱乐的一部分。

传承通过消费进入人们的生活，从消费心理的角度来看，是无条件的、全面的、深入的。感觉和认知是个人消费心理活动的两个层面，也是传承在人们生活中发挥实用、审美、认知和道德功能的途径。

人格是具有动力一致性和连续性的自我，是个体在社会化过程中形成的独特身心组织和稳定心理特征，一般包括气质、性格、需要、动机、兴趣、理想、价值观等。消费心理中的人格因素包含了知、情、意等各个层面，与人的情绪反应、态度、道德等倾向都有联系。心理学上将人格划分为若干类型，影响较大的理论主要有希波克拉底气质类型、弗兰克·沙洛威的人格类型理论和艾森克的特质理论等。无论哪种人格理论，都肯定人格的功能性，即人格对行为结果的积极或消极的影响。也正是从这个意义上说，艺术的消费能够引起人格的功能发挥正向的作用。例如，对于胆汁质气质类型的人来说，易动怒和易兴奋是一个显著的特点。在秦腔折子戏《张飞闯帐》中，张飞不见刘备东吴招亲后回转，急切鲁莽，闯进军帐中质问诸葛亮。这一段表现人物急躁、冲动的戏码，配合秦腔高亢有力的演唱，具有极强的情绪感染力。对于胆汁质的观众而言，张飞的人格气质类型与他们具有相似性，他们会产生更强的代入感。但人具有反省和反思的能力，这样的情节反而会让他们认识到这种人格影响下的行为方式和可能带来的消极行为后果，从而警醒他们在现实生活中不能犯类似的错误。这是艺术消费心理在人格完善上发挥作用的基本机制，即运用人的反省能力和趋利避害的本能在潜移默化中引导人格的塑造，从而使人格在影响行为

---

[1] 陈杰,《经典戏剧作品的现代价值——21世纪戏剧舞台上的〈赵氏孤儿〉》,《戏剧》, 2020年第5期, 第145页。

方式时产生更多的积极作用。当然，这种作用效果未必是正向的。一首忧怨的乐曲有可能使一名心情低落、情绪烦闷的听众加剧他的抑郁。张飞的冲动易怒也有可能加剧胆汁质观众的躁动不安。但是，消费心理却使这种反向效果的可能性降到了最低程度。因为消费是有成本的，但"消费者对其自身行为进行控制不需要消耗成本。那么，这就意味着消费者可以容易地实现短期与长期的最优消费"[①]。只有当消费动机和消费需要足够能引起消费欲望时，消费行为才会产生。而艺术对人格的负面作用是不足以构成消费欲望的。

对于大部分消费者而言，他们并不倾向于在自己情绪不佳时刻意通过艺术消费让自己陷入更大的情绪低潮。换言之，艺术对人格的作用在大多数情况下只能以积极的方向进入消费欲望的层面。人们总是以积极的期待去付诸自己购买产品、观摩演出、参观展览等消费行为。那么，艺术对人格的正向作用又与传承有着怎样的联系呢？在中华传统艺术的当代传承中，艺术的创作肩负着艺术作品能够培养更完善、更健康的人格的使命，因而在内容的筛选、人物的塑造和时代精神的描写上尽可能突出积极向上的因素。"艺术受众会在选择艺术作品的过程中及时给予正向或负向的反馈，进而构建一个完整的艺术实践系统，这一反馈机制同样有助于艺术实践过程维持稳定和发展。"[②]江苏省昆剧院排演的现代戏《瞿秋白》，正是以革命情怀、坚定意志和社会责任为精神传递的内核，对观众起到激励、感召的作用。近年来入选全国美展的中国画作品，也越来越多地表现美丽乡村、美好生活和积极生产等昂扬、奋发和向上的现实题材。传承内容的时代书写与消费心理中的积极人格因素应当同频共振，这也是传承发挥教育大众功能的关键所在。

[①] 陈志芳，《大数据背景下心理因素的统计识别与测度研究》，北京：中国商务出版社，2021年，第72页。

[②] 王玲等，《对当代艺术实践中民族志方法的新应用及动向的反思》，《民族艺术》，2024年第3期，第126页。

第三节　群体消费心理与中华传统艺术的当代传承

群体消费心理包括年龄、收入、受教育程度、性别等个体心理活动之外的要素，反映了消费者在选择、购买、决策等消费行为中带有社群特征的心理过程，也可称为消费心理的人口统计要素。群体消费心理并不是游离于个体消费者之外的影响要素，而是以共同的社会规定性发挥作用的影响要素，是隐含着社会结构的消费心理。例如，考察年龄因素在传统套色木刻年画中对消费心理的影响，主要是对不同年龄层消费者对年画的消费需求、消费习惯和消费效果的分析，而不是对同一消费者在不同年龄阶段消费年画的差异化分析。

一、性别和年龄要素

从整体上说，随着收入结构的变化、社会经济发展面向互联网技术发展的转型以及传统社会家庭结构的影响，中华传统艺术在当代传承的成果的消费市场，40岁以下的青年人中女性占据更高的市场比例，而线下消费向线上消费的转向，也逐渐成为"互联网+"、数字经济和人工智能时代的总体趋势。2019年6月8日，恰逢我国"文化和自然遗产日"，由广东省振兴传统工艺工作站、唯品会公益联合艾瑞咨询、文木文化遗产技术服务中心共同发布了《2019年非遗新经济消费报告》。该报告显示，非遗消费呈现年轻化趋势，其中80后（出生于1980年以后的群体）为消费主力，90后增速明显。女性用户是非遗消费主力人群。非遗经济融入现代生活，将传统工艺与电商精准扶贫相结合，以实现其商业价值、促进非遗的活化和传承，推动非遗可持续发展的新经济模式。[①]80后、90后等群体逐渐成为国民经济创造者的中坚力量，年轻人收入的增加为他们更全面、更深入参与消费市场开辟了条件。

随着国家对增强文化自信的倡导和对传统文化价值的弘扬，年轻人对传统艺术的认同感不断提升。越来越多的年轻人将消费传统艺术看成社会参与感的途径，并从中实现文化自信。尽管当代中国的女性平权和妇女解放取得了前所未有的成绩，但受到传统家庭结构的影响，部分女性群体拥

[①] 参见《唯品会发布全国首份非遗新经济消费报告》，新华网客户端，2019年6月8日。

有比男性更多的自由支配时间，于是她们通过消费传统艺术来获得精神的富足或从中寻找消遣和娱乐的机遇。"互联网+"的经济发展战略使互联网技术在传统艺术的成果转化上产生了多元的形式，传统手工艺与电商的结合、传统表演艺术与网络视频的结合等新的市场平台使线上消费成为新的趋势。人工智能重塑了艺术家、作品、受众之间的关系，让人们重新思考主体性、物性、行动者网络等议题。消费者在使用ChatGPT、Sora、Claude的过程中，本身也成了艺术生产者，而消费既发生在使用AIGC的场景中，也发生在AIGC的产物流通活动中。

根据人民智库的一项调查显示，"青年群体对近年来传统文化复兴现象感知强烈，超九成受访青年认为，传统文化元素在生活中出现的情况越来越多。'传统文化+数字经济'正成为青年群体消费新时尚"[1]。中华传统艺术是中华传统文化的重要组成部分，是文化基因在青年群体中有序传承的感性形式。传统造型艺术与文创产品的融合，传统表演艺术在剧场业、旅游业的渗透，是青年群体在消费活动中获得感性体验的有效途径。"国家大剧院45岁以下的青年观众群占观众总人数的69%，其中学生群体占据了14.3%的比例。"[2] 近年来，国家大剧院在展演内容的供应上越来越重视传统艺术，不仅举办了大量传统戏曲、舞蹈、音乐专场演出，还以传统造型艺术为主题举办展览活动，吸引了包括年轻群体在内的广大传统文化爱好者。"戏剧场较多演出京剧、昆曲、越剧等中国传统戏剧、东西方优秀话剧……剧院有效整合了国内外一批优秀的艺术资源，打造艺术平台……涵盖了歌剧、京剧、话剧、舞剧等多个艺术门类。"[3] "国家大剧院东、西展厅迎来两大精品展览同时开幕。分别为东展厅的'绿水青山——国家大剧院第二届当代青绿山水作品邀请展'，西展厅的'锦绣京华——北京主题绘画作品展'……试图探索传统文化在当代展览中的创新型表达。展览分为'澄怀'、'观照'和'神往'三部分，标题皆出自中国古代

---

[1] 参见张捷，《"传统文化+数字经济"正成为青年消费者新风尚》，《国家治理》，2020年第4期。

[2] 数据参见刘笑冬，《国家大剧院："朋友圈"遍及全球，要成为没有围墙的剧院》，新华网客户端，2019年6月23日。

[3] 中国创意产业研究中心，《国家大剧院：提振首都文化消费的重要阵地》，《科技智囊》，2016年第2期，第53页。

画论，每个单元都将以其独特的艺术视角调动观众的感受力和想象力。"[1]消费者对传统艺术审美特征和文化价值的体会，往往最先通过形象的感知来获得，而年轻人在感官体验上通常更为活跃，他们对传统艺术传承的体认，最直接的方式就是消费活动。

消费心理的年龄因素还体现在以年龄或出生年代为依据的社会群体认同。"Z世代"在网络语言中通常指1995—2009年出生的人，与1965—1979年出生的"X世代"和1980—1994年出生的"Y世代"相对。"Z世代"的划分一方面强调了与"90后"这个关于年龄和人群概念的区别特征，另一方面也突出了互联网和"二次元"等身份标签。[2]"Z世代"对艺术的消费具有互联网媒介化的特点，弹幕网、短视频手机应用和其他网络平台成为他们对传统文化进行传承的意义建构和价值判断。对于传承本体层面的技艺、人才和作品体系而言，"Z世代"以符号化和解构的方式通过线上消费参与其中，并从中实现群体的身份认同。以近年来网络文学中玄幻、盗墓、仙侠等题材作品的影视改编为例。"Z世代"将传统音乐如古琴、箫笛等，传统服饰如宋代服饰、明代服饰，传统手工艺如团扇、香炉等文化符号作为传统文化的符号，热衷于此类题材影视作品的线上消费，在弹幕网和自媒体网络平台上通过对影视素材的剪辑成片、演奏乐曲和演唱歌曲等艺术加工行为参与到传统文化的体验和文化传播之中。同时，他们对此类影视作品中的上述文化符号自觉关注，自发地组织相关的社团并举行传统艺术的分享会、展示、演出等活动，拉动线下消费。

这些消费活动和创造行为，距离传统艺术传承本体的远近、是否存在对传统艺术的误读尚存争议，但构成了具有群体身份特征的文化延续性。"出圈""氪金""破壁"成为这一群体在消费传统艺术时的高频词。"Z世代"出生于物质充实、信息多元和自由开放的时代环境中，这一群体借用

---

[1] 《国家大剧院两大展览同时开幕，呈现中国传统文化魅力》，中国社会科学网，网址链接：http://ex.cssn.cn/ysx/ysx_ysqs/202104/t20210402_5323872.shtml，2021年4月2日。

[2] "Z世代"概念最早正式出现在1995年第5期《中国青年研究》杂志发表的短文《最新人群——"Z世代"的生存状态》。按照新中国成立的时间节点和世界上对人口代际的划分惯例，将1950—1964年出生的人口称为新中国成立的一代。此后每15年分别为"X世代"（1965—1979年）、"Y世代"（1980—1994年）、"Z世代"（1995—2009年）。1994年恰为中国正式接入互联网的年份。因此，"Z世代"具有互联网时代的显著群体特征，因而与"90后"这个通行概念有着本质的区别。

传统艺术的符号，在解构和重构意义的过程中不断进行着群体身份的确立。在此过程中，中华传统艺术的当代传承以文化现象和消费符号的形式不断延续，并与他们的日常生活融为一体。

二、收入和受教育程度要素

根据国家统计局公布的数据显示，2020年我国城乡居民人均可支配收入达32189元，其中城镇居民人均可支配收入43834元，农村居民人均可支配收入17131。从消费占比来看，教育文化娱乐消费支出绝对量为2032元，在收入中占比为6.3%。城镇居民教育文化娱乐消费支出绝对量为2592元，占收入比为5.9%，农村居民文化教育消费支出绝对量为1309元，占收入比为7.6%。[①]从数据来看，我国城乡居民在涵盖艺术在内的教育文化娱乐消费中占纯收入的比重不高。根据搜狐网的一项调查报告显示，"按国际惯例，人均GDP达到3000美元时，文化消费应该呈现井喷状态；而中国内地已超过7000美元（2018年，笔者按），可见文化消费市场是极度压抑的……瑞士银行最近公布，中国的中产阶级按人口数量来算是1.09亿，超过美国9200万的人数，由此推断，中国正在进入艺术消费的培育和爆发期……博物馆、美术馆、电影院、图书馆和书店成为中国艺术消费者最常去的娱乐休闲场所，而艺术展览、艺术博览会、互联网、书籍杂志是他们获取艺术消费品信息的主要来源。"[②]文化艺术消费市场还有着很大的潜力。传统艺术传承应当发挥更大的市场拉动作用。传统艺术在内容和形式上，都更容易引起消费者的共鸣，更具有文化亲和力。根据雅昌拍卖在2016年的统计数据显示，"2016年上半年中国艺术品市场处于下跌状态，总成交额为244亿元，但市场更多地关注中国主流传统艺术作品、能够反映时代精神气质和内涵的优秀艺术作品，关注人文情怀和格调高雅、富有民族特色的艺术作品"[③]。从城乡居民的教育文化娱乐消费占收入比也可以看出，除去统计路径和分类中教育消费所占比重的影响，城市

---

① 数据参见《2020年居民收入和消费支出情况》，国家统计局官方网站，网址链接：http://www.stats.gov.cn/tjsj/zxfb/202101/t20210118_1812425.html，2021年1月18日。
② 参见《艺术商业》杂志社，《中国进入艺术消费爆发期》，搜狐网，网址链接：https://www.sohu.com/a/240947076_804183，2018年7月13日。
③ 参见凤凰艺术网站编辑部，《中国艺术品市场的现状与趋势》，《公关世界》，2017年第2期，第44页。

居民和农村居民的收入和消费之间不存在绝对的正比例关系。

从收入情况这一人口统计因素而言，在消费心理结构中，收入只是保障艺术消费得以进行的基本条件，而不是决定性因素。"艺术消费与收入财富、教育程度、视野开阔、美学素养、生活态度等诸多因素都有着密切关系，而这些综合素质的培育需要时间……消费艺术品不仅仅是金钱收入的问题，而更多的是精神、理念和情感上的认同。"[1]另据雅昌艺术市场监测中心的一项报告分析，我国的中等收入人群在消费艺术品上表现得并不积极，"导致中国的中产阶级不消费艺术品还有一个最主要原因，中国社会的美育不够扎实，大多数的中产阶级从艺术教育水平来看远远不够……他们对于艺术的理解在大学甚至早在中小学以后就没有再变化过了，同时也是由于艺术教育课程，特别是鉴赏、品评之类的学识缺乏。他们仅仅是靠一些美术馆、艺术空间举办的展览，从讲解员口中去接受参展艺术家创作理念，接受这种最基础的普及艺术教育，却无法独立对艺术品进行深刻体会及鉴赏"[2]。可见目前的艺术消费市场，需要通过社会机制的完善来推动中等收入人群的消费能力，夯实美育的社会基础，在依靠传统艺术传承带动消费方面仍有很大的努力空间。

受教育程度也是反映中华传统艺术当代传承在消费领域的群体心理因素。2001年5月18日，昆曲被联合国教科文组织宣布入选第一批"人类口述和非物质遗产代表作"名录。在全国各大院团相继复排《桃花扇》《琵琶记》《牡丹亭》《玉簪记》等传统经典剧目的同时，昆剧的消费市场在缓慢复苏中也遇到了曲高和寡、缺乏关注的问题。昆曲在人们日常生活的经验中，常留下精雅文饰、长于用典的印象，容易给人造成难以理解的错觉，形成了消费市场的高门槛思维定式。事实上，昆曲在传承的道路上与民俗活动的关系颇近，也有大量明白晓畅、通俗易懂的作品。"吴江曲派"就曾与"临川曲派"并峙而立，提倡还原语言的本色，纠正辞藻骈俪、堆砌典故的案头之曲的弊端。

为了消除这种消费心理上的偏见，各大昆剧院团和社会各界的传承力

---

[1] 肖明超，《艺术消费不再正襟危坐，正在引领大众消费升级》，《界面新闻——趋势观察》，网址链接：https://www.jiemian.com/article/1100193.html，2017年2月7日。

[2] 潘慧敏等，《中国的中产阶级如何消费艺术品》，雅昌艺术市场监测中心网站，网址链接：https://amma.artron.net/observation_shownews.php?newid=429188，2012年3月10日。

量采取了与高校互动的举措。江苏省昆剧院以讲座和演出结合的方式，在东南大学、南京大学、南京师范大学等高校举办系列活动，很快获得了大学生对昆曲艺术的认可。知识分子对昆曲的亲近感在这些活动中逐步被培养起来。从最初的赠票与购票相结合，到一票难求的追捧和热衷，昆曲艺术的消费市场首先在大学生和知识分子之间奠定了群众基础，为开辟更全面的市场做好了准备。北京大学还在白先勇的倡议下，开设了昆曲课程，开展了文化周活动。"作为选修课，昆曲鉴赏课将向北大所有学生开放，每节课两小时，一学期共15节课，有2学分。北大文化产业研究院院长叶朗介绍，传承计划除了开设昆曲鉴赏课外，还将开展昆曲艺术学术研究，出版昆曲大师传记，举办昆曲讲座、研讨会，举办昆曲经典剧目演出和大师汇演，建设昆曲艺术数字平台和昆曲影像数据库，培养新一代昆曲艺术人才等。"[①]

当昆曲的传承在消费市场建立了有效的通道，并率先从受教育程度较高的群体获得认同感，形成口碑效应，昆曲艺术的消费就具有了持续的动力和高涨的热情。除了大学生群体在昆曲消费市场的构成中占据很大比例以外，他们对昆曲传承的主动参与程度也较高。在消费市场体认到了昆曲艺术的审美价值和文化价值以后，大学生组建昆剧社团，参与昆曲的课程，并策划和实施了针对昆曲的社会调研和考察活动。拍曲演戏、清唱彩串、社会实践、访谈调研等多种形式的传承活动成为非戏剧戏曲类专业大学生课余生活的重要组成部分。"京昆社已有21年历史了。建社初期，社员多在外学戏，后来在北昆演员张卫东的指导下，大学生们开始在校正规学习昆曲。与北大其他大的社团相比，京昆社人数不多，但骨干社员还是稳定保持在30人左右……而在华南，2004年成立的中山大学岭南剧社更是昆曲在南方高校活跃的重要一支，它包括京剧社、粤剧粤曲研习班和菁兰昆曲社，2012年中大举办首届非物质文化遗产节时，剧社青年上台与专业院团合作、邀请名家讲习，让人亲睹古老戏曲艺术的生机。"[②]

随着近年来高校对艺术教育和通识教育的越发重视，昆曲与大学生

---

① 牛春梅，《北大将开设昆曲选修课，昆曲首次走进高校》，《北京日报》，2009年12月10日。

② 余姝等，《大学生象牙塔内的昆曲今"生"》，中国戏剧网，网址链接：http://www.xijucn.com/html/kunqu/20121207/42307.html，2012年12月7日。

之间的互动并不是传统艺术传承与高校发生关联的孤例。各大高校纷纷组建了民乐团，大学生参与民族管弦乐的演出和观摩已颇为常见。传统曲艺演出、传统绘画展览进入大学，也已在全国各地呈现欣欣向荣的态势。传统艺术在高校和大学生之中的推广和普及，是打开更广泛消费市场的前奏曲。在一些群体中间预先获得认可、意识到价值，进而以部分群体带动其他群体，从而焕发艺术市场的生机，这既是发挥了消费心理的感染力和传递性的能力，同时也是传统艺术对大众的感召力和吸引力的明证。

此外，中华传统艺术当代传承的主体也会迎合消费心理的群体需要适时地做出市场的调整和安排。例如，在春节期间，各大戏曲院团会上演《龙凤呈祥》《五女拜寿》《大登殿》等充满喜庆意味的剧目。年画、木雕等传统手工艺也会在民俗节庆推出《郭子仪拜寿》《天官赐福》《灶神星君》等相应的内容，寄托美好祝福和愿望。在传统节日中秋，《白蛇·赏中秋》成为苏州评弹演出的必选曲目之一。自 2010 年以来，北京长安大戏院在每年 5 月 4 日举办青年节京剧专场演出，成为受到青年消费者欢迎的特别演出活动。自 2014 年以来，中国昆曲博物馆在每年 6 月 1 日举办"幸福像花儿一样"少儿昆曲专场演出，获得了以家庭为单位的亲子消费者群体的青睐。这些传承的主体和中介机构考虑到了消费心理中有关群体和家庭结构的因素，满足了个人消费心理中特定时间节点的特殊需要。

第五章　消费与中华传统艺术当代传承的本体维度和文化维度

就社会现实而言,中华传统艺术的当代传承可以体现为本体维度和文化维度。本体维度就是传承本身的对象化,主要包括人才、技艺和作品的前后相续和继承发展。本体维度与消费的关系体现为生产者、生产方式和消费产品。文化维度就是传承在对象化后于社会文化和价值意义方面产生的先后影响和因果联系。文化维度与消费的关系体现为消费者和消费文化。本体维度和文化维度不是彼此绝缘的关系,而是紧密联系的,有时具有一定的重合性。本体维度是文化维度的本源,文化维度是本体维度的延伸。离开本体维度,文化维度就成了无本之木。传承本身又存在于社会的文化系统之中,因而文化维度从广义上说又包含了本体维度。"一般来说,人类的文脉精魂蕴含在人类体现出来的文化现象中,它的神韵潜藏在人类创造的文明物像中。人类文明体现在物质成就上,就是看得见的文物成果,如建筑、发明、工程;体现在心灵中就是人类的精神气质,如哲学、文学、音乐、艺术……所谓历史、所谓传统,无非是指流传下来的文脉;所谓教育、所谓学习,无非是指要保留和继承自己的文脉。"[1] 从传承的对象化到传承意义的实现,即本体维度和文化维度的融合与统一,消费使传承和技术、经济、民俗、教育、伦理等社会构成发生了关联,并最终落实到文化的延续和发展上。

考察中华传统艺术当代传承的本体维度,就是回答我们从过去拣选了什么、保留了什么,又提炼了什么、增添了什么,以及我们是如何使之确然发生的,我们自身又经历了什么?考察中华艺术当代传承的文化维度,

---

[1] 国风,《文脉的传承——中国人的文化世界》,北京:东方出版社,2007年,第2页。

就是我们从过去到现在并展望未来,从中我们获得了什么,还期盼什么？从消费的角度认识本体维度,我们能够从中把握传统艺术如何在当代实现了从"创作"到"生产"的转化。从消费的角度认识文化维度,我们能够获知传统艺术如何介入并影响我们的生活。

第一节 当代消费语境下传承人的身份转变

中华传统艺术的传承人,就是保障传承得以有效进行的个体。个体与个体之间的联系以及由个体形成的群体、组织和运作系统,就是传承的人才体系。从传承的本体维度来看,传承人主要是指那些依靠学习、掌握和发展传统艺术技艺并沿革代表性作品的艺术从业者、创作者,如戏曲演员、曲艺演员、杂技演员、木雕手工艺人、国画师等。从传承的文化维度来看,受众也参与了传承,他们本身也是传承文化土壤和社会氛围的一部分。程砚秋"程派"京剧的票友无论是观摩戏曲表演、收藏戏曲唱片还是亲身参与京剧的学唱和彩串,这些活动也成了传统戏曲文化传承的重要组成部分。

一、作为生产者的传承人

传承的文化维度正是以距离较远、时间较久、润物无声、春风化雨的方式体现着传统艺术生命力的广度和厚度。传承的本体维度则以更为紧密和根本的方式延续和发展着传统艺术。传承人既包括以传统艺术为职业的个人,也包括在业余生活参与传统艺术有关活动的个人。职业和业余的区分,无论在历史还是当下,都不能成为传承本体维度和文化维度的划分依据。例如,书法在中国古代很长一段时间内都是自然书写,是文字记录和书面交流的需要,以公文、信札、书摘等多种形式存在。即便是魏晋以后书法迎来了艺术的自觉,文人常有以书法著称于世者,但职业书法家的形成是较为晚近的社会现象了。"实用是书法的先天禀赋,也是根植于文字书写自身的'基因'。"[①] 又如,明清时期的家班主人多为封建贵族中的文

---

① 王廷信,《从实用到审美看书法批评问题》,《中国书法》,2023年第12期,第183页。

人，他们"身兼剧作家、批评家和导演等多种身份"①，既关乎戏曲的本体传承，也涉及戏曲的文化传承。此外，戏曲家班、科班中的演员大多以演戏为职业，如同当前戏曲院团的演员也以演戏为职业一般。但谋求生计之道不会是一成不变的，舞台演出生涯也是有限的，在告别职业演艺生活以后仍然参与戏曲文化传承的业余生活，也并非罕见。因此，本体维度和文化维度的传承人之间没有绝对的分野，在实际的社会生活中，这两者之间往往存在着诸多交集。

从事职业化的艺术工作，是社会分工的产物。进入当代社会，传统艺术的传承人呈现出职业化和业余化的区分越来越明确的特征。消费社会的到来意味着艺术的生产直接面向市场，原本与艺术生产直接相关的民俗、教育、娱乐等社会活动都成了消费的推动力，间接地通过消费与艺术发生关联。换言之，艺术生产服务于这些社会活动，其中都或多或少地包含了人类的消费行为。在古代社会，传统艺术的传承人除了职业化身份显著的戏曲科班演员、民间手工艺人、宫廷画师和朝廷官办机构的歌舞演员等以外，还有被称为"士大夫"的文人。古代文人多没有明确的艺术职业身份，在诗歌、书法、绘画、戏曲等艺术门类各有所长或兼而擅长，并且形成了文人审美趣味，留下了艺术价值和文化价值较高的作品，在传承的本体维度和文化维度上都占有重要的地位。经过20世纪上半叶的现代化历程和新中国成立后对文艺的组织机构和制度的调整，科班、教坊等已不复存在，"士大夫"也成为历史。在当代消费语境下，传统艺术的传承人形成了职业和业余的越来越清晰的划分。传统表演艺术的职业演员，形成了音乐、舞蹈、戏曲和曲艺演员等职业身份，传统造型艺术也形成了画家、书法家、雕塑家、园林设计师、工艺美术师等职业身份，成了传统艺术本体传承的群体。而当代知识分子则与民众合流，成了传统艺术文化传承的群体。这两个传承群体反映了社会职业分工的明确化趋势，但彼此仍相互影响。

中华传统艺术的当代传承人体系实现了艺术教育和创作的分立，职业化传承体现在两方面：一是现代艺术教育中传统艺术有关专业的形成，如中国戏曲学院开设的戏曲表演、导演、编剧等分门别类的专业，中央美术

---

① 参见刘水云，《明清家乐研究》，上海：上海古籍出版社，2005年，第2页。

学院开设的中国画专业以及对人物、山水、花鸟等题材类型的专业细分。山东工艺美院、苏州评弹学校、河南项城杂技艺术学校等也将传统手工艺、曲艺和杂技等传统艺术纳入了专业教育的体系中。二是国家京剧院、北方昆曲剧院、浙江"小百花"越剧团、中国歌舞剧院等专业表演艺术院团以剧目创作和表演的形式推动着传承。过去戏曲科班"演教合一"、手工艺家庭传承的模式和宫廷画家的职业创作模式中虽然也兼有拜师学艺、口传心授的教育功能，但当代传承逐渐将教育和创作进行了有意识的分离。需要指出的是，当代的歌舞院团、戏曲院团、曲艺院团和杂技院团以及手工艺作坊中仍然存在着传统的拜师和传授模式，职业传承人的人才培养体系并没有全然为专业艺术教育所替代，而是共同发挥作用。

此外，政府在制度层面以"非遗传承人"的称号授予个人，也为传承人才的培养树立了正统化、合法化的标准。不仅如此，中国文艺评论家协会等组织的成立和各大媒体传统艺术评论专栏、专版的设置宣告了传统艺术文化传承的维度也出现了职业化的评论、批评人才，"专业性和贵族性评论家转向了社会学意义上的人民大众"[1]。当代社会传统艺术传承的职业细分与消费具有密切的联系。艺术专业院校人才培养的流向受到了消费市场的调节，而专业艺术院团的演出则依托于消费市场。传统绘画、书法的职业创作需要消费市场的滋养和补给，而传统手工艺的职业化传承也只有在消费市场才能获得持续的供养。这些当代传承的职业化分工虽然得有一定的条件获得政府的资金支持和制度保障，但离开消费市场的肯定和认可，将失去良性循环和持续运转的可能。"我们必须认识到，在文化生产的所有领域，经济的决定性都在发挥着作用——通过文化规定的制约、通过艺术政策的制订，甚至通过考虑文化产品的叫座率这层问题。"[2]在当代消费语境下，艺术的创作和接受活动成了艺术的生产和消费活动，艺术家也是生产者，受众也是消费者。而从传承的本体维度和文化维度来看，他们共同承担起传统艺术的当代传承，传承人的体系正是以职业的社会分工为基本构成模式的。传承本体维度的技艺和作品，传承文化维度的批评和

---

[1] 曹凌霄等，《当代文艺批评与21世纪的马克思主义美学》，《马克思主义美学研究》，2024年第1期，第72页。

[2] ［英］珍妮特·沃尔芙，《艺术的社会生产》，董学文等译，北京：华夏出版社，1990年，第59页。

传播，这些活动的开展在当代的消费语境下都形成了专业化的群体。这些群体又构筑了传承的人才体系。

中华传统艺术当代传承的职业化细分形成了一些新的工种，多从一种传统艺术门类因社会生产的需要而渐渐分化出来。戏曲和杂技表演，不仅出现了导演、舞美、灯光等职业分工，有些还成为艺术类院校的培养专业。刺绣、木雕、瓷器等手工艺为了适应机械化生产、计算机辅助设计和3D打印等技术干预的需要，出现了在手工流程和机器流程上的区分，一些对计算机或其他专业设备要求较高的流程任务就转移到了专门技术人员的手上。这些构成了传统艺术传承本体维度新的行业。行业的分化反映了消费市场对艺术生产社会化的需要，说明了传统艺术的当代传承人同时也是生产者。既然是生产活动，就不可避免地引起了合作与分工的出现。

从生产和消费的角度来认识传统艺术，也不是只有放置在当代的语境中才能成立。例如，从生产和消费的角度考察传统戏曲中的元杂剧，能够帮助我们把握传统艺术作为"精英的艺术"和"大众的艺术"是如何在艺术史中和古代社会存在的，也有助于我们理解"现代性"的特征和生成问题。"元杂剧的艺术生产，不仅有元曲家的心血和才华，广大艺人也功不可没，而元杂剧的重要消费群体是广大市民大众。元杂剧的传播和消费中，出现了某些具有现代性的大众文化和商业文化的特征。"[①]当代中国的消费社会特征使我们更清晰地看到传统艺术的传承在动因、面貌和路径上都有了新的变化，因而我们不能忽略从生产和市场的视野来观察这些变化。

传承人和传承的人才体系问题，在消费的视域下延展了涉及的范围。消费市场和社会化生产催生了上述新的工种，还关联了影视生产、音像产品生产、纸质出版物和海报设计等宣传和传播传统艺术的行业，这些行业虽然不一定直接从属于传承的本体维度，但对本体维度的传承人、作品和技艺等都产生了间接的影响，可以说是本体维度和文化维度的中间地带。电视生产提升了杂技舞台演出在服装造型、舞美灯光和场面调度上的效果，引导杂技艺术从更强调肢体语言和身体技巧的层面转向了更为全面的视觉和听觉的表达上。

[①] 钟涛，《元杂剧艺术生产论》，北京：北京广播学院出版社，2003年，第179页。

二、作为消费者的传承人

如果说作为生产者的传承人在职业分工的过程中更多体现出传承的本体维度，那么作为消费者的传承人则体现了传承的文化维度。而连接生产和消费的中介通道也孕育了新的与传承相关的行业。艺术经纪人、艺术评论家就在其中发挥了重要的作用。艺术经纪人或经纪组织（包括画廊、拍卖行）沟通了艺术生产者和消费者，是市场的中间环节。艺术经纪人以盈利为目的，通过市场法则和商业手段调节了消费者的购买行为，在客观上也塑造了传承的本体维度和文化维度的局面。例如，他们制造艺术家的风格标签，推行艺术观念，水墨山水、花鸟中泼彩技法的崛起就与张大千、刘海粟和侯北人等艺术家的实践与市场的推崇有关。当代书法中对甲骨文形态特点的仿拟风气也与书法市场的引导有关。艺术经纪人对市场进行干预的手段也包含了艺术评论。艺术评论是艺术接受活动的一种体现，以权威出版物的话语地位为突破口，引领了艺术消费活动的趋势。艺术评论的信息反馈对艺术创作也具有较大的影响，主要表现为创作者的题材选择、风格演变和产量。除了市场机制的艺术评论以外，诸如中国文艺评论网、《光明日报》《新华日报》《解放日报》等主流媒体的艺术评论板块和栏目也是重要的阵地。这些艺术评论更侧重在艺术传承的作品内容、风格技巧和价值观念等层面进行甄别、判断和批评，从而对创作进行引导和规范，并形成文化土壤和社会氛围。文艺评论"总是站在时代的潮头从故事人物甚至生活真实可感的细节中去洞悉历史与现实的本质特征"[①]。由于艺术经纪和评论具有信息沟通的功能，因而这些中介活动和行业也是传承本体维度和文化维度进行融合的途径。

有学者指出，中国少数民族的原生态艺术在传播和接受的过程中，往往是借助于文化经纪人的作用。这里的经纪人不仅仅是指将民族民间艺术导入市场的个人和群体，也指那些在推进保护和传承艺术、开发艺术资源上做出贡献的个人和群体。云南纳西族艺术的保护和传承，包括对民歌的整理和挖掘，对传统手工艺的展示和利用以及对口头文学的记录和编纂等，以灌制唱片、翻译和出版书籍以及制作工艺品等方式在传承的本体维

[①] 李明泉，《中国文艺评论话语体系建构的理论根基》，《中国文艺评论》，2024年第1期，第18页。

度和文化维度上都起了一定的作用。这些传承成果有些还通过"文化经纪人"传播到了海外。①

消费者在传承的文化维度上使自己的身份转变为传承人，一方面是以业余活动的方式参与传承，将兴趣爱好和精神需求结合起来。从花费较低的购买戏曲曲艺唱片、画册、字帖和音乐舞蹈视频产品到花费较高的接受专业人士甚至名家的训练和教育，消费行为从传承的文化维度逐渐向本体维度靠近。或者说，消费行为在传承的两个维度上有着不同密度的分布。消费者的需求和习惯也会对传承的本体维度产生直接的影响。

新中国成立后，消费者对艺术的消费中蕴含着对交响乐、芭蕾舞剧等西方通行艺术形式的需求和渴望。在这样的内生动力下，对传统艺术进行改造，或是吸收传统艺术的元素创造出能够跟西方主流艺术形式相接轨的艺术作品新模式就成了不可避免的尝试。民族歌剧《小二黑结婚》、京剧现代戏《沙家浜》、民族芭蕾舞剧《红色娘子军》等一批融合了西方艺术样式和民族、传统艺术元素的作品应运而生。这些作品有一些成了"样板戏"，具有典型的意义和特征，也获得了消费者的认同和欢迎。"'样板戏'音乐时代特征的彰显是通过唱腔和背景音乐旋律的现代化实现的，而主要不是通过'贴标签'的方式来完成的。剧目的主题音乐、人物的主题音乐与剧种原有的音乐语汇实现了深度交融，因而剧种特色鲜明，但又具有不可重复的个性化特征，与可以反复套用的传统京剧音乐有明显区别。"②这种在形式、技巧和风格层面改造和发展传统艺术的路线，可以说是传承文化维度围绕着本体维度有所突破、改革创新的有益之举和成功实践。

传承并不意味着对传统的固守和保持一成不变。传承有时需要不破不立的精神。"一时期的风气经过长期而能持续，没有根本的变动，那就是传统。传统有惰性，不肯变，而事物的演化又迫使它以变应变，于是产生了一个相反相成的现象……传统不得不变，因此规律、习惯不断地相机破例，实际上作出种种妥协，来迁就演变的事物。"③传统艺术的规律和习惯在"五四"运动后受到了西方技术、文化和观念的冲击，而在新中国成

---

① 参见［英］李海伦，《民族文化与文化经纪——国际舞台上的纳西族表演艺术》，《民族艺术研究》，2020年第6期，第135—136页。
② 郑传寅，《戏曲"现代戏"的历程》，《中国戏曲学院学报》，2019年第3期，第17页。
③ 钱锺书，《七缀集》，北京：生活·读书·新知三联书店，2019年，第2页。

立后，人们生活方式又通过消费向传统艺术提出新的要求而改变。从这些"样板戏"在消费市场的成功来看，一方面与宣传、引导等外部干预的因素有关，另一方面也与消费者的现实需要和传统艺术从内容到形式的发展需要有关，是传承本体维度和文化维度两个层面的共同体现。民族化的交响乐、歌剧和芭蕾舞剧等艺术形式，不仅是传统艺术在作品、技艺和风格等层面的开拓和发展，也培育了与此相对应的受众，形成了新的文化现象。无论是创作还是接受，生产还是消费，艺术家还是受众，都是一种新的实践路径和接受体验。

第二节　作为特殊商品的中华传统艺术产品

如果我们把艺术看成一种社会生产，那么艺术作品就是一种特殊的商品。这种商品的特殊性不仅在于更偏向于满足人们的精神需求，还在于能够实现教育和社会交往等功能。艺术的生产必然需要消耗资源，作为商品的艺术作品也会经历运输、消费等环节，这些都与经济活动有着不可分割的联系。乐山大佛的修建、《溪山行旅图》的绘制、《兰亭集序》的书写、祁彪佳家班的昆曲表演、古琴曲《酒狂》的演奏……这些传统艺术的创作本身就是一种关乎经济的行为。宣纸的消耗、古琴的制作、戏服的置办等，这些都需要依托物质消耗和经济投入。创作完成以后的诸环节，如沧浪亭的修缮，《清明上河图》的收藏和保存，砌末箱、行头和乐器的运输，等等，这些也都离不开经济的保障和支撑。

更重要的是，消费作为社会再生产的最终环节，任何传统艺术的功能实现都与消费环节有着密切的联系。木刻年画要实现民俗的功能，离不开人们的购买、张贴和布置。使用年画，本身就是一种消费行为。戏曲要实现教化的功能，也离不开人们的观摩。即便是阅读戏曲文本、观赏戏曲绘画，也都是消费行为。因此，传统艺术的创作和接受，传统艺术产品的生产和消费，首先是一种经济活动。换言之，要实现传统艺术的文化功能，是无法摆脱经济活动本身的。而文化功能的实现，又是传统艺术产品作为一种特殊商品存在的依据和标志。

"艺术产品不是简单的商品。它们不具有明确的实用价值……艺术世界，是用一种极端复杂的方法来确定艺术产品的价值的。他们依据文化和艺术习俗行事，其中产生的意义都拥有深厚的社会根源……艺术市场是在一个广泛的价值系统内运行，是非实用性的商品的定价体系。"[1] 从传承的本体维度和文化维度来看，有关传统艺术的作品、技艺和风格等本体维度的传承与生产的关系更为密切，而有关传统艺术社会功能和价值的实现等文化维度的传承则与消费的关系更为密切。正如本体维度与文化维度不可绝然分离一般，生产与消费也同样不可分割。生产和消费相互依存。传统艺术产品的生产，本身就包含了生产资料和劳动力的消耗，需要劳动者付出技艺、时间和体力，而对传统艺术产品的消费，又使劳动者获得休憩、精神愉悦和社会价值，从而生产出积极性、主动性和创造性。

一、中华传统艺术产品的消费层级和当代传承

传统艺术产品作为一种特殊的商品，可以划分为表层、中层和高层的消费。对中华传统艺术产品的表层消费，主要是指对劳动者（传承人）凝结在商品中的技艺、创造力和时间所形成的形式结构的消费。这种消费指向消费者的感官和知觉，包括对造型艺术的线条、色彩、构图和质地的感知，诉诸视觉和触觉。也包括对表演艺术的肢体、动作、声音和画面的感知，诉诸听觉和视觉。而在当代传承的艺术新作中，嗅觉、味觉也成了艺术消费的知觉要素。"在一些艺术活动中，味觉和嗅觉被提升至中心位置……艺术不必限于视觉和听觉。唯一可辨识的模式是，复杂社会中相对更难理解的审美系统，倾向于将少数感官模式分离出来并展开思考，而其他的感官模式则被忽略，或者只进行简单的类比。"[2] 表层消费与传承的本体维度相关，体现的经济价值虽然不能等同于传承效果，但在一定程度上也决定了传承是否能够有序进行。表层消费的经济价值首先体现在创作耗费的工夫，即劳动时间。一方面，传统艺术的不同门类存在着在创作时间上的天然差别，这是由艺术门类的媒介特点和创作规律规定的。书法讲

---

[1] [英]贾斯汀·奥康诺，《艺术与创意产业》，王斌等译，北京：中央编译出版社，2011年，第37页。
[2] [美]理查德·L.安德森，《卡莉欧碧的姐妹：艺术哲学比较研究》，刘先福等译，北京：文化艺术出版社，2023年，第454—455页。

究一气呵成,自如挥洒,雕塑艺术讲究细致雕琢、如履薄冰,而戏曲、舞蹈、杂技和曲艺等表演艺术则是转瞬即逝,不断进行着二度创作。另一方面,无论是传统艺术的何种门类,都强调积累和养成,技艺的提升均需经过长期的训练,追求融会贯通、炉火纯青。这些差别导致了一张戏票和一枚核雕在市场价格上的差异。

表层消费的经济价值还体现在创造力的涌现上。传承需要因循,但同样需要突破,正所谓继往开来。任何一门传统艺术,都需要变法和发展。拓展新的题材、寻求新的手段、运用新的语言,有时凭借灵感的乍现,有时凭借频繁的试错。对于传统艺术产品而言,既要能符合正统,彰显高古,又要能契合时代,显现新变,即所谓守正创新。从表层消费来看,中华传统艺术的当代传承需要传承人经受专门的教育和训练,在技艺层面不断提升,经过长期的实践,在意识上达到新的境界,从而在技艺和功夫上有所突破。但是,这仍然无法解释为何同一题材的绘画甚至同一内容的书法在技巧上都显得颇为娴熟,在意识上都显得颇为先进,在市场价格上却悬殊。中华传统艺术产品的经济价值,除了上述决定因素以外,还受到艺术体制的约束,包括习俗、话语权和市场机制等。这就涉及传承的文化维度。艺术家的产量多寡,是否在艺术评论上获得褒奖,是否赢得了受众的口碑,是否得到了业内人士和学术圈的认可和追捧等,这些关于社会机制和艺术体制的要素同样也影响了商品的市场价格。例如,数字技术消解了传统表演艺术的即时性、集体观摩性,实现消费者的"指数级跃升","传统的以成本为导向的定价方式基本隐退,以价博量的渗透定价策略成为主流"[1]。这一价值决定因素虽然已非表层的消费所能涵盖,但仍然依托于产品的形式。中层消费和高层消费在其中扮演着更为重要的角色,而涉及传承的问题,也从本体维度上升到了文化维度。

对中华传统艺术的中层消费,就是从对艺术产品的形式消费进阶到功能消费。"(艺术的商业化、大众化消费的转变,笔者按)艺术标的不再是让人顶礼膜拜的藏品,它是'参与感'多元化产物,这种多元化功能包括

---

[1] 赵艳喜,《成本隐退:我国舞台艺术线上演播定价策略与形成机制》,《艺术学研究》,2024年第4期,第135页。

装饰、收藏、审美、投资、社交、营销、实用、休闲以及能力提升。"①中华传统艺术在当代的传承,其价值是依靠消费功能来实现的。表层形式消费背后体现的产品的经济价值,正是装饰、收藏、投资和实用等功能的前提,而审美、社交、休闲和能力提升等功能则呈现了传统艺术产品的文化价值。

　　云南傣族的传统孔雀舞带给消费者美的观感和体验,消费者从中获取了精神补偿。京剧爱好者以彩氍的形式交流学习心得,探讨对传统文化的感受和反思。音乐学院的学生通过观摩民族管弦音乐会来提升自己的专业素养,锻炼听觉能力和审美判断力。这些消费功能都不仅仅停留在作品形式本身,也与他们的社会交际、休闲娱乐和学习生活等活动连接在一起。从传承的角度来说,这些都是文化维度的触发和体现。消费者本身没有参与这些传统艺术的生产,但在消费的过程中充当了文化的传播者和艺术的接受者角色,这也是传承的应有之义。传统民族舞、京剧和民族音乐的文化价值正是在这样的消费活动中得到了确证。不仅如此,这些超越了产品形式的中层消费也影响了艺术生产,因为消费者从中获取了技能、观念和熏陶、教育,对他们从事舞蹈表演、京剧演唱和乐器演奏也具有再生产意义上的提高作用。消费者中的专业学习者和爱好者,面临着从消费到生产的转化。需要指出的是,表层消费和中层消费不是一种平行的分类关系,而是一种消费的层级。中层消费中艺术产品社会功能的实现,必须建立在表层消费对形式进行感知、接受和体验的基础之上。

　　当消费转化为生产,或者说消费意味着生产的真正完成,那么在这个层面上,对作品的接受就是进入了高层消费的阶段。"真理进入作品的设立是这样一个存在者的生产,这个存在者先前还不曾在,此后也不再重复。生产过程把这种存在者这般地置入敞开领域之中,从而被生产的东西才照亮了它出现于其中的敞开领域的敞开性。当生产过程带来存在者之敞开性亦即真理之际,被生产者就是一件作品。"②对传统艺术作品的"物"的形式和精神内涵进行接受,从而艺术作品的创作才真正完成,生产的完成是以消费的完成为标志的。这一层面的消费就是高层的消费,是生产和

---

① 桑子文等,《互联网+、文化消费与艺术电商发展研究》,《山东大学学报》(哲学社会科学版),2016年第5期,第43页。
② [德]海德格尔,《林中路》,孙周兴译,北京:商务印书馆,2020年,第54页。

消费的转化。从这个意义上说，越剧《红楼梦》的生产是以消费的完成为前提的。消费者在观摩了演出之后，学习越剧的唱腔、练习经典的片段，这才使越剧《红楼梦》真正成为产品。而消费者在欣赏演出之后产生的各种精神愉悦和情感体验，正是产品确立的明证。

换言之，在艺术作品的"物"的层面实现了其社会功能，包含了受众的感知、认识和体会之后，生产和产品才得以成立。此时，传承的文化维度就消融到了本体维度之中，二者的界限也已消失。正如天津杨柳青年画只有进入千家万户，成为人们民俗生活的一部分并发挥功用时，无论是形式的色彩、线条和构图还是风调雨顺、年年有余的祈愿，都成了生产得以完成、作品得以成立的前提条件。在高层消费中，中华传统艺术的当代传承已无法区分纯粹的技艺、形式、风格、内容和社会价值、文化意义之间的差别，而是同时构成传承得以实现的条件和内涵。传承的本体维度和文化维度的分野也消弭于高层消费之中。

二、中华传统艺术产品的技术镜像消费与当代传承

与艺术产品不同，日用品和其他产品的消费往往在经历生产技术革新后，呈现新旧交替的局面，原有的产品被运用新技术的产品所大量甚至全面取代。智能手机的普及使原来的按键手机成了关爱老年人的专属市场。洗衣液和洗衣凝珠的出现也使洗衣粉的消费日渐衰退。作为特殊商品的中华传统艺术产品，却在与技术发展的碰撞中不断形成镜像式的消费，运用新技术的产品与基于原有技术的产品并存共荣，甚至成了传承的一种有效路径。在套色木刻版画技术成熟以后，原本宫廷、家班和民间的戏曲表演获得了新的产品形式——戏曲年画。而木刻版画技术与出版业的结合，则催生了戏曲文本的插画出版物。到了20世纪初，电影作为一种新的技术引入中国，戏曲电影又成了新的艺术产品。尽管宫廷戏曲和家班随着社会变迁而逐渐退出了历史舞台，但戏曲电影、戏曲唱片、戏曲广播等新产品的涌现，并没有造成传统戏曲演出产品的消亡，戏院、剧场、茶楼的演出仍然是戏曲消费市场的主体。技术的进步并没有取代戏曲作为表演艺术在产品定位上的时空特性，而是拓宽了戏曲的产品形式，并以印刷出版物、音像制品和信息产品的形式构成了镜像式的消费市场。"图像文化，尤其是动态图像文化，由于它们通过图像作用于情感，从而已经并将继续对表

述与价值系统施加深远影响。"① 技术发展带来的消费革命，使中华传统艺术当代传承本体维度的外延不断拓宽，而文化维度的传承也具有了更大的活力。

无论是传统表演艺术还是传统造型艺术，曲艺、杂技、书法、绘画、雕塑和手工艺等，都因技术的赋能而产生了产品消费和镜像产品消费的区分。书场的曲艺表演和曲艺唱片、网络曲艺视频，书法的原作和书法作品集出版物、书法印刷复制品，诸如此类，共同构成了中华传统艺术产品的当代消费。传承的本体维度延伸为剧场的杂技表演和杂技电视节目、杂技音像制品的共存互补，而凭借技术进步提升的传播效能，则成了传承的文化维度发挥艺术社会功能的引擎。

"一部艺术史，就是表达技术手段不断更新、丰富和完善的历史，我们可以把平常的、没有危机的发展定义为充分利用和掌握这些手段的过程，定义为能力和意愿、表达的可能性和目标达成的和谐平衡。"② 技术赋予传统艺术新的产品形式，这本身就是艺术生产的目标与手段、结果与过程、意愿和表达之间的关系。2017年公映的京剧电影《四郎探母》就是运用4K高清技术对京剧舞台表演的呈现和记录，现代声光电技术和音响技术效果等，都是对传统京剧传承和发展的电影化产品再生产。新技术是保护、传承和革新的手段，也是为了更符合电影大银幕观看需求的表达方式的调整和优化。京剧电影《四郎探母》是传统舞台表演的镜像产品，而京剧市场的消费既包含舞台演出产品，也包含京剧电影、京剧唱片、线上京剧视频、京剧广播等在内的其他镜像产品。传统京剧的当代传承，正是在技术革新作用于艺术生产后形成的产品消费和镜像产品消费的相互联结之中进行的。镜像产品的消费不仅是传承的文化维度，是关于传统艺术的意义书写和价值传递，也是传承的本体维度在表达方式和手段方法上的转变和延展。

艺术产品是一种特殊的商品，还表现在人们通过消费艺术产品来把握世界，并改造自我与世界的关系。"艺术消费是通过对艺术产品提供的审

---

① [法]让·拉特利尔，《科学和技术对文化的挑战》，吕乃基等译，北京：商务印书馆，1997年，第124页。
② [匈]阿诺尔德·豪泽尔，《艺术社会史》，黄燎宇译，北京：商务印书馆，2015年，第477页。

美艺象的观照、体验、理解和再创造的审美实践活动……（艺术消费，笔者按）丰富用艺术的方式掌握世界的能力的同时，享受体验自我、确证自我、完善自我、获得心灵宁静和自由的审美愉悦过程。"①由于世界的复杂性和人自身的复杂性，艺术消费的产品对象正是在与技术结合的过程中不断生成镜像，从而以更为丰富、多元的形式来把握世界和人自身。中华传统艺术在当代迎来了机械印刷、机械化大生产、无线电技术、电影技术、电子信息技术、互联网技术和人工智能等多种技术发展与其结合的契机，以更为多样的产品形式借助消费对人们需求的满足和功能的实现来为传承提供动力。传承的文化维度中的技术要素使新的产品生产形式进入了本体维度之中。以传统曲艺为例，广播书场、电视书场、曲艺音像制品和曲艺在互联网上的各类产品都成为曲艺新的生产形式，不仅作为传统曲艺的传播力量在传承的文化维度起到推动的作用，还逐渐成了本体维度中传统曲艺的新创作模式和培养人才的新流向。

从这个意义上说，技术革新促进了中华传统艺术当代传承文化维度中的产品生产和消费转向了本体维度，从而使两个维度之间的界限形成了一个动态拓展的过渡地带。也正是技术在传承中的赋能，使艺术生产和消费的相互关系发生了变化。"生产直接是消费，消费直接是生产，每一方直接是它的对方。"②黄梅戏的爱好者在观看舞台演出或戏曲电影《女驸马》后对《谁料皇榜中状元》的学唱、练习和排演作为一种技术镜像消费，又成了票友、曲社的生产行为。生产和消费在这样的对立统一中，在传承的本体维度和文化维度之间移动。黄梅戏唱片和电影《女驸马》本来是新技术手段与传承结合产生的产品形式，是黄梅戏文化传播的价值实现。但消费者在学习、训练和排演之后，也成了黄梅戏的生产者，他们也拥有了新的受众和消费者。文化传播内化到了传承的产品生产、人才培养和剧目创作之中。

另一方面，传统艺术产品的消费者在商品流通的过程中满足了需求、获得了补偿。"经过艺术流通，为消费者提供艺术商品的使用价值，满足艺术消费的需要；经过艺术流通，实现艺术商品的价值，补偿和满足艺

---

① 顾兆贵，《艺术经济学原理》，北京：人民出版社，2005年，第407—408，293页。
② ［德］卡尔·马克思等，《马克思恩格斯全集》，中共中央编译局译，北京：人民出版社，1995年，第9页。

生产过程中艺术物化劳动的消耗和艺术劳动支持的正常经济需要，使艺术生产获得再生产的条件和物质基础。"[1]在书画艺术市场，消费者购买传统艺术的书画作品，补偿了书画生产者的劳动消耗和经济需要，从而为再生产创造了必要的条件。有些书画作品因为名家名作，在艺术品市场中具有高昂的价格。机械印刷出版物的画册、作品集作为技术镜像消费构成了传承的文化维度，但在消费实现了补偿和需求满足之后，也成了再生产的一部分，演变为传承的本体维度。书画爱好者在购买这些出版物后进行练习和创作，以新的产品形式和作品获得了属于他们的消费者和受众。

第三节　消费视域下传承的个体性与社会性

传承既是一种单一个体的行为，也是一种复杂的社会性活动。中华传统艺术的当代传承正是在两端所形成的区间中游移。传承首先是从个体的模仿、练习和规训开始的。戏曲、曲艺和杂技等表演艺术强调的身段、步法、说表等，都在传承活动之初强调规范、标准和到位。绘画、书法和雕刻等造型艺术的临摹、笔法、刀法等，也强调恰到好处的力度和正确的走势。进入提升和变通的阶段，也仍然依靠学习者的个人悟性、掌握和运用，都是一种个体性的传承行为。与此同时，传承又总是在集体活动中进行，与个人所处的社会关系无法脱离，并非在孤立绝缘的状态之中。传承固然涉及师徒关系，而师徒关系也往往不是局限在一对一的传授和学习，于是形成了同门、隔代等横向和纵向的关系，以此保障传承的代际性和高效运转。即便是纯粹个体化的学习和养成，也无法摆脱社会环境和文化背景影响的痕迹。关于个人的传承案例，也是在对社会文化资源的吸收中得以完成的。"作家也需要素材、需要成为一个精通文学的人，需要从对文化传统和习俗的了解中获益（尽管他们在这些方面不需要被'培养'，但芭蕾舞演员和画家就需要这样做），而且，他们还需要接触出版者和印刷者，那么，他们也就要受到编纂者的影响，同样，他们还（可能）要受到

---

[1]　顾兆贵，《艺术经济学原理》，北京：人民出版社，2005年，第407—408,294页。

文学批评家的影响。"① 由此可见，传承不是一种封闭的个体行为，而是一种开放的、社会化的集体活动。

社会关系的制约不仅体现在传统文化和社会现实对个人传承行为的潜移默化的影响，还体现在传承活动所依附的人际关系和生产环节上。新中国成立以来，昆曲艺术的当代传承培养了"继"字辈、"承"字辈、"世"字辈和"盛"字辈等艺术家，他们之间在学艺、表演和推广上多有互动，同时又与作曲家、笛师、编剧、妆发等传承人有合作和交往。不仅如此，他们的表演还要接受观众和评论家的议论和反馈。从最初的学习、训练，到后期的创新、发展，整个传承的过程都在个体化行为和集体活动中前行，而传承的本体维度和文化维度也正是在这样的进程中彼此交融、渗透。

从本体维度来看，技艺的精进和作品的创作依靠个体化传承行为的开放性吸收和汲取，并在与社会生活有关消费场景的连接中得到评价。木刻版画工艺流程的改进和完善离不开民俗活动的应用和检验，而书法、绘画的技艺提升和风格确立也离不开艺术市场的偏向性选择和艺术评论活动的导向和调整。"随着以技术品质为判断依据的传统标准的衰退，对艺术的新的评判标准将由学术研究给出，艺术生产的评估特别是当代艺术生产，开始越来越多地依赖于市场策略，即通过逐渐地经营艺术家品牌而获得艺术品的附加值，这往往比起作品的内部价值更加重要。"② 对技艺、品质、风格等内部价值的关注逐渐在消费对传承的干预下向注重品牌、社会效应等外部的价值靠拢。这也体现了个体传承和集体传承的统一关系。从文化维度来看，传统艺术的精神价值和意义建构依靠集体化的传承活动，尤其是生产和消费在劳动力、生产资料、消费者和再生产之间的关联中进行。"艺术消费为艺术生产提供目的和动力，制约着艺术生产的内容和规模。"③ 浙江湖州的竹笔制作工艺、安徽歙县的徽墨制作工艺、安徽泾县的宣纸制作工艺和广东肇庆的端砚制作工艺等，都是书法传统艺术社会化生产的体

---

① ［英］珍妮特·沃尔芙，《艺术的社会生产》，董学文等译，北京：华夏出版社，1990年，第42页。

② ［意］阿莱西娅·左罗妮，《当代艺术经济学：市场、策略、参与》，管理译，大连：东北财经大学出版社，2016年，第136页。

③ 林日葵，《艺术经济学》，北京：中国商业出版社，2006年，第119页。

现，也是个体化传承的重要生产资料，同时也成了书法家在消费者和生产者身份关系转变的中间环节。书法家在消费笔、墨、纸、砚的过程中实现了再生产。而书法作品的运输、展陈、交易和品评，也依托于艺术市场、艺术展览和媒体报道等社会活动，书法艺术在消费和传播的过程中体现了传承的文化维度。

一、传承的个体性与消费的连接作用

本体维度的传承往往是从个体行为开始的。书法的行笔、绘画的挥毫泼墨、雕塑的打磨削刻、戏曲的身段步法、曲艺的说表、舞蹈的肢体动作、音乐的发声演奏等，都是以个人的某一种行动为基本单位。技艺的传承就是在这样的动作叠加、延伸、变化和积累的过程中逐渐发生的。人才的培养也是在个体传承的标准化、规范化和体制化的过程中逐步完善的。风格的形成通常是针对艺术家个人的特征进行描述和概括，或是对个体传承达到一定数量时共同呈现的地域或群体特征进行的提炼。可以说，个体传承是中华传统艺术当代传承本体维度有序进行、有效运转的起点。同时，传承又不能止步于个体的活动，必须与他人和社会发生关联，于是就形成了传承的文化维度，个体传承也就转变为集体传承。集体传承寓于个体传承之中。无论师徒传承、集体创作、材料供给、传播中介、评论反馈等与传承相关的环节和活动如何以一种整体性的社会关系协同作用，传承都是以个体的行为活动来展开的。但是，个体传承可以通过消费活动与他人和社会形成连接，这就使传承的本体维度和文化维度实现了融合，主要体现在以下两方面。

第一，消费连接了艺术生产和生产之后的各个环节。对造型艺术而言，生产、保存、运输、收藏、流通、展示和使用共同构成了传承的社会图景。传统木刻版画的传承，并不是在手工艺人进行木版的绘制、雕刻和印刷后就完成了使命，而是一直延续到消费者在节令和人生礼仪等民俗场景中使用这些产品，寄托纳福消灾、风调雨顺的期望。在功能性、活态化的传承过程中，正是消费将版画的生产、运输、销售和使用连接起来。在创意经济的影响下，如今的版画消费还出现了功能的转型，人们消费版画的创意产品，已不仅仅是民俗文化的体现，也是与旅游、娱乐和教育等结合，体现了版画传统艺术的多元文化价值。"在年画被广泛应用于百姓生

活、生产方方面面的同时，其还渐渐具有了'成教化、助人伦''指鉴贤愚、发明治乱'的教育功能。"①在这样的社会图景中，版画的创作、使用和文化体验都是以个体活动来展开的，虽然动机、方法和效果不尽相同，但都是通过消费连接起来的。对表演艺术而言，虽然演出是转瞬即逝的，但通过技术手段进行记录、加工和传播同样依靠消费建立起联系。在演出前，创编和排练是由演员、导演、编剧等不同工种的人员合作进行的。这些集体生产的艺术作品需要相互之间的磨合、协作，最终统一于现场的演出之中。而集体观摩的消费活动也是年龄、身份、性别和需求各不相同的消费者因演出的此时此地性而凝聚在同一时间和同一场地。演出延伸产品的拍摄者、制作者和传播者各司其职，次级消费者也大多是不同于现场观摩者的个体。这种由个体到集体的传承活动，也是传承的本体维度和文化维度相互融合的体现。"艺术品——正如其他任何产品一样——创造了向往艺术并能欣赏它的美的公众。因此生产不仅为主体创造了客体，而且为客体创造了主体。"②在此过程中，传承不是仅仅停留在主创人员的组织、练习和表演中，而是通过消费与观众、媒体机构、音像出版机构和网络主体等连接起来，使表演艺术在时间和空间上更为全面地与社会发生了关联。"尽管艺术家们对于他们作品能满足人们未来的审美理念充满自信，他们会采用一些方法延长其作品的风格持久性。物理的持久性属性确实会影响视觉艺术家的命运，因此艺术家会始终思考此因素。"③在时间上的持久性和在空间上的自由性正是传承的本体维度向文化维度延展的表现。

第二，消费延展了传承的时空，将个体的行为引渡至更广泛的社会关系中。参与传承的个体在整个传承体系中所处的地位和位置是不同的。相较于宣纸工艺的制作者，画家与传统国画艺术传承的距离更近。但绘画的传承也无法离开材料工艺制作的传承人，这是据传统艺术门类的本质和区别特征而言的，至少绘画不会因为依赖于纸本等特殊材料的手工艺而将它定位为传统手工艺的一部分。同样地，相较于司鼓司笛的乐师，在剧

---

① 孙璐等，《清代以来扬州木版年画体系独立性研究》，《艺术百家》，2019年第5期，第182页。

② ［匈］阿诺德·豪泽尔，《艺术社会学》，居延安译，上海：学林出版社，1987年，第107页。

③ ［美］理查德·E.凯夫斯，《创意产业经济学：艺术的商品性》，康蓉等译，北京：商务印书馆，2017年，第458页。

目中亮相的演员与戏曲传统艺术传承的距离更近。但戏曲的传承也无法离开乐队的伴奏，戏曲音乐也同样需要传承。这会让我们认为戏曲是一门综合表演艺术，而不是音乐艺术的一种亚类型。个体在整个传承体系中的位置，也反映了传承本体维度和文化维度的差异。处于更为中心位置的传承更偏向于本体维度，而相对处于边缘位置的传承则偏向于文化维度。需要指出的是，个体在传承体系中的位置有时是通过消费活动体现的，会发生改变。例如，消费者购票观摩一场民族管弦音乐会，消费的对象主要是传统民族音乐的表演，而不是扬琴、二胡、笛子等乐器的制作手工艺，这为传承个体在整个体系中的位置认定提供了佐证。消费调整和延伸着传承体系的时空和个体的位置关系。近年来，随着文博事业的发展和对非遗保护的重视，有些博物馆和文化机构推出了传统民族乐器制作和修复的体验项目，将原本属于传统音乐传承体系较为外围的部分，作为独立的消费对象。正是依靠消费，音乐表演和乐器制作的个体与音乐厅观众、博物馆受众之间建立了联系，他们各自在传承体系中的位置也在不断发生变化。在这样的动态过程中，传承本体维度和文化维度之间的界限发生了逾越、碰撞和合并。"我们与社会的关系受到了消费的调节，因此，消费空间为我们提供了一个重申有关我们社会目标的特定视野的主要途径。"[①]个体的行为活动具有不同的动机和意义，而消费为传承目标的实现提供了个体行为的时空条件和社会语境。

二、传承的社会性与消费的归类作用

中华传统艺术在当代的发展不完全是平衡的、均质的。有些处于濒危的状态，亟须抢救和保护。有些在市场化的过程中丢失了传统精神和本质。有些则失去了同当代生活的内在联系。这其中既涉及了传承人和受众的多寡，也涉及了传承价值实现的程度高低。传承的规模和效果反映的就是传承的社会性，而非个体性，是就社会关系而言的，是对个体活动的评估、统计和衡量。消费能够为这种归类和评价提供依据。例如，1949年以后，豫剧作为发源于河南的传统地方戏，其受众规模可列各地方剧种

---

① ［英］斯蒂芬·迈尔斯，《消费空间》，孙民乐译，南京：江苏教育出版社，2013年，第5页。

前三，也复排了大量的传统折子戏和全本戏。除了人才规模扩大和剧目体系的完善，豫剧也拥有良好的市场，不仅涌现了《花木兰》等市场反响较好的作品，还推出了一系列豫剧电影和电视剧。可见，相较于浙江的目连戏、贵州的梆子戏等曾经的濒危剧种，豫剧传承的首要任务已不是抢救性的保护，而是在保护基础上的开发和利用，使其融入人们当前的生活，"通过顽强的民间习俗来强化戏剧的功能，戏剧表演得以超越'娱乐性'，获得更为重要的存在价值"[1]。对传承的状况进行归类，能够制定更有效的策略和方案，优化传承的效果。而消费则为这种评估提供了依据。消费不仅仅指向这些艺术产品的盈利状况，也包含了人们在占据和消耗这些物质资料时的动机、方式和结果。这些通过消费彰显了特征的个体传承行为，形成了带有社会性的倾向，成为传承在社会关系中的体现。

就传承的本体维度而言，传统艺术是依靠来自政府和社会各界的资金支持和保护，还是依靠对自身产业化所带来的收益进行循环利用，两者之间始终维持着一股张力。消费则是衡量和判断传承效果的直观、量化和显著的依据。以山西太谷秧歌为例，尽管近年来国家对山西省非物质文化遗产保护专项经费累计达1.42亿元，但太谷秧歌作为晋商文化的遗产，面临着无资金、无场地、无人员、无演出的窘境，演出市场低迷。[2]传承的社会性是以协同和激励为原则的。消费者（受众）的流失会导致其他各环节的传承活动失去动力，一方面是人群规模的缩小，另一方面则是人才结构的变形。对于太谷秧歌而言，尽管在传承的文化维度上有晋中地域文化和晋商文化的加持和掩护，但是因消费市场的萎靡，与人们当前生活的连接不够，在传承的本体维度上就显得衰弱无力，无法形成传承社会性的社会氛围和运行机制。正是在此现状的基础上，将太谷秧歌归类为濒危和亟待抢救的文化遗产和传统表演艺术，成为一种有益的认知。归类并不是终点和目的。通过对消费的评估进而对传统艺术的传承状况进行合理、恰当和科学的分类和评价，是为了能够因地制宜、因类而异地制定传承策略并付诸实践。达翰尔族的传统歌舞与说唱艺术也曾陷于亟须抢救性保护的境

---

[1] 刘晓明，《为什么要研究濒危剧种？》，载刘红娟《西秦戏研究》，广州：中山大学出版社，2009年，第7页。

[2] 参见雷焕贵，《乡村振兴战略背景下"非遗"的活态保护与传承：基于太谷秧歌的濒危性》，《文化学刊》，2020年第1期，第48页。

地。近年来，随着当地旅游业的发展和跨省艺术展演市场的促进作用，消费的"星星之火"反映了该类艺术传承的群体协作和社会结构正体现向好的趋势。例如，更多的人参与到展演的消费中来，更多的年轻人参与到技艺的传承中来，与旅游、教育和文博等行业的合作，等等。这些社会性的活动既包含了对表演技艺、剧目和仪式的本体维度的传承，也包含了对草原、森林等生态文明和少数民族观念的文化维度的传承。

传承的文化维度必须超越个体性进入社会性。传统艺术生成的文化，既是人们约定俗成的共识，也在共时性和历时性上对不同的社群产生影响，尽管它的作用机制是从个体开始的。当傩戏表演的传承上升到傩戏文化的传承，当书法艺术的传承上升到书法文化的传承，其进程既是理性的，也是功能的。傩戏的仪式性表演反映了人们酬神还愿的需要，是民间信仰和民俗的体现，也以文化记忆的方式镌刻了先民的自然崇拜和巫术意识。"在前人看来，傩虽古礼，而近于戏。"[①] 当傩戏在当代社会与展演、文旅等结合时，消费活动将其文化符号和背后的功能从历史情境中抽离出来，演变为一种消费理性。消费理性不再关注傩戏作为历史文化的功能性，而是将其作为审美体验、精神补偿和文化认知的一部分。书法作为一种功能性书写，在历史上承担着公务运行、人际交往、信息记录等功能，当书法在当代社会与艺术品市场、设计产业和影视工业等结合时，消费活动将其实用功能演变为文化价值，于是，标识设计、海报设计和电影场景都成了书法文化的意向性表达。

从这个意义上说，消费对传统艺术在当代传承的归类是基于功能而又超越功能的。"旅游演艺场域下的'非遗舞蹈'，其商业性质与盘活当地经济、带动就业、促进消费有着直接的联系，事关当地民生，是自然发生场域下'非遗舞蹈'资源的再利用。从场域理论中的'社会心理空间'和'行为者身份'的构成上来看，旅游演艺为传统文化进入现代空间提供另外一种路径。"[②] 将具有原真性和地域性特征的"非遗"舞蹈纳入旅游演艺、

[①] 参见田东江，《当时只道是寻常：传统中的文化特质》，广州：中山大学出版社，2021年，第351页。

[②] 高鸣，《"非遗舞蹈"的场域类型与当代表达》，《北京舞蹈学院学报》，2021年第6期，第88页。

文化出版和影视产业等领域，这种分类和引导的依据正是消费活动。当个体化的消费行为形成一定的集体规模和倾向时，传承的文化维度就形成了不同的市场、产业、领域和社群的划分，此时，传统艺术就以一种文化症候的形式存在于人们纷繁、丰富的当代生活中。

第六章　消费与中华传统艺术当代传承的时间维度与空间维度

我们谈论中华传统艺术的当代传承时，往往是站在时间维度的立场进行思考的。"传承"意味着前后相序、古今相接，而"当代"本身就是一个时间范畴，表示1949年新中国成立后，我们迈入了一个新的历史阶段。时间维度使中华传统艺术的传承处于不断动态发展的过程中。尽管时间是绵延的、连续的，无法割断或孤立，但我们常常使用"节点"来标注时间的流逝。于是，中华传统艺术的当代传承既经历了"十七年"时期，[①]也迎来了"创新性发展、创造性转化"的新时期。传承是继往开来的，时间维度也时刻提醒着我们关注中华传统艺术的发展趋势和预期成果。事实上，思考传承取得的成就和经历的波折，中华传统艺术的生存状况，也都依凭着时间的维度。昆曲从"一出戏救活一个剧种"[②]到彰显文化自信、引领文化风尚的"国潮"，这是站在20世纪50年代和21世纪两个不同时间节点的观察。新疆木卡姆艺术从"濒危"的非物质文化遗产到"一带一路"文旅产业中的特色产品，这是新时期我国少数民族传统艺术的蜕变和转型。值得注意的是，在传承的议题中时间先行的意识，并不能说明空间维度的缺位。中华民族共同体的形成，也包含着历史长河中不同地域之间的人口迁徙、文化交流和群体融合。

事实上，中华传统艺术的当代传承是在时间和空间的相依相随中进行的。时间维度因为有了空间维度才能够为人们所体认。苏、湘、蜀、粤

[①] "十七年"文艺是对1949—1966年这一历史时期文学和艺术的总称。

[②] 1956年，毛泽东和周恩来先后观摩浙江国风昆苏剧团演出的昆剧《十五贯》。周恩来在中南海紫光阁召开的《十五贯》座谈会上肯定该演出对当时面临生存危机的传统昆剧作出保护和推广的积极作用。后《人民日报》发表社论《从"一出戏救活了一个剧种"谈起》。

四大传统刺绣不仅代表了四种艺术风格，更凝聚和标示了人们对刺绣手工艺传承的地域归属和空间想象。在传承过程中形成的流派和风格都是空间意识的外显。秦腔、黄梅戏、越剧、川剧等地方剧种，京韵大鼓、苏州评弹、道情等地方曲艺的产生和发展，传统佛教造像艺术的南北融合，"海派"中国画的形成，等等，这些中华传统艺术在传承过程中形成的风格特征和流派体现了鲜明的地域空间属性。进入当代社会，尽管随着时间的推移，原先的空间关系也发生了变化，但空间维度深入脊髓的内在影响仍然是传承过程中不容忽视的要素。"人们竭力探索空间最终呈现的效果就是，艺术品不再有具体的形状。"①

如果说传承必然是时间和空间的统一，或者说，传承的具体情境必须包含时间维度和空间维度两方面，就像我们对世界的感知不存在孤立的、抽象的时间或是空间，必须是一个时空场景一样，那么消费就是传承的时间维度和空间维度在特定范围内的具体化和对象化。当我们谈及京剧的当代传承时，剧目的版本、演唱的方法、伴奏的使用、舞美的变换……这些固然都是传承的方方面面，但如果没有消费活动将其落实到欣赏一场演出、收藏一枚唱片、观看一部电影、点击一个视频的具体时空上，那么我们将无法感知传承的结果。消费还调节着传承在时间维度和空间维度上的偏向。传统戏曲和曲艺从观看到聆听，传统木刻版画从民俗到创意经济，传统书法从文字记录到陈列展示，传统艺术的生产方式、存在方式和功能价值的演变虽然与社会观念、技术手段和生活风尚都有联系，但消费经验使时空的偏向发生了具体可感的变化。人们购买收音机和唱片来听《苏三起解》，戏曲传承的空间维度就向时间维度偏移。"戏曲唱片不仅为戏曲艺术的传承积累了文献资料，也扩展了戏曲的传播模式和传承方式。"② 人们购买演出票观看民族音乐会，音乐传承的时间维度就向空间维度偏移。消费让我们强化、深化了对传承的时空偏向的注意力和感受力。对于中华传统艺术当代传承时间维度和空间维度的考察，尤其是厘清时间和空间偏向发生的原因和效果，是明确消费如何作用于我们经验传承成果的关键所在。

---

① ［意］亚历山大·德尔·普波，《全球艺术史：当代艺术》，周彬彬译，上海：上海三联书店，2022 年，第 87 页。

② 柴俊为等，《清末至民国戏曲唱片发展述略》，《戏曲研究》，2022 年第 2 辑，第 179 页。

第一节　消费与中华传统艺术当代传承的
保护性原则与开发性原则

从时间维度来看，中华传统艺术既是一种历史留存，又处于不断发展的过程中。就这种辩证关系而言，当代传承应当统筹保护和开发二者之间的联系。保护性原则，就是要发掘中华传统艺术在历史长河中经过淘洗和冶炼后保留下来的特征和价值，从而在当代的社会生活中得以延续。开发性原则，就是要寻找中华传统艺术历史价值和时代价值的连接点，从而在改革和创新中为当代生活服务。保护性原则和开发性原则统一于消费的逻辑中。"艺术消费不仅刺激着艺术生产，而且还决定着艺术生产的对象。"[①]保护并不等同于停留和固定，而是一个扬弃的过程，是开发的前提。正是在传承的时间维度上，保护和开发是一个整体，关乎历史、现实和未来。

进入新时期，我们迎来了继承和弘扬中华优秀传统文化、提高文化自信的历史新高度。消费赋予了中华传统艺术当代传承新的阶段特征：第一，传统艺术是发展文化产业、旅游产业、教育产业取之不尽、用之不竭的重要资源，能够为消费拉动经济发展提供新的增长点。第二，消费能够帮助人们全面实现自身的物质需求和精神文化需求，而传统艺术通过消费活动，获得了满足人们精神需要的连接。消费是不可或缺的使传统艺术实现人的生存和发展价值的中介。

一、从生产性保护到传承成果的消费

生产性保护，是近年来我国在非物质文化遗产保护实践中提出的保护方式，主要指通过生产、流通、销售等方式，将非物质文化遗产转化为文化生产的一部分，以产业发展路径通过生产效益激发传承的动力，追求保护和服务社会的双赢。生产的目的是消费。也只有通过消费，非物质文化遗产才能真正成为经济社会发展的资源，最终以满足人们的需求和实现社会价值来获得延续的活力。然而，非物质文化遗产的代际性决定了生产和消费的错位。"前代人在从事同一非物质文化遗产的生产实践活动时对非物质文化遗产价值和消费需求，与后代传承人的价值观念和消费需求并不

[①] 杨杰等，《当下艺术生产的现状及其反思》，《艺术百家》，2017年第6期，第62页。

必然一致。"① 非物质文化遗产的生产性保护，应当从消费的角度，充分考虑文化认同和市场认同之间的关系，从而更好地适应当代社会的发展。

对于中华传统艺术的当代传承而言，同样也存在着事业性保护和产业性发展之间的平衡关系。只有将生产性的保护纳入传承成果的消费转化之中，中华传统艺术才能激活在当代社会持续传承的能量。以传统昆曲艺术为例，自新中国成立以来，尤其是2001年昆曲成为联合国首批人类口头和非物质遗产代表作至今，对于传统折子戏的抢救性和保护性复排始终都不是闭门造车，而是与文化和旅游市场紧密相关，在恢复其原真性的同时，也不断适应着市场，以求得到消费者的认可和欢迎。"计划和组织艺术生产，不仅是为了剧团的生存，为了增加经济效益，而且要有利于非物质文化遗产的保护。这样就更要重视研究传统，研究传统蕴含的价值和怎样更好地激活它。"② 如今，苏州昆剧院的青春版《牡丹亭》、江苏省昆剧院的《1699·桃花扇》和北方昆曲剧院的《续琵琶》等，已然成为年轻人喜闻乐见的"国潮"单品。于是，我们看到了昆曲从人类文明的精神遗产蜕变为一股文化潮流，表演艺术家成了"流量明星"，消费者被戏称为"昆虫"。

文化体制改革是从计划经济向社会主义市场经济转型过程中文化发展的战略抉择，也是传承中华优秀传统艺术的实现路径。一方面，传统表演艺术的传承组织和机构，即国有文艺院团在"双轨制"发展中分化了文化事业和文化产业的目标路线，在生产性保护的实践中探索了面向消费的传承成果转化方式。江苏省演艺集团是国有文艺院团市场化改革的先行者，由原江苏省京剧院、江苏省昆剧院、江苏省锡剧团、江苏省扬剧团等整合而成，如今不仅成为江苏省文化事业发展的生力军，创作了一批优秀的文艺作品，在传统文化传承保护方面发挥着重要作用，同时也开发了演出、旅游体验项目、文创产品等基于市场运作机制的商业模式，以消费为传统艺术的当代传承注入活力。

苏州评弹团虽然仍为市财政全额拨款的国有企业，但在经营管理方式上不断融入市场，以消费贯通保护和开发的理念，既成为苏州传统吴文

---

① 宋俊华，《文化生产与非物质文化遗产生产性保护》，《文化遗产》，2012年第1期，第4页。

② 安葵，《戏曲理论建设论集》，北京：文化艺术出版社，2013年，第267页。

化的传承主体，也演变为文旅产业、制造业甚至地产业提升效益的砝码。"国有文艺院团在一定程度上提高了市场活力，推出了更多的文艺作品，但随着市场结构的不断优化升级，文化生态和文化消费需求的多样化，以传统艺术形式为主要产品的文艺院团依然面临着巨大的生存压力。"[①] 可见，实现传统艺术传承保护和经济社会的双赢的确需要政府的财政支持和政策引导，但充分重视市场的消费需求则更是企业主体在"双轨制"运行中应当优先考量的因素。另一方面，传统造型艺术的传承组织和机构，包括国画院、版画院和书法院等在内的企业主体，继续保持国有性质，而刺绣、木雕、陶瓷、玉雕、织锦等手工艺企业主体，则形成了产业集群，以家庭式、工作坊式、品牌式等多元商业组织形式进入市场。虽然在事业和产业的归属上有所偏重，但这些企业主体都各自平衡了保护和开发的关系，在传统艺术身处市场化社会浪潮的历史演变中，以消费统合传承事业和文化产业。

传承成果的消费，是传统艺术生产对象化的过程。消费者由此将凝结在商品中的历史价值转化为与现实需要相符的时代价值，从而填补了保护和开发之间的逻辑沟壑。贵州传统扎染手工艺的服饰纹样凝结了布依族古老的民间信仰观念和仪式活动的精神符号，传承的保护性原则要求对其材料制作、工艺流程和色彩图案等进行历史还原。在当代的产业开发中，服饰的实用价值消除了历史的隔阂，使消费者在使用和占有物质资料的同时也获得了精神层面的体认，使传统的服饰纹样成为一种文化符号，连接了更广阔地域人们的现实生活和少数民族地区的历史文化。

传承的保护性原则和开发性原则，反映的是历史与现实的联系，是传统艺术在时间维度上的生产语义借助消费经验达成的当代转换。佛山灯彩是广东省佛山市的民间传统美术，2008年列入国家级非物质文化遗产名录。如今的佛山灯彩，与当地的文旅消费结合，"提供游客无距离接触灯彩的体验平台，如游客DIY简易版灯彩、参与灯彩设计、扎廓、扪衬、装配的工序等"[②]。1956年，佛山市民间艺术研究社成立，使一度中断的佛山灯彩

---

① 蒋淑媛，《多维视角下北京市属国有文艺院团体制改革的实践与思考》，《现代传播》，2015年第7期，第123页。

② 杨旭霞等，《衰落与突围：佛山灯彩传承发展的路径探析》，《大众文艺》，2021年第8期，第226页。

传承开启了生产结构调整和市场化改革的道路。佛山灯彩的兴起与宋代元宵灯会和中秋灯会的习俗有关。明清时期，当地流行民间艺术赛会，奠定了灯彩以巡游方式进行展示的风貌，场面热烈。清中期至民国，佛山灯彩在全国消费市场盛行，也是重要的出口贸易工艺品种。佛山灯彩在历史发展的进程中留下了实用理性色彩的烙印，既是民间信仰的流传演变，也是民众功利性祈福需要的载体。20世纪80年代以后，佛山灯彩在保护性原则的基础上，维持传统灯色的材质、技艺和图案风格，同时又对传统的造型和色彩进行了开发，尤其是迎合邻近的港澳台地区和东南亚国家、欧美国家市场中目标消费者的偏好。中国港澳台地区的同胞和东南亚、欧美国家的华人皆有在元宵和中秋等中国传统节日举行灯会的风俗，但受到故乡文化习惯和现居地文化环境的影响，他们对灯彩的需求体现了不同于广东本土的趣味。佛山灯彩在保护基础上所做的市场开发之所以能获得成功，得益于对灯会和风俗的调研和考察。不同消费市场所在地的灯会民俗在仪式流程和展示方法上有区别，佛山灯彩"大胆地采用了抽灯荧光配色、丝绸印刷以及玻璃纸灯透明配色灯新工艺，在花色品种上不断地满足客户需求"[①]。回归民俗场景的消费需求是在稳定的统一性中流露多元的差异性，佛山灯彩对保护性原则和开发性原则的统一正是在仪式符号的历史性与当代性之间求取平衡。

二、作为资源和生产资料的中华传统艺术

消费是对生产资料和生活劳动的使用和消耗，是满足个人生活需要的行为活动，也是恢复劳动力、促进劳动力再生产必不可少的条件。中华传统艺术作为一种特殊的精神产品，在当代的消费不仅使传承成了一种经济活动，也使艺术的精神功能作用于生产者和消费者，从而实现了艺术的社会功能。中华传统艺术成为社会经济的重要资源，从时间维度来看，体现在其不可再生性，因此，我们需要以可持续性发展的眼光来推进对传统艺术资源的开发和利用。侗族大歌是流行于贵州、广西和云南少数民族地区的传统音乐，以其单线条旋律的复调演绎表现出独有的艺术价值。侗族没有自己的文字，而侗族大歌则成了该少数民族文化传统、生活习俗、社

---

① 关宏，《佛山灯彩》，广州：广东人民出版社，2017年，第284页。

交礼仪有序传承的载体之一。侗族大歌与传统生产劳作关系紧密，在侗族进入当代社会的初期，这种传统音乐因人们生活方式的改变而一度处于濒临消亡的状态。近年来，侗族大歌被国务院列为全国非物质文化遗产代表作，也得到了社会各界的重视和保护，逐渐成为旅游产业和文化产业中颇具特色的体验项目和表演项目，迎来了传承和发展的生机。侗族大歌作为一种地域特征鲜明的少数民族传统音乐资源，具有不可再生性。一旦保护性传承缺位和失当，它作为联系历史文化和当代生活的基础就不复存在了。

中华传统艺术作为一种资源，首先存在于当代社会与历史文化的时间联系之中。如果传承出现了断裂和空隙，那么传统也就不再保持时间的整一性，也就只能成为一种历史存在，不再能作为资源进入当代的产业链之中。同时，这种资源的不可再生性也是不可逆的。保护和开发，有时只是时机的问题，但如果保护缺位，那么资源只会变成记忆。资源能否产业开发，有时是由环境所决定的。"目前在社会文化空间意义上难以进行产业化运作的民间文化资源，随着人们审美情趣及消费需求的变化，将来或许也可以走上产业化之路。"[①] 侗族大歌如果没有得到有效抢救和保护，那么它只能作为文化的遗存以图像和声音记录载体的形式展示于博物馆或其他的文化机构，而不再具有资源的利用率和时代活力。尽管作为文化的历史遗存，它仍然具有符号价值和文献价值，但从传承的生产和消费来说，失去与当代生活的连接意味着资源价值的极大限制。如今，侗族大歌因其独特的价值得到了继承和发展，它的资源特性表现在服务于人们当下的生活，与各种当代产业挂钩。"（从江县政府，笔者按）诚邀所有睦邻地州市县的兄弟民族乡镇积极加盟并参与到民族传统音乐文化展演活动中来，将保护落到实处，走继承发展之路，充分满足城乡人民精神文化的审美需求，大力发展民族文化产业，为振兴地方经济再接再励，把都柳江文化走廊打造成藏彝走廊、苗疆走廊类型的重大课题，因而具有深远的影响力。"[②] 中华传统艺术的资源开发，之所以能产生广泛的影响，与社会生活的方方面面产生联系，成为打造产业链的依托，正是由于其精神感召力和

[①] 张中波，《中国民间艺术的产业化研究》，济南：山东大学出版社，2019年，第78页。
[②] 吴媛姣，《论非物质文化遗产在地方生态文明建设中的价值意义——以从江周末大舞台为例》，《原生态民族文化学刊》，2016年第8卷第3期，第134页。

价值认同感。资源在时间维度上表现为不可再生性,也恰恰表明了不可替代性。侗族大歌的产业价值,正是在于它特有的音乐表演形式和承载的少数民族文化。在精神感召力和价值认同感的作用下,这种价值跨越了地域的局限,打破了时间的隔阂。

中华传统艺术资源的可持续性是通过消费满足当代人的需求而实现的。"对每一代人来说,理论上传统应是不断增加的;实际上,它当然也可能'减少'。一些过去时代中重要的因素可以在没有什么政治权势压制的情形下在集体历史记忆中不知不觉地'消失',则传统在'减少'方向上的变化是'可知'或'可见'的;但已经'消失'的东西无形中又'复活'也并非稀见的现象,则在此意义上传统似又并未'减少'。"[①] 传统不是恒定不变的。在时间维度上,传统的增加和减少是扬弃的过程,而资源的可持续性就是在加减法中始终保持其存在于当下的意义和价值。

古老的傩戏可追溯至商朝时期的驱傩活动,是民俗仪式和民间信仰中集歌舞、戏剧于一身的综合表演形式。进入当代社会,傩戏仍流行于安徽、江西、湖北、贵州、四川等多地,这种可持续性根植于祭祀文化,又在文旅融合和乡村振兴等时代契机中寻找到了新的价值。于是,傩戏作为文化资源被开发为用于消费的生产资料。从资源到生产资料,这个利用和开发的过程既需要深入挖掘傩戏的历史文化,又需要对其进行合理的改造和加工。事实上,在傩戏的历史发展中,逐疫、酬神的功能在世俗化的过程中逐渐转向娱人,不断淡化宗教色彩而增强民俗特性。当傩戏成为一种生产资料延伸到消费领域,其表演性和观赏性的价值不断凸显,而风俗性和仪式性的历史功能则在当代的消费场景中退居背后。对于旅游场景中的消费者而言,傩戏的歌舞性和戏剧性表演更多是一种展示,尽管这种审美经验也可能包含对祭祀和信仰文化的体认,但消费者是观众和游客的身份,而不是祈愿者或信仰者,他们面对的傩戏也突出了视听效果,在仪制上删繁就简,以符合消费对生产资料的使用要求。韩国河回村在傩文化传承与旅游产业的资源开发上或许能够给予我们一些启示。"河回村利用各式各样的傩面开发旅游文创产品,并在商业区修建了傩面博物馆,陈列从世界各地收集而来的傩面。此外,河回村还开发了傩戏表演,并于1997

---

① 罗志田,《裂变中的传承》,北京:中华书局,2003 年,第 22—23 页。

年创办了以傩戏为主题的国际文化庆典——安东国际假面节庆活动。"[①] 近年来，贵州铜仁开放傩文化博物馆，在古老文化资源的开发利用上同样积极探索、勇于尝试。

与此同时，中华传统艺术作为生产资料的可持续性，也不能忽略传统的历史根源，一味地迎合产业发展的需要。否则，传承的根基和内里不复存在，传统艺术成为生产资料也将无法真正持续。山西任庄的扇鼓傩戏，是在许氏家族的农事活动"春祈秋报"的历史语境中形成和发展起来的，凝聚着当地村民对自然和土地崇拜的文化认同和农事信仰。在任庄扇鼓傩戏成为国家级非物质文化遗产之后，为了适应文化展演和旅游体验的需要，原有的傩戏形制发生了改变，虽然在观赏性和视听体验上更符合文旅产品对生产资料的要求，但也在一定程度上削弱了仪式的文化根基。"任庄扇鼓傩戏的社会属性强调任庄的农事文化不断积淀和丰富，如今传统舞蹈艺术过程被删繁就简，完整的艺术因为时间限制而缩短和简化，舞蹈艺术所承载的民族文化渐次被肢解和碎片化。"[②] 任庄傩戏的时间叙事在表演性上虽然得到了保留，但春祈秋报的农事功能也在融入消费场景的过程中消弥了，这对于生产资料的可持续性而言无疑具有负面的影响。因此，开发和利用中华传统艺术资源，作为用于消费的生产资料，其可持续性是以传统产生和延续的根源为基础的。在寻找与当代生活和产业路径的结合点时，历史语境和时代价值是相辅相成的，不能有所偏失。

第二节　消费与中华传统艺术当代传承的区域特征

从空间维度来看，中华传统艺术的当代传承显示出鲜明的区域特征，主要表现在以下三方面。第一，中国大陆、中国港澳台地区和海外均是传承的有机组成部分。由于历史条件和发展现状的不同，虽然不同地区在传承的方式、特点和效果上有所差异，但中华传统文化的凝聚力始终

[①] 徐虹等，《乡村旅游文化传承与创新开发研究》，北京：中国旅游出版社，2021年，第190页。
[②] 张帅，《"家族傩"到"村落傩"：山西任庄扇鼓傩戏的传承转向》，《北京舞蹈学院学报》，2022年第1期，第75页。

构筑着统一的中华民族共同体，传承是全体中国人和海外华人共同的努力和责任。第二，中华传统艺术是中华传统文化的符号表征和价值载体，在传承的过程中与长江、黄河、太湖、珠江、五岳等名山大川文化和吴文化、巴蜀文化、江左文化等地方文化形成了对应，彰显了区域和整体的辩证关系。第三，进入新时期以来，"一带一路"、长三角经济带、粤港澳大湾区、黄河经济圈等国家战略的部署和发展倡议的推广为中华传统艺术的当代传承构建了新的空间集聚。行政区划之间的协同合作优化了传承的布局，提升了传承在地理空间上的资源利用和优势互补。中华传统艺术的当代传承，在地理空间上延续历史并寻求新的发展，正是在这些经济战略和社会发展趋势中以消费的方式落实到人们的生活中。

事实上，中华传统艺术的区域特征也与时间维度有着联系。首先，中华民族共同体是在五千年历史的民族迁徙和民族融合中逐渐形成的，而新中国成立后确认的五十五个少数民族，大多数仍然保留着聚居区。这些聚居区往往是少数民族传统手工艺、音乐、舞蹈和戏剧的主要分布地区，这些艺术样式本身就是民族融合历史进程的记录和反映。其次，中华民族共同体的形成过程中，也产生了中原文化、江南文化、北方文化等地理形态，见证了经济中心南移、北方少数民族南迁等历史阶段。而在此过程中，造像艺术、绘画、音乐、舞蹈和戏剧等诸多传统艺术门类，几乎都出现了显著的南北风格融合或是经"丝绸之路"吸收了西域风格。"人文环境有自身的相对独立性，同时也反作用于自然环境，特别是在审美的眼光里，主体把自然看成是精神食粮。"[①] 这些区域特征的风格"基因"在当代传承中延续了下来。消费使这些承载了融合进程、记录了区域风格的艺术作品对象化，从而为消费者所感受和认知。

一、消费与中华传统艺术在海外的传承

从地域层面考察中华传统艺术的当代传承，华人华侨在海外的传承情况也是不容忽视的。华人华侨是中华民族共同体的一部分，对传统艺术具有天然的文化亲缘性。根据2017年中国侨联统计全球204个国家和地区

---

① 朱志荣，《中国文学的地域风格论》，《苏州大学学报》，2000年第3期，第50页。

的数据，现有海外华人华侨总数已达 7000 多万。① 庞大的华人群体开展中华传统艺术的传承，既包括专门从事创作的艺术家，也包括围绕中华传统艺术的传播、文化中介和公共服务的人士，但更多的则是以兴趣爱好或参与业余社团的方式加入传承的行列中。

海外华人华侨由于在当地属于少数群体，身处异国他乡的文化语境之下，因而在传承的过程中带有民族身份认同和树立民族形象的自觉，将中华传统艺术看成一种文化符号和沟通手段。第一，他们希望以民族文化身份的差异融入当地社会，借助艺术表情达意的形式和交往沟通的功能实现身份的转变。第二，他们希望以传承增进对民族文化的认同感，在身体力行的感受、参与和传播艺术的同时，达到精神"归乡"的自我实现。第三，他们希望以异乡人和外族的身份，以具体直观的艺术形式在外国民众中达成文化译介，实现传统艺术"中介人"、跨文化"翻译官"和民族文化"传递者"的价值。无论是基于何种诉求，他们的传承活动都离不开消费的作用。

首先，对绝大多数华人而言，他们将参与传统艺术的创作、表演和传播的传承活动看成业余生活和兴趣爱好，从最基本的放松、休闲、娱乐到更高层面的自我形象的塑造和自我实现，都是与经济生活密切相关的。他们通过组建社团、参与社区活动等方式，以社群消费作为恢复劳动力生产状态的手段，从而更好地投入再生产。有研究指出，海外华人与当地族群之间的社会交往主要是依托经济活动而形成的交际网络，于是包括传承和传播中华传统艺术在内的日常生活都是在经济活动中形成的。"作为文化现象的华人经济行为模式和生产关系形态，构建了多元文化生态中华人独有的身份认同模式和信息、意义交流方式，使之成为华人应对不同社会文化语境变迁时极具个体性和地方性的情感表达方式和表演形态。"② 依据笔者在赴美国德州大学达拉斯分校访学期间所做的调研显示，达拉斯—沃斯堡作为美国第四大都会圈，拥有大量的华人群体。他们以社区的传统歌舞、绘画书法、戏曲曲艺社团为依托，自发地进行着传承中华传统艺术的

---

① 数据来源于中国新闻社主办"中国侨网"，网址链接：http://www.chinaqw.com/hwmt/2019/07-04/226024.shtml。

② 李牧，《日常经济生活网络与传统艺术的跨文化传播——以加拿大纽芬兰华人为例》，《广西民族大学学报》（哲学社会科学版），2021 年第 2 期，第 69 页。

相关活动，这些活动很多是由当地的商会、行业协会和企业组织筹划和举办，大都借助传统艺术在文化符号上的独特性将华人的民族文化形象塑造为经济活动中的社交形象，从而为融入当地的生产生活和商业往来创造有利的条件。当地华人组织开展的书法和绘画创作、民俗仪式表演、戏曲曲艺表演等虽然都不是收费的商业行为，但最终达到的观摩和欣赏效果却是为经济活动服务的。从这个意义上说，当地华人对中华传统艺术的自发传承不完全是一种文化行为，而是依托文化交往达到促进再生产的目的。

其次，中华传统艺术的独特性构成了海外文化产业和艺术市场的价值认可和经营方略。消费活动是一种直观体验和物品持有，由此，中华传统艺术直接或间接地影响了西方艺术的发展。20世纪以后，西方的造型艺术和表演艺术都受到了中西文化交流时中国传统艺术的影响，尽管这种影响主要体现在创作观念和审美意识上。然而，西方人对于自身艺术发展困境的危机意识和对遥远的中国艺术的新奇和陌生，仍然激发了他们极大的兴趣。这种兴趣最为直接的表现就是消费的需求。从中华传统艺术的造型艺术和表演艺术这两大类来看，以绘画和戏曲为代表，都在消费市场上受到了海外非华人群体的青睐。"寓居海外的张大千、王济远等海外中国艺术家在谋生之余，又多了一项有意义的任务，他们担负起了新的责任，以举办展览、讲座、交流及收藏等艺术活动，为身在海外的中国艺术家开辟新路，同时也在很大程度上保持中国书画包括陶瓷工艺艺术在海外的持续传播。"[1] 梅兰芳20世纪访美演出对西方戏剧表演和审美的影响体现在对"虚实"关系、舞台假定和确定之间的反思。但如果没有演出市场的消费，这样的影响就只能停留在新闻报道、文献译介和研究之中，也不会出现"美国人对亚洲艺术文化的体验，通过置换的方式，或直接或间接地促成了美国现代舞的形成"[2]。

此外，华裔旅法画家赵无极在西方艺术市场获得认可，很大一部分原因在于他的油画创作融入了中华传统艺术的观念和意蕴。我们应当看到，尽管具有中华传统艺术元素的、能够体现中国传统艺术精神的艺术商品在

---

[1] 包洋等，《1960年代中国艺术家的海外境遇——以张大千与王济远的交流为例》，《国际汉学》，2024年第4期，第109页。

[2] [美]田民，《梅兰芳与20世纪国际舞台》，何恬译，南京：江苏人民出版社，2022年，第136页。

海外仍然是以相对"小众"的形式存在，它们更多是得到了华人群体的拥护和追捧。但是，对于中华传统艺术在当代的海外传承而言，正是通过消费，艺术和文化的影响力才真正营造起了相应的社会氛围，从而有利于海外华人从事传承相关的活动。从地域空间来看，海外毕竟不是中华民族长久以来栖居的土地，是"移民"和跨国迁徙所形成的地理空间和文化空间的结合。因此，中华传统艺术在海外的传承，与其说是传承的空间延伸，毋宁说是借助空间延伸的消费，带来了心理、精神和观念层面的影响，从而形成了跨文化传播和文化交流。在此过程中，华人华侨就是重要的中介力量。

二、消费与中华传统艺术的地理表征

中华传统艺术在地理空间上形成了一定的聚合特征，根植于中华民族在不同区域的定居和聚居生活所依赖的自然地理环境和在此基础上发源的地方文明和文化。这些地方文化不是封闭的，在中华民族历代的区域迁移和跨区域交往中相互影响和渗透，从而塑造了多元的艺术形式和风格。地方性的戏曲和曲艺常常以地名谓之，就体现了传统表演艺术在地理空间集聚上的多样性。事实上，在传统艺术的具体样式中，以"地名"和"地理标的"来命名是极为常见的现象。除了粤剧、扬州评话等地方戏曲和曲艺以外，江南丝竹、天津杨柳青年画、东阳木雕、云南孔雀舞等，几乎所有的传统艺术门类都存在着显著的地理表征。地理表征的显现是一个能动的过程，是一定区域内的生产生活不断激发和孕育艺术的过程，而区域内和跨区域的消费则是人们对传统艺术的空间化经验体认。在体认的积累和流变中，中华传统艺术的传承就成了地理表征的延续和发展。地理表征的内涵主要可以从如下三方面来把握。

第一，一些地区的传统艺术样式具有代表性，在同类艺术中具有较高的艺术价值，在历史上产生了较大的社会影响。在当代的跨区域消费活动中，这些艺术样式逐渐在价值认同中以地区和地理标的来命名。例如，发源于浙江绍兴一带的越剧，民国初年在民间被称为"的笃"腔、"的笃"板、"的笃"戏，是以唱腔富有特点的节奏来命名的。随着具有现代特征的经营性演出团体的成立，为了追求利润的最大化，越剧演出进入了上海、杭州等城市。随着演出消费市场的繁荣，筱丹桂、王文娟、徐玉兰

等名家和《孟丽君》《碧玉簪》等一批作品为观众所熟知。新中国成立后，越剧的演出市场更是遍及全国各大城市，触角伸向了北方地区，而《梁山伯与祝英台》《祥林嫂》等电影化作品更是将跨区域的消费延伸到了更广的范围。正是借助于观摩消费活动，越剧的地方戏称谓才为人们所普遍接受，其艺术价值和商业价值也得到了认可。对于传承来说，演员的口传心授如果没有在产品中得到技术化和物质化的保存，也没有经过消费为观众所感知，那么越剧就不可能脱离源发的浙江绍兴地区，也不可能成为流行于全国的地方戏。20世纪50年代，人民群众的文化需求日益增长，国家调整了越剧国有院团的空间布局。1956年，全国的越剧院团共有130余个，主要在上海、浙江两地。1953—1957年"第一个五年计划"实施以后，至1961年，越剧演出团体数量达154个，广泛分布于浙江、上海、天津、北京、江苏、福建和安徽等20个省（区、市）。[1] 尽管在计划经济时期，院团的跨地域调整带有鲜明的国家意志，是文化建设的一部分，但全国各地区的人民群众正是在越剧演出的消费（无论是付费还是免费，免费实质上是由国家财政支持的个人消费）中实现了越剧的跨地域传承和传播。

第二，由于传统艺术不同门类的流派和风格是多元的，以地理表征作为划分、命名和归属的方法是高效而清晰的。无论是苏绣、粤绣、蜀绣、湘绣四大刺绣手工艺的命名，还是吴门画派、金陵画派、岭南画派等中国画流派的划分，抑或是四川绵竹年画、天津杨柳青年画、山东潍坊杨家埠年画、江苏桃花坞年画的产地归属，这些传统艺术除了艺术家和艺术生产的集聚以外，本身在艺术风格上也具有显著的地域特征。对于消费而言，产地、生产方式、作者的差别都凝聚在艺术风格中。消费者对传统艺术地域性差别的认知，集中体现在对艺术风格的感知上。河北梆子行腔高亢，昆曲行腔婉约；桃花坞年会以清新细腻著称，杨柳青年画以明快活泼闻名；山东快板擅长节奏控制，扬州评话擅长娓娓道来。消费者对艺术风格的把握，有时也依托对材料、题材和技法的感受。"与日常生活习俗密切联系的编结艺术，材料的本土性更为明显。福建、广东以本地藤木编制器物，河北沧州以当地柳条编织箱具，山西永济用麦秆编制扇子。浙江、湖

---

[1] 数据参见应志良，《中国越剧发展史》，北京：中国戏剧出版社，2002年，第3—4页。

南、福建、四川等地习惯用当地竹子编制各种器物。"[①]人们对手工艺材料的选择往往与其在居住的自然环境中物质资料的易得和大体量有关，而消费者在使用这些日用品时对风格的辨别有时恰恰是因为材料质地的区别而导致的形式差异。此外，因为擅长题材的差别，在刺绣手工艺中有"苏猫湘虎"的说法。苏绣精细雅致，在色彩上较为清淡，而湘绣浓烈逼真，在色彩上较为鲜艳，这种风格的差异造成了两者在表现对象上的选择偏向。吴门画派在技法融合了写意和工笔，因而形成了细腻、隽秀的风格，与北方画派形成视觉体验上较大的反差。这些艺术风格的差别是由于创作者的生活环境、艺术生产的空间聚集和生产资料对自然环境的空间依赖所造成的，但它们无差别地凝固、物化在艺术产品的形式中，只有通过消费才能够形成经验活动，才能够引起人们对它们的描述、评价并形成概念和表达。正是从这个意义上说，中华传统艺术的流派和风格是一种地理表征，消费使当代传承具有了空间的指涉和意义。

第三，区域地理空间和地方文化对特定艺术样式的孕育和催生作用具有不可取代性，尤其是直接将地理表征作为艺术表达的核心。在传统艺术进入当代产业的路径中，地理表征成了区域经济发展的精神资源。民间传说《白蛇传》的故事虽然在流布过程中出现了故事发生地点的迁移（从河南到浙江），但白娘子于西湖断桥向许仙借伞的情节在包括昆剧、粤剧、越剧、评弹等在内的传统戏曲和曲艺的传承中，被固定和延续下来。如今，《白蛇传（义妖记）》故事中有关的城市、地名等元素已经成了旅游和文化展演产业中的无形资产，包括金山寺、雷峰塔、西湖等。区域地理空间不仅在白蛇传说的版本定型和流传中起到了加工和推动作用，而且已然化为艺术表达的符号。"艺术的表达和传播，将地理空间和在地历史事件建构的精神文化内化为民族的基因，面向不同时期国家和民众的需求，以各种艺术形式介入产业发展和民众的生活，重塑地方文化感。"[②]传统绘画中的山水题材就是以地理空间为蓝本的创作，当代的山水画传承无论在技法、风格上如何革新，也无论因为交通工具的发展和人们旅行版图的扩张，绘画所表现的地理空间得到了多大程度的延展，山水画与地理空间的

---

① 韩波，《论民俗艺术作品的共性和风格差异》，《民族艺术》，2011年第1期，第94页。
② 张慨等，《地理空间的艺术史书写——以南泥湾为例》，《延安大学学报》（社会科学版），2020年第2期，第60页。

关联几乎是这种传统绘画题材的本质性存在。同时，名山大川、风景名胜、历史建筑等自然地理和人文地理形态又跨越了历史，在当代的语境中因时间维度获得了新的在地事件，与人们的生活需求产生了广泛的联系。于是，传统艺术中的空间符号和地理表征就演化为传承的资源，在消费中构成了人们新的时空经验。

三、传承与"一带一路"倡议、粤港澳大湾区和长三角经济带

近年来，"一带一路"得到了沿线国家的积极响应，中国与这些国家共同打造了政治互信、经济融合、文化包容的利益共同体、命运共同体和责任共同体，取得了举世瞩目的成就。[①] "一带一路"是对古代丝绸之路历史符号的当代运用，赋予了历史时空尤其是空间凝聚力、号召力和影响力新的时代能量。"一带一路"倡议涉及了新疆、重庆、山西、甘肃、宁夏、内蒙古、吉林、福建、广东、海南、上海等多个省（区、市），中华传统文化中海洋文明和内陆文明孕育的艺术形式如潮剧、越剧、粤剧、沪剧、云南民族歌舞、新疆木卡姆、蒙古族歌舞、大足石刻、巫溪挑花等，在新的文化交流和产业发展中获得了时代活力，在传承和延续中体现了中华传统艺术的精神文化价值和经济资源功能。同时，在跨国经济合作和文化对外传播的过程中，这些传统造型艺术和表演艺术还构成了国家文化软实力，塑造了国家形象，并以文化产品的形式输出到海外，创造了经济价值。2017年，浙江绍兴越剧艺术发展公司推出了明星版《梁山伯与祝英台》，赴"新丝绸之路经济带"沿线国家罗马尼亚参加第24届比乌戏剧节，在东欧推广和传播了传统戏曲文化和代表性剧目。明星版《梁山伯与祝英台》是浙江越剧当代传承的精品，集合了吴凤花、陈雪萍、李敏、吴素英等戏曲"梅花奖"得主、越剧表演艺术家。这次跨国演出不仅是中国政府文化职能部门的委派，也被当地政府和越剧相关从业者视为发展绍兴地方旅游产业、打造越剧文化品牌的重要机遇。项目负责人曾在媒体的采访中表示，"此次对外交流，既紧跟政府'一带一路'建设的主导方向，还将巩固和提升绍兴的越剧品牌，同时吸引更多国际友人来绍兴旅游，推

---

① 参见陈积敏，《正确认识"一带一路"》，《学习时报》，2018年2月26日。

动绍兴文化不断'走出去'。"①作为欧洲三大戏剧节之一的锡比乌戏剧节，虽然带有文化交往的公益性质，但主要还是在政府支持下的商业运营模式。当地的观众在购票消费《梁山伯与祝英台》时体验了越剧艺术，同时又因为越剧的地方文化特征而埋下了前往浙江旅游和进一步消费其他文化产品的种子。传统艺术的区域特征符号以"他者"文化的陌生感和新奇感产生了"一带一路"不同地区文化群体之间互通和共享的动力，而消费则是让这种交流和分享成为社会行为和生活经验的通道。

消费连通"一带一路"沿线文化交流和经济发展的作用，传承和传播中华传统艺术，除了体现在消费者的观看和欣赏行为以外，还体现在消费者的直接参与。2016年，重庆启动了大足石刻在缅甸、泰国、印度、新加坡、俄罗斯、德国等"一带一路"沿线国家的巡回展。值得注意的是，在"巴山渝水——大足石刻巡回展"中，作为文化遗产的大足石刻，其历史文物的复刻、图像、文献等物件的展示只是其中的一部分。用现代文化创意"续刻大足石"是该展览的愿景，主办方意在推广大足石刻工艺在现代产业中的运用，希望将相关的产业集群、企业和市场主体推向"一带一路"沿线的国家和地区，策划了"一展、一赛、一校、一园"的系列活动。在展览之余，通过消费者可以亲身参与的雕刻技艺体验、现代光雕彩灯产品试用和雕刻比赛等，将产业的市场孵化和文旅消费体验项目结合起来。②此类对外推广活动，与其说是以传统文化和艺术的对外传播为现代产业发展搭建平台，毋宁说是以消费打通了传统艺术当代传承、对外传播和社会经济发展，是具有鲜明区域特征的传统艺术在人们当代生活中的全面蜕变。

2019年2月18日，中共中央、国务院印发《粤港澳大湾区发展规划纲要》，决策部署建成与美国纽约湾区、旧金山湾区、日本东京湾区并称为世界四大湾区的粤港澳大湾区，以广州、深圳、香港、澳门四大中心城市作为区域发展的核心引擎，建成充满活力的世界级城市群、内地与港澳深度合作示范区，打造宜居宜业宜游的优质生活圈，是"一带一路"的

---

① 章维艰，《"一带一路"文化先行：美丽越剧向世界传播天籁越音》，文献来源："绍兴发布"微信公众号，绍报新媒体中心，2017年6月1日。
② 参见谭英姿，《大足区启动大足石刻"一带一路"世界巡展项目》，《中国日报》，2016年11月29日。

重要支撑。①粤港澳大湾区有着文化上很高的亲缘性，主要表现在共同的民俗民风、生活习惯、客家民系和粤语方言上。而粤剧、潮剧、粤绣、狮舞、民族民间音乐、何楼舞等传统艺术则是在区域性的民俗生活、生产活动和社会交往历史中逐步形成的文化载体。在建设粤港澳大湾区的过程中，人们自发地传承这些传统艺术，从中得到休闲娱乐和性情陶冶，是劳动力恢复再生产的有效方法，为区域经济发展注入了精神力量。区域性的文化认同又通过传统手工艺、戏曲、音乐、舞蹈的感性形象和审美符号达到凝聚人心、引起共鸣的作用，为大湾区的建设提供了可持续的动力和共识。同时，传统艺术承载的技艺和理念在融入当代文化产业、旅游产业和制造业的过程中，成为了具有地方特色的资源，构成了现代产业核心竞争力的文化元素。

事实上，消费对传承的推动，在传统艺术形成的历史中始终存在，只是在当代传承中出现了新的变化。以粤绣为例，这门传统手工艺的形成和发展与日用品的实用性密不可分。尽管在服饰、帘帐、屏风等工艺产品中观赏性也是不可忽视的部分，但观赏性无法脱离功能实用性而存在。正是因为兼具了观赏和实用的双重性质，粤绣的各种产品都在商贸活动中成为热销。粤港澳大湾区建设的产业发展是以时代观念为引领的，对粤绣在传承过程中服务当代产业的思路是革新的、与时俱进的。2022年4月，在横琴"大湾区时尚联结展"上，粤绣作为传统艺术资源和元素融入了时尚产品的设计中。这些化用在时尚设计中的传统元素演变为IP，延伸了消费者对粤绣生产空间环境的兴趣和向往，连接了服装产业、粤绣产区的服务产业和旅产游业。"从时间纵轴看，大湾区有农耕文化、海洋文化、侨乡（移民）文化和现代都市文化等；从地缘横轴看，有广府文化、客家文化、潮汕文化和港澳文化等，形成大湾区文化同源又多元的特征。这些特征既是粤港澳大湾区的资源优势，又是大湾区内互联互通，进行深度融合的基础所在。"②在粤港澳大湾区建设中，由于文化认同对时空差异造成的文化多样性的融合和延续，传统艺术的当代传承在社会经济发展中产生了IP开

---

① 《中共中央、国务院印发〈粤港澳大湾区发展规划纲要〉》，新华网，网址链接：http://www.xinhuanet.com/politics/2019-02/18/c_1124131474.htm，2019年2月18日。
② 周柳等，《粤港澳大湾区非物质文化遗产空间格局与影响因素》，《广州大学学报》（自然科学版），2021年第2期，第47页。

发的作用，通过消费连接了生产、民俗、娱乐和教育等生活的各方面，建立了传承的协同化、系统化机制。

2016年5月11日，国务院常务会议通过《长江三角洲城市群发展规划》，提出要打造改革创新高地，推进都市圈同城化发展，发展现代服务业，全面建成具有全球影响力的世界级城市群。[1] 长三角不仅是中国经济新棋局中的重要组成部分，也是古老的长江文明的重要区域。良渚文明、吴越文化、江左文化等都是在这一地理空间中形成的。昆曲、越剧、黄梅戏、扬州评话、苏绣、苍南傀儡戏、丽水鼓词、南京云锦、宣纸手工等长三角地区的传统艺术呈现了相同或相近的艺术族群在区域位置上距离不远但风格迥然有异的特点。例如，昆曲的发源地江苏苏州昆山地区与越剧的发源地浙江绍兴嵊州地区相距仅200多公里，但昆曲和越剧在曲牌和板腔的体式运用、演唱风格、曲调风格上有着显著的差异。同为曲艺族群的宁波四明南词和扬州弹词在调式和选用的乐器上也有明显的不同（四明南词除了扬州弹词惯用的三弦和琵琶以外，扬琴和二胡也颇为常见），而宁波和扬州相距也不过400余公里。长三角地区在历史上就有着多个行政区的划分，新中国成立后，也至少涉及了上海、江苏、浙江和安徽四省（市），加之跨越了北方方言（既有华北方言，也有江淮方言）、吴方言、赣方言等方言区，甚至有同一省划分为多个方言区的现象，因而在文化和艺术多样性上更为突出。

"长三角地区也是我国非遗文化分布高密度核心区，其中浙江省为全国非遗数量最多的省份，占全国非遗总量的7.19%。沿河流域的生存环境使传统文化艺术在人民稳定的生存和发展中流传至今。"[2] 长三角地区传统艺术的当代传承，以丰富的产品形式和鲜明的地域特色进入消费领域，表现出产业价值的多层次性和与不同生活场景对接的更大可能性。

传统艺术的消费与人们的娱乐空间、社交空间和教育空间等交织在一起。苏州刺绣和南京缂丝手工艺已被用于当代纺织产业，因拥有稳定的消费者而持续生产和供应。江南丝竹传统音乐的演奏在明清时期是人们的自发性的娱乐活动和经营性的民俗服务，地点多在茶馆、私人宅邸，同时也

---

[1] 萃华，《以科学规划引领长江经济带城市群发展》，《经济日报》，2016年5月12日。
[2] 张轶等，《长三角文化艺术产业发展的重塑模式研究》，《文化产业研究》，2021年第1期，第310—311页。

跟流行于江南地区的戏曲表演和拍曲活动有关。如今的江南丝竹除了保留了游园林、赏名胜时自发性娱乐活动的特点和在农村地区更为常见的民俗服务特点以外，音像出版、艺术展演、博物馆展览、音乐教育等都构成了江南丝竹的消费路线。长三角地区的传统艺术因多样性和差异性而在当代消费中形成了跨地区、产业融合的特点，满足了不同地理空间的市场细分需求，扩展了传承的社会面向。

第三节　消费与中华传统艺术的时空偏向

按照艺术作品的存在方式，我们习惯于将中华传统艺术的各种门类归为三种偏向：一是作品在一定的时间维度中存在，并不依赖物质空间实体，可称为时间偏向型的艺术，如传统民间音乐、少数民族原生态音乐等；二是作品必须占据一定的空间实体，依靠物质材料凝固在某一瞬间和时刻，可称为空间偏向型的艺术，如传统木刻版画、传统刺绣手工艺等；三是作品既必须在一定的时间维度里存在，也必须占据一定的空间实体，可称为时空偏向型的艺术，如传统戏曲、民族舞蹈等。事实上，这种归类的方法不是绝对的，具有一定的局限性。例如，传统曲艺是一种说唱表演艺术，虽然艺术作品的呈现是不依赖物质空间实体的，在一定的时间段落里进行，也不是凝固的，而是转瞬即逝的，但曲艺表演在传承的过程中始终与物质空间密不可分，总是在茶楼、酒肆、书场等空间中进行。曲艺表演不仅仅是声音的艺术，也需要注重形体和表情，因而是聆听的艺术，也是观看的艺术。将曲艺看作偏向时间的艺术，而将戏曲看作偏向时空的艺术，虽然有利于区分两种传统艺术在表演方法、演出特点上的区别，前者强调说唱艺术的属性，后者强调舞台艺术的属性，但这种区分不利于挖掘传统曲艺在空间层面的潜在特征和潜力价值，也不利于探索传统戏曲在凝固、静止状态时的效果和特点。

这种传统艺术时空偏向性的转变集中体现在当代的消费中。传统艺术是以产品为大众所消费的。艺术产品的时空偏向性既受到消费需求的制约，又限于生产技术手段的局限。戏曲折子戏主题的木刻版画，戏文雕刻、戏曲摄影等，都是对戏曲舞台时空的定格和凝固，这种空间转向的消费产品放大了戏曲的"静观"功能和信息载体功能，在传承中起到了记录、传播和实用化的效果。戏曲唱片和其他音像出版物形式是对戏曲舞台表演中声音的剥离，突出了戏曲艺术歌唱和音乐的属性，同时使顷刻消逝的声音被记录到物质实体中，以一个时间段落化的声音再现为内容，而物质技术则退居其次，这种时间转向的消费产品解放了舞台对此时此地性的束缚，在传承中使学习和欣赏的可重复性提高了，保存性和可移动性也大大延伸了传承的地域限制。"任何信息都会通过特定的渠道传播，对渠道的生产、把控成为维持社会秩序的关键手段，对渠道的控制与争夺也成为利益博弈的重要组成部分。"[①]艺术的时空偏向实则反映了消费活动以媒介的方式在传统艺术传承的过程中对其进行了重构。

一、即时消费与延时消费

由于中华传统艺术各类产品形式在时空上具有不同的偏向，根据生产和消费的时间差，可以将消费方式分为即时的和延时的两种情形。传统表演艺术的消费伴随着整个生产过程，是即时的。戏曲、曲艺、舞蹈、音乐和杂技的表演是在舞台上进行的二度创作，消费过程和生产过程是重合的。传统造型艺术的消费滞后于整个生产过程，是延时的。绘画、雕塑和手工艺的创作过程与消费过程是分离的，发生于不同的时空。即时消费和延时消费在技术介入当代传承的过程中，也存在着相互转化。传统表演艺术的音像和影像产品记录了舞台的演绎，使消费从即时转变为延时，将实时的舞台时空分化为延续的时空和场景。传统造型艺术的生产过程被视频记录、加工为影像，使消费从延时转变为即时，将静态的、凝固的产品演化为流动时空中的表达手段。

广东传统音乐是流行于珠江三角洲及广府地区的丝竹乐种，以独特的岭南风格著称，影响力波及海外华人社区。"八音班"是广东传统音乐的民间社团，自明清时期，就以演奏佛教音乐和服务民俗活动为业。传统表演艺术的即时消费在约定俗成的传承中被固化为一定的仪式化流程，满足民间婚丧场合、民间信仰和宗教的演奏需要。除了民间班社的仪式化演

---

① 刘玉洁，《传播的时空偏向与社会文明传播建设路径探究》，《新闻研究导刊》，2022 年第 3 期，第 51 页。

出以外，以自娱为主要目的的自发性音乐社团、戏曲过场演出团体和在茶楼、街头进行商业表演的经营性团体也是广东传统音乐的重要组织形式。

新中国成立后，广东传统音乐一方面作为中华传统音乐的地方性代表推进着保护和传承的事业，另一方面又以其清新流丽、质朴自然的风格融入了大众文化的产业发展之中。凭借着对大众媒介技术的运用，广东传统音乐逐渐从民俗、宗教等仪式化时空的即时消费转向了更具有时空弹性的延时消费，主要表现在以下几个方面：第一，录制和出版了一批广东传统音乐唱片、磁带、录像带和VCD（DVD），使人们消费传统音乐的自由度和频率得到了提升，培养了一批业余爱好者。他们能够在工作之余的时空间隙中欣赏和学习广东传统音乐，成为传承的分支力量。第二，在电影和电视剧中使用广东传统音乐，《步步高》《雨打芭蕉》《平湖秋月》等名曲进入了影视大众媒介产品中，成为人们体认广东地方传统文化的感性符号。广东传统音乐成为大众流行文化的一部分，营造了传承的社会氛围。第三，付费视频和线上演出的精品节目满足了消费者的细化需求，取消了音乐茶座、戏院演出的场地局限，也提升了消费者自由选择的开放度。"硬弓时期（生长期，笔者按）的广东音乐是一种来自社会内部底层的，具有农业社会生活的背景，保留了较多传统色彩，属于典型的民间文化类型。软弓时期（成熟期，笔者按）的广东音乐井喷式的发展，则凸显了其大众文化特征，具有商品性、大众传媒的依赖性、通俗性和娱乐性特点。"[①]广东传统音乐在当代的传承，完成了从农耕文明到现代社会的"软着陆"，从生产和消费不可分割的即时性消费过渡到生产和消费各自相对独立的延时性消费，使传统文化融入大众文化和流行文化。

剪纸是广泛流行于中国民间的传统造型艺术，以纸张、金银箔、树皮、布、革等为材料，采用镂空结构形成视觉形象，在江苏扬州、湖北沔阳、广东佛山、河北蔚县、陕西延川、山西忻州等地极为常见。剪纸艺术起源于祈福驱祸的信仰祭祀活动，也与生产活动中报春、冬歇等四时更迭有关。到了明清时期，剪纸的消费大多基于宫廷和民间在喜庆典礼和节令民俗中的装饰性需求，以门栈、窗花、顶棚花和柜花等装点建筑空间的外观和家具等。剪纸的题材到了"延安时期"出现了革命性的变化，除了传

[①] 万钟如，《广东音乐的大众文化属性》，《人民音乐》，2012年第3期，第57页。

统题材的人物和风物之外，涌现了反映边区人民生产生活甚至战斗前线的场景。"延安美术家力群、陈叔亮、张仃、古元、夏风等，远赴三边地区，向群众学习民间剪纸，并创作了一大批反映抗日根据地军民生产、战斗、生活的新窗花、新年画，它推动了群众性剪纸的创作和发展。"[1] 在经历了"延安时期"剪纸的现实生活题材改革后，这种传统造型艺术逐渐展露出"叙事"的功能，以套组和连续的作品呈现一定时间段落中的事件序列。1949年以后，剪纸艺术在市场上的产品有镜框式、卷轴式、纸版式等多种，从民俗喜庆场合的空间装饰演变为"架上"美术作品的收藏和展示，与仪式活动和民俗生活场景渐趋脱钩，成为人们审美和认知的需要。与此同时，"延安时期"剪纸孕育的叙事性在民族美术电影的实践中获得了新的发展，将静止的、凝固的作品化为动态的、时间性的故事呈现，并辅之以声音的表达。由此，剪纸传统艺术的消费从延时的静观和凝视走向了即时的观看和聆听。

1963年，上海美术电影制片厂推出剪纸动画《金色的海螺》。该片以剪纸雕镂刻绘的手工艺为基本的造型手段，又在皮影戏和木偶戏的表演性和时间性中获取叙事技巧，使静态的传统美术具有了讲述故事的动态效果。事实上，1959年出品的《渔童》、1960年出品的《山羊和狼》《济公斗蟋蟀》、1961年出品的《人参娃娃》等作品都是剪纸动画的尝试，获得了市场的欢迎和业内的好评。"早期上美影的艺术家克服了各种技术和现实中的困难，以中国原有优秀的文化资源为基础，与民间手工艺相结合，最终以群众熟知的民间故事、戏曲传说及风俗习惯为题材，制作出优秀的剪纸片。"[2] 这些传统风格浓郁的剪纸动画不仅深受少年儿童的喜爱，也是美术电影全年龄市场化的早期拓展。在即时性的电影消费中，传统剪纸手工艺的产品具有了时间维度。剪纸动画通过纸张的镂空和留白产生了绘画的平面视觉效果，不用转体或焦点透视，是传统美术的当代影像表达，延续了散点透视和虚实相生的技艺和风格。

中华传统艺术在当代的即时消费和延时消费受到了技术手段尤其是大众媒介的影响，改变了艺术形式原本的时空存在方式。在消费社会，艺

---

[1] 朱鸿召，《延安文艺繁华录》，西安：陕西人民出版社，2017年，第315页。
[2] 贾荣倩等，《上海美术电影制片厂民俗题材剪纸片研究》，《艺术科技》，2022年第6期，第71页。

产品的各种形态成为消费文化和大众文化的载体。有学者指出，"商品目录所构成的世界，也部分地被当作童话世界来体验。另一方面，它显然又是人们自己能够理性地支付的世界。但报纸和杂志传播的不仅是各种报告和客观的提示，商品目录中的图片和标出的价格也属于这类内容。与广播一样，报纸和杂志也在传播惯用语和谜语、童话和笑谈、歌谣和习俗，也就直接影响了精神性民间文化的存在"[①]。口头文学是传统艺术中的重要分支，它们在流传和传承的过程中除了被加工为戏曲、曲艺等表演艺术以外，还与大众媒介技术结合，成了一种商品，在人们即时和延时的消费中得到延续和发展。传统戏曲、曲艺、音乐和舞蹈在当代的技术变革中形成了戏曲电视剧、戏曲电影、"空中"曲艺和歌舞电影等类型化商品，而瓷器、版画、刺绣、雕刻等手工艺则在机械化生产和复制中成为文化产品的创意来源和元素，传统艺术在时间维度的存在方式得到了改变，表现为消费方式对时间的延伸。

二、在地化与全球化对中华传统艺术当代传承的影响

全球化（Globalization）和在地化（Localization）是世界经济社会发展和文化变迁中的两种倾向。20世纪以后，交通工具和信息技术的发展使不同国家和地区的人们产生了更密切的经济交流和文化交往，出现了全球化的趋势。与此同时，保持地区自主性，增强区域竞争力的"在地"意识也在全球化的进程中不断凸显。全球和地方的复杂互动引发了人们对"全球化"和"在地化"如何平衡的理论探索和实践反思。在文化交往中，全球化有时意味着文化的同质化，尽管人们试图在探求普遍的、共同的范式和标准中也认识到了保护文化多样性的价值和迫切，但在形成文化认同的过程中维持和发展文化个性，也面临着强势文化对弱势文化的"围剿"，既体现在文化圈层内的人数多寡，也体现在话语权的掌握。在地化就是从文化的个性化和本土化特征入手，在传播的范围和话语方式上寻找突围的机遇。在经济发展中，全球化和在地化的博弈既关乎建立全产业链、物流体系等问题，也涉及消费领域。消费是国民经济的"三驾马车"之一，消费

[①] ［德］赫尔曼·鲍辛格：《技术世界中的民间文化》，户晓辉译，桂林：广西师范大学出版社，2014年，第100页。

升级有利于扩大内需，拉动经济增长。

中华传统艺术作为中华优秀传统文化的有机组成部分，在全球化的浪潮下，如何更好地推进海外传播，提升国家文化软实力的影响，输出更高质量的产品，必须依靠在地化的意识自觉。在地化包含着两重意义：第一是在全球化的发展趋势和实践中明确中华传统艺术的个性、特色和价值，这种认识是在与异域文化、全球文化的互动和交流中确立、清晰起来的。第二是中华传统文化总是在经历全球化效应的同时不断打破文化壁垒并进行自我调节和适新，在消费中实现"活态"的传承。例如，传统戏曲的虚拟性和程式化特征是在西方戏剧的不断传入和中国戏曲的海外传播中逐渐认识到了价值和个性。传统民族舞蹈的传承如果离开了舞台演出市场的消费，也是无法持续的，而当代的舞台演出则必然受到现代剧场观赏习惯的制约和影响，在舞美、音效甚至是舞蹈语言上都不可能丝毫没有革新。如果说全球化是中华传统艺术在当代必须面对的现实，那么在地化就是传承中从对西方话语权的服从、抵抗到重建中国自身话语权的过程。消费则促使全球化和在地化在传承中的对垒从文化现象转变为社会生活。"全球化的视角解释人类社会文化的同质化和趋同性，而在地化则是把外来的文化吸收到本土文化当中进行重新阐释，通过文化再生产和文化认同的重新建构来阐释人类社会文化的异质化和趋异性。"[①]

1949 年以后，民族歌剧《小二黑结婚》《沂蒙山》《洪湖赤卫队》等成为家喻户晓的作品，就是在地化和全球化共同作用的结果。歌剧是源于西方并被国际社会认可的一种表演形式，而在探索歌剧民族化的过程中，运用传统戏曲、曲艺的调式板式和表演技巧，则造就了传统艺术当代传承的新艺术样式。民族歌剧的舞台保留了传统戏曲舞台虚实相生的特点，又在表演中融入了程式化和写意的动作，在音乐上加入了民族乐器的伴奏，结合了地方戏和地方曲艺的调子和节奏，这些都是歌剧在地化的创造和沿革，也是传统艺术传承面对全球化的转型。

歌剧作为一种由西方引进的剧场文化消费品，在本土化的同时形成了民族歌剧这种新的产品类型，满足了消费者的在地需求。在全球化的进程

---

① 余洋洋等，《全球化与在地化》，《广西民族大学学报》（哲学社会科学版），2021年第4期，第23页。

中，电影、广播、电视等技术手段和传播媒介也催生了民族歌舞电影、美术电影、戏曲电视剧、"空中"曲艺等消费品。尤其在新技术引入中国的初期，这些新的文化产品形式迫切需要传统艺术提供内容，以打开市场，吸引消费者。在新的产品类型逐渐成熟之后，在地化的需求也推动着传统艺术面向当代受众的变革。例如，在1970年上映的现代京剧电影《智取威虎山》中，受到电影消费者的审美趣味和观赏习惯的影响，影片加入了滑雪舞的场景，将现代的舞蹈元素和传统戏曲的步法结合起来，同时又尝试了依据人物形象的特点而不是依据行当做唱腔的划分。在音乐上，影片在一定程度上采用了交响音乐。在念白上，表演以京白和普通话为主。这些对传统京剧的改革和发展，反映了在地消费者对全球化带来新技术和新产品的需求变化，体现了京剧传承文化影响力和传播效能的提升。消费市场将电影这种大众媒介转化为戏曲传承的新领域。

全球化带来了新技术、新观念，消费市场上新的艺术产品也应运而生。上海歌舞团出品的舞剧《朱鹮》，江苏大剧院、南京民族乐团出品的舞剧《红楼梦》，北京演艺集团出品的舞剧《五星出东方》等作品，都是现代形态的综合舞台艺术，我们很难将其归类为传统舞蹈。但这些表演又都脱胎于传统舞蹈和传统音乐，是现代剧场艺术的在地化产品。"更好的技能、更强的文化多样性和全球性都离不开美的事物和产品的支持，比如音乐、电影和艺术品，这使娱乐和消遣所需要的资源不会枯竭。"[①]在中国融入世界的现代化进程中，声光电的舞美技术、机械化工业流水线和数字媒体技术必然会介入艺术生产，在获得全球化的同时也面临着同质化的压力，但消费的在地化对艺术生产提出了保持文化差异性和多样性的要求，而传统艺术恰好满足了这种要求，并成为不竭的资源。在现代建筑中运用卯榫和斗拱结构，在现代服饰中运用刺绣和扎染工艺，在电子游戏中加入建造虚拟古典园林的任务，在现代家具中使用传统漆雕工艺……这些在地的产品消费蕴含着全球化的痕迹，继承传统反倒促成了它们的现代转型——对于人类共性的基本需求而言，不同文化决定了不同的消费习惯，需求的满足方式和满足程度也就不尽相同。

博览会是西方工业革命之后兴起的产品推广和行业联合的组织形式。

---

① 唐燕等，《文化、创意产业与城市更新》，北京：清华大学出版社，2016年，第204页。

随着全球化步伐的加快，我国各大城市也相继主办了涉及多个领域的博览会。"外国游客在旅游目的地的跨文化互动不仅限于主客之间的人际互动，还包括人—物质、人—制度、人—符号等多层面的接触。"在地化和全球化并举的消费本质上是一种跨文化。而当艺术成为展会、旅游产业的符码，消费活动就演变为"物质、社会、制度、符号"四个维度互动。①2021年9月，江苏苏州举办了第十届文化创意产业交易博览会。以丝织手工艺、昆曲、评弹、核雕、刺绣等传统艺术为创意来源的文化产品成为了博览会的主角。传统艺术的当代传承不是孤立的，在地化消费一方面是对全球化成果的利用和转换，另一方面也是赋予了传统艺术从历史时空进入当代生活的场景和依据。在该博览会上，数字赋能新业态和文旅夜经济成了传统艺术融入产业领域的新契机。在平台经济和数字媒体技术不断发展的情势下，线上消费成为新的经济增长点，而夜间经济也成为文旅产业开辟的新消费时空。传统艺术依托数字技术所打造的各类新产品，如虚拟现实文化装备、线上博物馆、文化体验类移动终端应用等成为了新的消费业态。在"互联网+文旅融合"日益深化的趋势之下，同程科技"姑苏八点半·梦旅江南"传统艺术体验项目、喜马拉雅"运河书房"新"声"活数字文化体验馆、大禹网络数字IP展等线上消费和夜间消费的产品将消费的时空不断延展。②传统艺术在这些文化产品中，不仅仅作为资源和"标签"存在，而是传承得以延续的实现路径。如果没有这些新的技术手段作为支撑，没有这些新的消费业态，那么无论是评弹、苏剧等表演艺术还是木刻版画、刺绣等造型艺术都可能因为疫情和人们的生活习惯等主客观因素而失去受众。失去受众、阻断与生活联系的传承，最终会陷于皮之不存、毛将焉附的窘境。如果说全球化使中华传统艺术的当代传承成了一个开放的系统，在观念、技术和材料上形成了互通有无、相互借鉴的关系，那么在地化消费则是在具体时空中被传承的对象。

---

① 以上参见梁江川等，《跨文化互动视角下旅游目的地形象感知研究——以粤港澳大湾区为例》，《资源开发与市场》，2024年第6期，第923页。
② 参见郑楚豫，《第十届苏州创博会今日开幕 共绘新时代"江南好图景"》，央广网，网址链接：http://js.cnr.cn/qxlb/20210923/t20210923_525611918.shtml，2021年9月23日。

下 编

案例研究[①]

[①] 中华传统艺术可以分为表演艺术和造型艺术两大类。下编选录了笔者对表演艺术的案例——昆曲和造型艺术的案例——桃花坞木刻版画的研究。

第一章 从"活化石"到"新国潮":昆曲艺术当代传承的消费路径

昆曲是有着悠久历史的中华传统表演艺术,约形成于明代中叶。昆曲被称为中国传统戏曲的"活化石"。这个比喻既指出了昆曲是古老的剧种,以"百戏之师"或"百戏之母"的身份影响了后来的京剧和各地方剧种,同时也表明了昆曲在近几十年遭遇到了生存危机,一度处于"濒危"状态,亟待抢救和保护。一部分传统剧目失传,观众市场也出现过低迷,因而一定程度上造成了多见于博物馆和文献资料中而不见于舞台演出的境况。

新中国成立初期,昆曲剧团大多为民营,市场生存状况颇为艰难。1955年,拥有王传淞、周传瑛等"传"字辈艺人的浙江"国风"剧团将昆曲传统剧目《十五贯》进行改编并赴上海、杭州等城市演出。起初,演出的售票情况不佳。随着田汉、梅兰芳、欧阳予倩、韩世昌等名人前往观摩,演出低开高走,渐渐扩大了影响力。1956年春,浙江昆苏剧团整理改编本《十五贯》进京公演获得成功。故事中对古代官员形象的塑造批判了主观臆断的官僚作风,肯定了实事求是的精神,恰好符合其时中央反对主观主义和官僚主义的号召。1956年4月17日,毛泽东主席在中南海怀仁堂观看了《十五贯》。4月19日,周恩来总理在北京广和剧场观看该剧并与全体演职员见面。4月25日,毛泽东主席在国务院直属礼堂再次观摩此剧。一周后,毛泽东作出了"百花齐放、百家争鸣"的讲话,中共中央宣传部在传达"双百"方针时,举《十五贯》为推陈出新之例。5月17日,周恩来总理在中南海紫光阁邀请首都文艺界人士二百余人参加昆曲《十五贯》座谈会,并发表讲话。5月18日,《人民日报》专门发表社论,题为

《从"一出戏救活一个剧种"谈起》。①昆剧整理改编版《十五贯》引发热议并开启了昆曲艺术传承的文艺事业道路，既与"双百"方针和"推陈出新"的党的文艺政策的指引有关，也与昆曲的艺术价值和教化功能，尤其是与党的思想整风运动的提倡相适应有关。此后，组建和发展国有昆剧院团，将昆曲保护和传承作为重要的文艺事业，以及积极探索昆曲的市场规律，培育昆曲的观众和消费者，在全国范围内扩大昆曲的影响力，成为并行不悖的两条传承线索。

事实上，昆曲传承与消费之间的距离，虽然在20世纪50—90年代的发展历程中有着远近差异。但是，无论是国家财政支持下的免费或低票价演出观看，还是在北京、上海、江苏、湖南、浙江等地建立昆剧院团的宏观调控和号召，抑或是传承艺术家培养、剧目体系建设和市场培育等支持性和引导性行为，都是与消费紧密相关的。毕竟，昆剧的欣欣向荣和有序传承无法脱离观众即消费者，也无法脱离演出市场。与其说昆曲传承有着事业和产业两条道路，毋宁说是在传承昆曲的过程中政府的保护、支持和引导为昆曲能够源源不断地被消费而促进持续生产保驾护航。

2001年5月，联合国教科文组织（UNESCO）将中国昆曲列为首批人类口头和非物质遗产代表作。同年6月，原文化部召开"保护和振兴昆曲艺术座谈会"。12月，《文化部保护和振兴昆曲艺术十年规划》出台。其后，《国家昆曲艺术抢救、保护和扶持工程实施方案》发布。至此，昆曲艺术的传承迎来了新的面貌。以全国八大昆剧院团为主体的传承力量，"以相对稳定的艺术传承进行了现代舞台的提升，同时力求借助市场推广、文化普及等方式……实现社会效益与经济效益的结合……在当代戏曲舞台上成功地实现了从古典向现代的转化。'一种古典品质'成为昆曲与时俱变的本体旨趣"②。2004年首演的苏州昆剧院青春版《牡丹亭》、2005年首演的江苏省昆剧院《1699·桃花扇》、2013年北方昆曲剧院《续琵琶》、2018年首演的昆山当代昆剧院《顾炎武》等作品逐渐成为了深受年轻人追捧的"国风"潮流单品，演出市场火爆。同时，昆曲在短视频、弹幕网等新兴传播媒介上获得了流量的增长，甚至演化为"Z世代"的流行时尚，彰显

---

① 参见张一帆，《一出戏怎样救活了一个剧种：昆剧〈十五贯〉改编演出始末》，北京：中国戏剧出版社，2021年，第1—8页。

② 王馗，《昆曲二十年"非遗"保护实践》，《中国文艺评论》，2021年第12期，第60页。

了文化自信。从"活化石"到"新国潮"的蜕变，反映了昆曲艺术的当代传承始终伴随着形态各异的消费。

"消费是最直观的一种文化认同，也是人们对于自我形象的塑造。市场显示，'新中式'消费群体在人群结构上逐渐从年轻化趋向多元化，由此也催生出越来越细分的场景需求。"[1] 无论是"国潮"还是"新中式"，这种基于文化认同的消费趋势并非划定了传统与现代、西方与中国、舶来与本土的二元对立，而是在生活方式的建构中弥合了中西和古今的争执。从主要依靠财政拨款，在市场中艰难生存，到文化和旅游产业中的创意激活和转化，以文化资源助力经济发展，昆曲艺术始终维持着生产和消费，并不断以新的身份出现在人们的生活中。

第一节　宏观调控下的昆曲消费与当代传承（1949—1977）

新中国成立之初，昆曲面对戏曲改革政策的推动，演出市场处于衰落期。早在抗日战争时期，毛泽东主席就针对传统戏曲提出了"推陈出新"的号召，高度评价了新编平剧《三打祝家庄》。1948年11月，《人民日报》发表了《有计划有步骤地进行旧剧改革工作》的社论，指出了旧剧改革的必要性和分类依据。1951年5月，原政务院颁布《关于戏曲改革工作的指示》，明确了改戏、改人、改制的原则。[2] 昆曲艺术在当时的改革背景下，虽然也迎来了革新和推广的机遇，但仍然受到了作为"旧戏"的极大束缚。究其原因，主要可以概括为以下两点。第一，昆曲艺术不同于京剧、越剧、豫剧、晋剧等板腔体戏曲，属于曲牌体，格律、曲律等有着严格的规范和较高的创作门槛，在历史新编戏和现代戏创作方面造成了障碍。第二，昆曲在很长的历史阶段内以"案头文学"的形式流传，受到了文人审美偏好的影响，留下的大量作品是文人的独立创作或经过了他们的加工，

---

[1] 周庆富，《"新中式"热潮现象分析与引导策略》，《艺术学研究》，2024年第4期，第8页。

[2] 参见欧阳雪梅，《中华人民共和国文化史（1949—2012）》，北京：当代中国出版社，2016年，第21页。

形成了善于用典、文辞精雅、曲调婉转的特点。虽然昆曲中也有清新自然、明白晓畅的追求和流派，昆曲剧目也有雅俗共赏的先例，但文人化气息在客观上造成了昆曲艺术的曲高和寡。这与戏曲改革中提倡人民性，让广大劳动人民喜闻乐见的基本定位是存在沟壑的。

与此同时，昆曲消费的需求仍然大量存在。曲社是昆曲传承自发的民间组织形式，以拍曲和清唱为爱好的曲友仍然活跃，昆曲是他们业余生活的重要组成部分。堂名的经营虽然受到了戏曲改革的限制，但昆曲与婚丧嫁娶等红白喜事民俗活动的联系并没有消失，仪式演出和行会演出依旧在上海、苏州、杭州等城市流行。观众对演出的热情也有所保持，浙江"国风"剧团于1951—1953年在杭州的演出维持了剧团的运营，由此可见一斑。有学者指出，新中国成立初期（1949—1956）的昆曲演出是"衰而未绝"的状态，"传"字辈和他们的老师辈艺人维系着昆剧"戏脉"，曲社和堂名维系着昆曲"曲脉"，曲家维系着昆曲"文脉"，政府的支持和文化政策的保护也推动着昆曲在短时间内的较快恢复。[①] 在这些因素中，政府的宏观调控起着至关重要的作用，调节着市场对资源的配置，引导着昆曲艺术传承更能适应新中国成立初期的时代条件和社会环境的变化，从而在形式和内容上做出调整和变革，更好地通过消费服务于人民群众的生活需求和精神需要。

一、全国"一盘棋"和昆曲市场资源的配置

现今全国八大昆剧院团大多重组、成立于20世纪五六十年代（昆山当代昆剧院于2015年挂牌成立），主要与两个原因有关。第一，戏曲改革的推进和文艺"双百"方针的实施，使全国各地的昆曲界人士积极响应号召，加入昆曲艺术的抢救、保护和传承工作中。昆曲是曾经流行于全国的剧种，在多省市均有着一定的传承基础和固定观众。在党和国家领导人提出了保护和发展昆曲艺术的倡议之后，这项工作就成为了全国"一盘棋"。传承的各种要素，包括演出力量、民间资本、创作力量、观众等在政府的宏观调控和引导下优化着市场对资源的配置。1956年5月，《人民日报》

[①] 王宁，《建国初期（1949—1956）的江苏昆剧为什么会衰而未亡》，《贵州大学学报》（艺术版），2022年第1期，第42页。

发表了社论《从"一出戏救活一个剧种"谈起》，为昆曲的传承发声。"昆曲起源于江苏，却让浙江拿去出了名，这促使江苏开始重视昆剧……10月（1956年，笔者按）中旬在江苏筹建了江苏省苏昆剧团……1959年秋，由于演出任务重、交通不便故省委决定调昆苏剧团（属地苏州，笔者按）比较优秀的演员张继青等十几人至南京成立省昆剧团。"[①] 不仅是江苏，1957年成立的北方昆曲剧院、1961年成立的上海昆剧团、1964年成立的湖南省昆剧团等也都是在全国"一盘棋"之下完成的重组、更名和建团（院）。需要指出的是，在新中国成立初期，虽然实施的是计划经济，但在集中统一的原则之下，仍然强调中央与地方两个积极性的结合，以计划管理为主的同时，也重视市场管理。这就意味着在处理昆曲艺术传承与经济的关系问题时，不仅突出宏观调控的作用和地位，也没有忽视昆曲市场的基础资源。国有昆剧院团的筹建和改组，很多都是对民营院团资源的整合。

此外，昆曲观众和固定演出场所的存在，也是这些城市既有的市场资源。1960年，湖南省昆剧团的前身郴州专区湘昆剧团在嘉禾昆曲训练班的基础上成立，就与该地区的昆曲流传和固定观众的养成有关。宏观调控是以市场资源为基础的，保护和传承也最终要通过消费落实到人民群众的生活中去。成立昆剧院团不仅仅是为了整理、复排和创编昆曲剧目，更重要的是在各类剧场和公共场所演出，服务于人民群众的精神文化需要。

第二，1953年，发展国民经济的"第一个五年计划"开始实施，随着工业化和社会主义改造进程的加快，人民群众的物质、文化需求也在迅速提高。异地交流性演出满足了昆曲消费的多元需求，也体现了市场资源的不均衡。1956年，江苏的昆曲生产和消费出现了供需矛盾。南京、苏州等地的昆曲观众延续着观演习惯和热情，但江苏当地的昆曲院团在筹建之际尚不具备供应演出的能力。12月，由韩世昌、白云生等参与组成的北方昆曲代表团先后赴苏州、南京演出昆曲，《游园惊梦》《拾画叫画》《林冲夜奔》等折子戏受到了观众的追捧。[②] 各地观众精神文化需求的提高，也表现在他们对昆曲观赏的专业性上，表现在对不同演出风格、作品内容和演

---

① 陈泓茹，《新中国成立后昆曲艺术在南京的生存轨迹与传承发展》，《艺术百家》，2014年第3期，第66页。
② 演出信息参见吴新雷等，《中国昆剧大辞典》，南京：南京大学出版社，2022年，第248页。

出技艺的评判力上。浙江永嘉昆剧团的前身为温州巨轮剧团，1954年划属永嘉县，完成了更名和改建。20世纪50年代，永嘉昆剧团赴上海演出《荆钗记》《琵琶记》《绣襦记》《当巾》《追舟》等，反响热烈。永嘉昆的演唱融入了海盐腔，剧目和表演则受到了南戏的影响。对于当时上海的观众来说，永嘉昆不同于"南昆"和"北昆"，是陌生而新奇的，但同时他们又折服于永嘉昆独树一帜的舞台表演。"浙昆《十五贯》冲破了套数的束缚……能够就内容去选择合情的曲牌……一是基本遵照格律……二是对原牌字句有所增损……三是采用自由体……（唱腔，笔者按）'合'的好处就是兼收并蓄各腔优点，提高演出质量，面向更多观众。"[①] 由是观之，浙昆自《十五贯》至此后十余年的传承，均以舞台实践和市场中的观众为艺术标准的检验至高准则，不因循守旧、不故步自封。

国家和地方政府的宏观调控，首先保障了昆曲生产的广泛性和持续性，北京、上海、江苏、浙江、湖南等省（市）国有院团成为昆曲艺术传承的中坚力量，昆曲消费得以出现在北方、西南和江南的广大地区，为院团所在的周边城市提供文化服务。其次，宏观调控激发了生产和消费中市场资源的流动性，无论是演出的供给还是受众的观摩，都在宏观调控中实现了资源的优化配置。各地观众的需求不一，各院团的演出剧目和风格也各有所长，消费作用于再生产，推动着剧目体系的建立和人才梯队的培养。各院团的代表性剧目的确立和表演艺术家的养成，正是在全国范围内的演出消费中逐步达成的。最后，这一时期国有院团大多具有演教一体的性质，代际传承是在拜师学艺的过程中延续的。上海华东戏曲研究院的"昆大班"、江苏省戏曲学校昆剧班、湖南郴州嘉禾昆曲训练班等昆剧教育单位不断为属地的昆剧院团输送人才。兴办昆剧教育是宏观调控的行为。教育单位培养的人才如果无法融入演出团体，不能最终走向昆剧消费的舞台演出，那么传承的目的也无法真正实现。

二、面对新生活的消费者和昆曲的"旧"与"新"

无论是"一出戏救活一个剧种"对昆曲保护和传承的要求，还是戏曲改革"推陈出新"的号召，都是国家对昆曲生产的宏观调控。新中国成

---

① 吴春福，《非遗保护与湘昆研究》，苏州：苏州大学出版社，2020年，第197—198页。

立后，随着国有昆剧院团的先后组建，一批传统折子戏和全本戏得到了整理、改编和复排，昆曲现代戏也在探索中接受着演出市场的检验。昆曲作为"曲牌体"结构的戏曲音乐，对新编戏的创作有着很高的门槛。戏曲改革对昆曲生产供应的引导，主要体现在两种方向上。第一是对传统剧目进行适应社会现实需要的改编。20世纪50年代，北方昆曲代表团集结了韩世昌、白云生、侯永奎等名家，曾赴上海、杭州、苏州、南京等城市巡演，供给的剧目几乎全部为传统戏，包括《琵琶记》《荆钗记》等。这些传统剧目也进行了一些改编，对情节内容进行删减和凝练，在表演上更符合现代剧场的舞台条件。南方观众对北方昆曲的差异化风格显示了浓厚的兴趣，同时又高度赞赏经过改编、符合当时人们审美习惯的经典剧目呈现。俞平伯当时在《人民日报》发表《看了北方昆剧的感想》，提出要避免"原封不动"和"任意妄改"两种偏差。[①] 第二是探索革命现代戏的新剧目排演。如果说《十五贯》作为改编版的传统戏在表现古代官员的形象上与反对主观主义、官僚主义的时事相照应，为新编历史剧的创作和排演提供了某种参照，那么昆剧革命现代戏则可以说是摸索前行、如履薄冰。1960年5月，江苏省举办首届青年戏曲演员观摩演出，郑山尊根据话剧《两个女红军》改编为昆剧现代戏《活捉罗根元》。演出获得了观众的认可，成为江苏省昆剧院的保留剧目。"该剧剧情简单明了，主要反映抗战中的一段故事。并且曲调、舞美和唱腔极其优美，非常吻合昆剧艺术的传统。作为古老昆剧与新编现代戏的结合，不失为一部顺应潮流的佳作。"[②] 在新中国成立初期社会主义工业化建设和社会主义改造进程中，人民群众作为昆曲的消费者迎来了新的生活方式，他们对于昆曲的消费期待也发生了变化。对昆曲较为熟悉的观众希望保留昆剧的"原汁原味"，体验其独特的艺术魅力，而对昆曲较为陌生的观众则希望昆剧能够贴近现实生活，有更为新鲜、多元的题材内容。

从昆曲生产的供给角度来说，宏观调控是以消费需求为依据的。首先，新中国成立后，社会主义建设消除了宫廷、封建贵族家庭等昆曲消费的社会基础，昆曲艺术成为人民群众的精神文化产品。昆曲艺术作为精英

---

① 胡明明等，《韩世昌年谱（1898—1976）》，北京：北京燕山出版社，2016年，第247—248页。

② 顾斌，《省苏昆剧团排演〈活捉罗根元〉》，《苏州日报》，1995年7月27日。

文化和民间文化的对垒不再以经济地位和社会阶级的归属而存在。科班、堂名等昆曲生产组织也逐渐退出历史舞台，而民俗、休闲娱乐和教化的需要仍然在人们的生活中延续。"堂名是一种满足人们精神消费的'非物质'商品形式存在，服务于婚礼、祝寿、满月、乔迁、挂牌等礼俗事项以及庙会、闹元宵、赛龙舟等民俗活动之中。"[1]20世纪50年代以后，堂名式微，这与人们在传统节日和人生礼仪的场合中消费昆曲音乐的需求萎缩有着直接的关联。人民群众的生活习惯和民俗风尚发生了转变，需求的减少影响了昆曲演出和昆曲音乐表演的生产供给。堂名的传统表演技艺也没有就此消亡。以苏州常熟地区的"春和堂"为例，传承人吴锦亚于20世纪50年代曾在江苏昆剧团和苏州戏校任教，传授昆剧唱念、昆剧锣鼓和十番锣鼓。[2]从宏观调控和消费需求的关系来看，昆曲艺术在五六十年代的传承，存在着"演教合一"和"演教分离"的两种路径。演出市场和传承教育之间有着相互哺育、相互支撑的关系。在宏观调控之下，国有昆剧院团成为了昆曲消费市场的主要供应方，堂名的传承人和有关文献资料转化为传承教育和保护性研究的有机组成部分。此外，民间曲社对昆曲的传承也受到了政府的支持。1954年，甘贡三在南京市文联的协调下主持创办了业余唱曲组织"南京乐社昆曲组"，成员逾百人，反映了人民群众对昆曲艺术的热衷，也是对政府保护和传承昆曲艺术的响应。业余曲社对昆曲的演习和传播，离不开昆曲相关产品的消费。观摩演出、购买唱片、收集曲谱，这些自发的传承行为都建立在昆曲保护和生产的宏观布局之上。

面对人民群众不断提高的文化需求，以消费来反向推动昆曲艺术的传承也得到了政府宏观调控下各界文艺工作者的回应。1956年，上海电影制片厂推出了陶金执导，周传瑛、王传淞主演的昆曲电影《十五贯》。1960年，北京电影制片厂推出了昆曲电影《游园惊梦》，邀请梅兰芳、俞振飞担任主演。"在分镜头剧本里，规定了闺房、庭院、花园、小桥畔和牡丹亭畔的不同布景，与在舞台上的虚拟表演大不相同。"[3]这些昆曲电影不仅

---

[1] 李明月，《"堂名"忆旧：苏州地区十番锣鼓生存现象探微》，《音乐研究》，2012年第4期，第51页。

[2] 李明月，《"堂名"忆旧：苏州地区十番锣鼓生存现象探微》，《音乐研究》，2012年第4期，第51页。

[3] 俞力，《昆曲艺术》，北京：北京理工大学出版社，2020年，第104页。

体现了较高的艺术水准，也获得了电影市场消费者的青睐。昆曲成为大众媒介的消费产品，在人民群众中产生了广泛的影响。

1966—1976年，革命样板戏盛行全国，昆曲的生产和消费进入了低迷和阻滞的阶段。

第二节　被市场"边缘化"的昆曲消费和传承的坚守（1976—2001）

革命样板戏盛行全国的十年间，昆曲遭遇了观众的流失、剧团的解散和演员的转业。1978年，党的十一届三中全会召开，改革开放和发展市场经济吹响了号角，昆曲艺术的传承也稳步恢复。自1977年底，国有昆剧院团相继恢复重建，昆曲演员也有了新一辈的传承人，观众对昆曲演出的热情也在压抑中不断积累。江苏省昆剧院、上海昆剧团、浙江昆剧团分别在原来江苏省苏昆剧团、上海青年京昆剧团、浙江昆苏剧团的基础上扩充成立。与此同时，林继凡、石小梅、王奉梅、胡锦芳、黄小午等"第二代"昆剧演员成为了演出主力军。1980年，上海举行了俞振飞舞台生活六十周年纪念。1981年，苏州举行了"昆剧传习所"成立六十周年纪念。1982年，两省一市（浙江省、江苏省、上海市）昆剧会演举行。[①]在这些主题活动的演出中，昆剧舞台恢复了活跃，观众表现出浓厚的兴趣。昆曲生产和消费的市场要素逐渐回归，这为昆曲的传承和发展创造了有利的条件。此时，国家的宏观调控也起到了一定的作用。1982年，文化部提出"抢救、继承、革新、发展"的昆剧工作指导方针。1984年，文化部颁布《关于保护和振兴昆剧的通知》，落实昆曲传承的各项工作。这些举措维护了昆曲演出市场的稳定，传统剧目数量大增，新编剧目也填补了市场空隙。[②]

虽然国家对昆剧的限制政策解除了，对昆曲传承作为文化事业的重要组成部分也进行了规范和引导，但经济体制改革和发展市场经济的时代

[①] 参见胡忌等，《昆剧发展史》，北京：中华书局，2012年，第438页。
[②] 参见杜瑶等，《百花齐放：民族戏曲特色剧种研究》，北京：九州出版社，2021年，第6页。

趋势却在客观上造成了宏观调控的干预力量已不同于50年代"全国一盘棋"时期。换言之，从昆曲生产和消费的角度来看，宏观调控的干预有所减弱，而发挥市场在资源优化配置中的作用成为了大势所趋。改革开放以后，社会观念出现了新的变化，效率、金钱、创业成了潮流和关键词，大众文化和快餐文化甚嚣尘上。人们面对的是更为多样化的艺术类型，文化消费的选择日益繁多。电影、电视、广播、出版物等文化商品挤压了昆曲的演出市场，昆曲在价值观的转变、生活方式的变化、宏观调控力度的减弱和更为自由、宽松的市场环境的多重"围剿"下逐渐处于"边缘化"的尴尬位置。

一、昆曲消费市场的低迷

宏观调控力度的减弱主要表现在经费支持的降低。国家财政对昆曲演出的消费补贴，意味着人民群众观看昆曲很大一部分比例是由政府支付的。这对于引导昆曲消费有着积极的作用。随着经费的减少，不仅限制了昆曲的生产和供给，包括剧目排演和演员培养，也加大了观众的开支，提高了消费者的支付比例，当时的昆曲观众还没有养成这样的消费习惯。

受到电影、电视、广播等大众文化消费品的影响，人们对新题材、新内容的艺术产品更感兴趣，同时又对持续时间久、节奏缓慢的昆曲表演渐渐产生了抗拒。20世纪80年代以后，昆曲的剧场演出呈现精选化的特征，往往压缩表演时长，在情节上也删繁就简，这是因人们的消费习惯改变而做出的调整。"今天的剧场条件、戏剧观念、表现手段与观剧习俗都发生了变化。'一个晚上演毕'的本戏，时间大多在两三个小时内，其中又以两小时左右的居多。折子戏专场，也同样受制于观剧时间，大多在五个折子戏以内，与传统的'夜八出'相距甚远。"[1]八九十年代，电影和电视的内容种类丰富，军事、刑侦、言情、伦理、历史等题材一应俱全，既与人们的现实生活联系紧密，又充满时代想象力，对于消费者而言比传统昆剧更具有吸引力。同时，大多数电影的叙事节奏更快，电视和广播又可以在工作和生活的间隙进行足不出户的欣赏，这些新的消费习惯在潜移默化中逐步养成，与昆曲的消费方式大相径庭。当消费习惯和偏好在悄然改变的

---

[1] 丁盛，《当代昆剧创作研究》，上海：上海古籍出版社，2017年，第50页。

同时，在市场选择更多的情况下，人们通过个人支付来观看昆曲演出，就变得有些谨慎和迟疑。

戏曲演出市场的竞争也颇为激烈。昆曲在历史上曾经是流行于全国的剧种，但在京剧成为"国剧"之后，昆曲成为地方剧种。中州韵的使用、典丽精工的文辞和高标准的表演要求也使在众多地方戏中很难在市场上突围。以昆曲最为盛行的浙江、江苏和上海等地为例，越剧、苏剧、沪剧等地方戏更为通俗浅显，表演也较为生活化，板腔体的音乐也更容易流传，各种曲调流派都有着较为稳定的观众群。20世纪80年代以后，虽然昆曲市场有所恢复和振兴，但处境仍较为艰难，一些昆剧院团在面对市场的选择时只能兼演甚至主要演出其他更受市场欢迎的地方戏。正是在这样的背景下，苏州昆剧院在八九十年代基本暂停了昆曲的表演，代之以苏剧表演来维持生产和消费的平衡。"以苏养昆"成了一种无奈的昆曲保存方式。[①]昆曲在市场上的低迷体现在生产和消费的双向互动中。越剧、沪剧、豫剧等南北地方剧种在八九十年代均推出了一系列反映现实题材的新编戏，而昆曲限于自身的特点，更多生产力量集中在传统戏的保护、整理、复排和改编上。生产没有及时应对消费的变化，自然造成了市场的惨淡。与此同时，市场表现不佳又挫伤了生产的积极性，再生产很难扩大和继续。

从生产供给的角度来看，昆曲在创新剧目方面举步维艰，这是市场竞争力不足的一个关键因素。事实上，国家的宏观调控和昆曲政策的调整也并非没有注意到这个问题。1986年，文化部成立了昆剧振兴指导委员会，主要以人才培训班和剧目抢救为主要任务。虽然在资料整理、影音记录、剧目展演等方面都取得了一定的成果，但在市场表现上收效甚微。1995年，文化部根据原来的昆曲保护方针，调整表述为：保护、继承、创新、发展，以"保护"取代"抢救"，以"创新"取代"革新"，意在保护昆曲传统的同时，强调传承应有的创造力和创新意识。1996年，在北京举办的"全国昆剧新剧目观摩演出"中，《偶人记》《少年游》《司马相如》等创新剧目亮相。这些新编戏体现了传统与现代相结合的特点，具有时期气息，不失为有益的市场探索。在八九十年代，以剧目展演、研讨会、艺术活动

---

① 参见赵雅琴，《传统与现代之间：论1978年以来昆剧的复兴》，武汉大学，博士学位论文，2020年6月，第16页。

等作为"窗口"展示昆曲传承的成果,从而借助这些聚集政府、业内人士和社会各界目光的"平台"为昆曲演出市场做出引导和孵化,这是宏观调控和市场优化配置资源相结合的实践路线。2001年,原文化部副部长潘震宙对昆曲艺术传承走过的50年历程做了回顾,并在世纪之交做出了发展形势的判断,"昆剧艺术无论从其自身还是从市场的前景看,总体呈上升趋势,有希望不会成为博物馆艺术,而在21世纪中得到很好的继承和发展"。[①]这段讲话的发表恰逢联合国教科文组织公布第一批世界口头和非物质遗产代表作名录,昆曲艺术入选。此时,昆曲艺术的传承发展正迎来新的机遇,在经历了困难和低落后,昆曲市场的复苏正初见端倪。

二、昆曲大众消费的两种形式

"文革"结束后,昆曲在恢复期的演出市场低迷。与此同时,昆曲消费与大众传播媒介的技术手段相结合,也产生了一些新的样式。随着电影、电视逐渐成为供人们休闲娱乐和陶冶性情的文化消费品,昆曲也进行着积极的尝试。1979年,由陶金导演,浙江昆剧团的汪世瑜、沈世华、王世瑶等主演的昆曲电影《西园记》上映。在革命样板戏占主要地位的十年间,除了京剧样板戏影片以外,戏曲电影的拍摄和公映几乎停滞。《西园记》的上映,使昆曲再次借助电影这种大众文化消费品的形式进入市场。1986年,南京电影制片厂出品了张继青主演的昆曲电影《牡丹亭》,岳美缇、张静娴主演的昆曲电影《玉簪记》也于同年上映。这些昆曲电影均为传统剧目的搬演,保留了舞台艺术片的特点。

20世纪八九十年代,戏曲电影的拍摄出现了故事片的转型,越剧、黄梅戏、京剧电影等试图突破舞台的限制,融入了生活实景和电影的蒙太奇语言。但昆曲电影仍然在很大程度上保留了舞台演出的实况,带有传统剧目舞台纪录片的倾向。值得注意的是,1960年的昆曲电影《牡丹亭》反倒呈现了电影故事片的样貌,运用了更多写实的布景和剪切,通过处理近景、中景、远景之间的关系来制造空间深度。而1986年的电影版本反倒采用了更多长镜头和平面化的舞台记录,减少了电影场面调度的安排。"1960年影片中,反复出现的单镜头内部前景、中景与后景之间的彼此作

---

① 潘震宙,《在保护和振兴昆曲艺术座谈会上的讲话》,《中国文化报》,2001年6月16日。

用也丰富了其视觉性……近距离构图及摄影机与人物主体间的亲密关系非常明显……激发一种对景框存在、界限及视觉限制的强烈体认感。1986年影片中，出现了比较简单的场面调度及较浅层次的空间，摄影机通常与被摄主体较远且通常角度较低——此种远距离和低角度暗示其与剧院戏曲观众视角的一致性。可见1986年影片更多强调保持舞台表演艺术的连贯性与全景性，展示绘画美感及使用全景镜头与长镜头全面展示舞台表演的体态动作。"①

不仅是《牡丹亭》，八九十年代的昆曲电影基本上都强化了舞台纪录片的特征。孙元意导演，蔡正仁主演的昆曲电影《奇双会》也是如此。结合这些电影当时疲弱的票房表现和均在电视台中以电视电影的形式播出过的现象，我们从中可以发现，八九十年代的昆曲电影拍摄是昆曲艺术保护和传承过程中对电影这种大众文化消费品的市场开拓之举。这些尝试虽然并没有获得市场的成功，但通过消费介入大众的精神文化生活，试图以电影艺术精品和舞台纪录片资料留存的形式为昆曲艺术的传承事业做出贡献，它不是以盈利为目的，而是以产品供给调节消费的方式达到了普及、传播、教育和熏陶的作用。

20世纪90年代，电视机走进千家万户，电视节目和电视剧也开始成为大众文化消费品。京剧、黄梅戏、锡剧、沪剧、越剧、豫剧等剧种陆续与电视媒体结合，成为戏曲艺术传承和传播的新形式。戏曲与电视的结合大致可以分为三种类型：一是邀请戏曲院团和演员在演播室中进行表演并录制节目，有直播和录播两种形式。二是戏曲电视艺术片，以室内场景为主，多采用人工布景，注重呈现和记录戏曲的舞台表演。三是戏曲电视故事片，以室内场景为主，兼有室外场景，淡化舞台演出的痕迹，突出电视连续剧在镜头语言、剪辑和场面调度等方面的表达效果。昆曲艺术最为常见的是电视节目中的演出和电视艺术片。八九十年代，全国七大昆剧院团均有电视台邀约录制戏曲相关节目的经历。张继青、蔡正仁、岳美缇、张洵彭、蔡瑶铣等名家在电视戏曲节目中留下了珍贵的表演影像资料。

如果说在电视节目中的昆曲表演是借助电视大众媒介的影响力起到传

---

① 张泠，《两个版本昆曲电影〈牡丹亭〉中戏曲空间的电影化》，《戏曲艺术》，2012年第4期，第61页。

播和教育的功能，那么它本身也是大众消费的一种形式，只不过公立电视台的体制依靠政府财政覆盖了大众的付费收看。1996年，由蔡正仁、张洵澎主演的昆曲电视艺术片《牡丹亭》放映，广受好评。与其他剧种的电视产品相比，昆曲电视节目和电视剧产量并不高，但在艺术水准上每一部都属上乘。戏曲电视故事片取消或弱化了戏曲舞台的虚拟性和假定性，用更多的台词和更为生活化的表演取代了戏曲的程式化歌舞表演。昆曲艺术鲜见电视故事片。一方面，昆曲艺术依字行腔的演唱和高标准的手眼身法步造成了故事片生活化表演的阻碍；另一方面，昆曲的观众也更乐于看到还原舞台演出的特征和传统韵味。"人们对艺术品的消费观念在日渐改变，变得趋向随意、方便、小型化、个性化。以前非得到剧院才能看到的戏曲在新的艺术、文化消费观念上倒显得落伍了。"①电视成为八九十年代人们文化和艺术消费的新宠，但在消费观念和行为的变化并没有消除人们对昆曲艺术的期望和要求。于是，昆曲在与电视相结合的生产过程中，没有走向轻松、随意和扁平，而是保留了精品艺术的厚重感和纵深度，这既是传承中保护和坚守的谨慎态度，也是传承中的推广和普及的阻碍。

昆曲艺术在20世纪八九十年代开拓大众消费的形式，并没有自行其道。借鉴其他剧种的经验，昆曲艺术也探索了电影、电视节目和电视剧等多种类型。但新的消费形式如同昆曲的演出市场一般，出现了"叫好不叫座"的情形。昆曲消费并没有因此摆脱冷遇和衰微。

第三节　从文化遗产到消费的潮流单品（2001年至今）

2001年，昆曲入选"非遗"后，传承迎来了新的局面。首先是始办于2000年的中国昆剧艺术节每年如期举行，不断扩大规模和影响力。从最初主要以剧目展演和表彰激励为主要项目的活动发展为剧目展演、评奖表彰、学术研讨、曲社活动、人才交流、国际推广、文旅融合和创意产业的综合性平台。中国昆剧艺术节既是昆曲艺术传承人才培养和剧目体系建设的成果展示，也是昆曲研究和公共文化服务的纽带，同时与苏州虎丘、昆

---

① 周飞，《戏曲电视剧发展难点分析》，《艺术百家》，2015年第S1期，第71页。

山周庄古镇、苏州园林、苏州全晋会馆等旅游地标和服务项目结合，近年来又成为了与昆曲相关的创意产品和知识产权专项的发布和推广平台。从中国昆剧艺术节的发展趋势来看，昆曲传承的文化事业属性和产业属性已没有泾渭分明的界限，观赏昆曲，享受昆曲作为"非遗"文化的社会公共服务，都是昆曲消费的体现。如果说新中国成立后前五十年的昆曲传承，一直存在着国家宏观调控和市场配置资源之间的制衡关系，那么"入遗"后的昆曲传承则全面融入了经济社会的发展。

其次，昆曲传承的市场化运作已经探索出了一些切实可行的道路，形成了较为完善的体系。无论是江苏省昆剧院在文化体制改革上的先行，还是国有昆剧院团利用社会资本打造产业品牌，宣传和推广昆曲艺术，还是昆曲演员和名家在市场中的流动，激发活力，提高积极性，抑或是昆曲与旅游业、制造业等产业的合作，都是昆曲传承市场化走向成熟的表现。昆曲消费已不仅仅是演出市场的观摩，昆曲电影和电视剧的观看，或是昆曲相关出版物的购买和收藏。以昆曲为主题或元素的旅游体验项目，昆曲的周边文创产品等，已然成为昆曲消费的新潮流。

最后，2004年苏州昆剧院推出的青春版《牡丹亭》、2005年江苏省昆剧院推出的《1699·桃花扇》、2011年北方昆曲剧院推出的《红楼梦》等面向现代剧场和当代观众（尤其是年轻观众）的剧目已成为演出市场的热门单品。"以南昆经典之作《桃花扇》为例，从'一戏两看'《桃花扇》到青春版《1699·桃花扇》，有全本、选场、青春版等多种形式，满足了多样化的市场需求。"[①] 这些剧目不仅屡次在全国各地反复巡回演出，还走出国门，在英国、美国、日本等多地上演，成为传统艺术精品海外输出的典范。随着互联网经济的兴起，这些演出也在各大视频网站上架，体现了视频平台的多元题材和审美品位。在市场上获得青睐尤其是深受年轻消费者追捧的演出，呈现出与五六十年代和八九十年代昆曲剧场演出截然不同的风貌，渐趋成为一种引领文化潮流和审美风尚的文化产品，是时代与传统、世界与民族的交融，也是彰显文化自信的消费选择。

---

① 刘思琪，《如何从"推陈"走向"守正"——关于昆剧与粤剧当代创新路径的思考》，《当代戏剧》，2024年第4期，第21页。

一、传统戏的新演和现代戏的探索

昆曲"入遗"后演出市场的开拓，也是从传统剧目开始的。在昆曲传承的剧目体系建设中，传统戏从数量、艺术价值和社会影响等各方面都具有压倒性的优势。自 2000 年开始每年举办的中国昆剧艺术节上，"优秀展演剧目"奖多数为传统剧目，其中一些成为昆剧院团的代表性作品，如北方昆曲剧院的《续琵琶》、苏州昆剧团的《白兔记》等。这些传统戏的新演通常启用青年演员担任重要角色，运用现代舞美，在情节上也取其精要，控制演出的整体时长，总体上更符合当代观众的审美需求。同时，热门剧目一般都会在持续的几年中在全国主要城市进行巡回演出，并编排多个版本，有的则是精选折子戏，以满足剧场好戏连台、多戏同台的主题性演出。"（目前可见舞台搬演的昆曲剧目，笔者按）与传字辈戏目相比，失传 190 出（折），增加（大多为北昆、湘昆、川昆、永嘉昆等昆剧支派传承剧目，少数系传字辈老师重捏恢复）38 出（折），近 50 年来有过演出或教学记录的昆腔戏曲共计 414 出（折）。"[1] 传统昆曲剧目的保护、复排固然是一项重要的文化事业，但演出消费市场的直接动力无疑也反映了传承基本的效果，也是发现昆剧当代价值的基本立足点。

传统戏的新演注重消费的多样化需求，也具有现代剧场艺术品牌化的经营理念。"艺术的品牌化，必须对抗艺术遭到不断消费。因此，艺术和品牌是两相矛盾的事物。"[2] 尽管在文化产业中，艺术是品牌的增值甚至是市场的核心竞争力，但商业运营的品牌模式的确有可能对艺术传承造成困扰。在平衡中多样，成为昆曲传承与消费互促的重要理念。在苏州昆剧院推出青春版《牡丹亭》之后，上海昆剧团集合众多有"昆曲大熊猫"美誉的表演艺术家，推出了大师版《牡丹亭》，以满足消费者对昆剧名家的向往和崇敬。江苏省昆剧院采用了三代昆曲表演艺术家联合主演的方式，推出精华版《牡丹亭》，不仅浓缩、提炼了剧情主线，更展示了不同年龄段演员的差异化舞台效果，满足了消费者既能领略昆曲的岁月沉淀，又能感受昆曲的青春活力。2010 年，浙江省昆剧团整合了汤显祖"临川四梦"，

---

[1] 周秦，《昆曲的遗产价值及保护传承》，《民族艺术研究》，2017 年第 5 期，第 22 页。
[2] ［日］小山登美夫，《当代艺术商机》，蔡青雯译，北京：北京联合出版公司，2013 年，第 133 页。

推出了《临川梦影》。新的创编方式将《紫钗记》《牡丹亭》《南柯记》《邯郸记》熔于一炉，彼此独立又相互关联，以"梦"为衔接，打破了观众以往对昆曲传统戏的认知。如今，《临川梦影》已成为浙江省昆剧团的演出品牌之一。

历史新编剧是昆曲剧目创新的一个重要方向。2007年，浙江省昆剧团在京剧传统剧目《伐子都》的基础上排演了《公孙子都》。昆曲传承的优秀作品多为文戏，而传统武戏的恢复也在不断推进。《公孙子都》设计了很多惊险的武打场面，在视觉上更具有冲击力，同时也使表演节奏张弛有度，场面调度也更为复杂、宏大。《公孙子都》讲述春秋时期郑庄公和惠南王交战的故事，既有战争场面，又有权谋情节，还有爱恨纠葛的感情线，这些都带有商业类型化题材的元素，迎合了市场的消费心理。2011年，上海昆剧团创排新编历史剧《景阳钟》，在演出过程中不断完善、打磨着剧目。《景阳钟》的演出阵容涵盖了三代演员，文戏武戏兼备，在舞美上加入了现代元素。《公孙子都》和《景阳钟》取得了不俗的市场成绩，也都被拍摄为昆曲电影。尽管昆曲电影始终是一种小众的存在，但从中体现了昆曲市场化的积极探索。昆曲的新编历史剧可以视为传统戏和现代戏之间的过渡形态。故事发生在历史情境、人物身着历史服饰，唱词和念白也要符合历史语境的要求，这使新编历史剧保留了古朴和传统的风貌，但在故事内容和表演形式上又带有现代意识。"新编历史剧因为既可以体现'创新意识'，同时因为其是历史题材，在剧本编写上相对容易向昆剧传统程式靠拢，因此，在很长时间之内，新编历史剧成为昆剧剧目创作的主流。"[1]

如果说昆曲成为文化遗产，最初在消费市场带给这门艺术独特的身份标签和价值认可，那么它也可能给传承背上沉重的包袱。昆曲的现代戏没有形成规模，既受到了曲牌体、文人化等艺术特征的限制，也与人们对文化遗产的期待有关。"昆曲、京剧为代表的古代剧种因'遗产'之名在这些年里热起来后，'遗产'已成为一种包装，'传统（即遗产）'的旗帜缘此而高张，那些保守注意者沉湎在对'遗产'的怀旧之中，在舞台上则

---

[1] 潘妍娜，《"回归传统"的理念与实践：上海昆剧团全本〈长生殿〉研究》，上海：上海音乐学院出版社，2020年，第52页。

形成了以'遗产'为号召的古代剧目主导了戏剧的演出局面，并成为决定戏剧创作只可遵循不可逾越的规范，戏剧的创造精神因此萎缩并被边缘化了。"①昆曲的市场化要求艺术生产的内容和形式顺应时代的发展和人们生活的变迁，现代戏的探索即便不是昆曲传承的重心，但这种与时俱进的创造精神仍然有必要性。昆曲传统剧目的新演和新编历史剧、现代戏的创作，应当是并行不悖的。2020年起，江苏省昆剧院先后推出了昆曲现代戏《梅兰芳·当年梅郎》《瞿秋白》等，将京昆名家的生平和无产阶级革命家的奋斗历程等创编为昆曲剧目。2021年，苏州昆剧院推出了昆曲现代戏《江姐》，呈现了革命烈士的英雄事迹。《江姐》采用曲牌体、中州韵，坚守了昆剧的传统特征，同时又在人物造型和舞美上兼容了现代元素。2021年，上海昆剧团推出昆曲现代戏《自有后来人》，改编了1963年长春电影制片厂的同名电影，再现了抗战时期我党地下工作者的故事。《自有后来人》打破了曲牌的套曲形式，尝试了"破套存牌"，使音乐创作更具灵活性。这些昆曲现代戏虽然还处于舞台探索的阶段，但因内容反映了近现代的社会生活，带给观众耳目一新的感受。"双生轮唱、唱中夹白的演唱方式在传统昆曲剧目中并不多见。本剧（《瞿秋白》，笔者按）唱词虽然占比不高，但分布较为均匀，由多名演员演唱且唱法多变，不但能让观众欣赏昆曲音乐之美，感受十足'昆味'，还展现了不同演员的演唱特长。"②虽然昆曲现代戏的创作也与"建党百年"献礼、红色教育等现实需要有关，但消费市场的期待和需求也是不容忽视的一个动力。京剧的当代传承出现了《智取威虎山》《红灯记》等经典现代戏，昆曲现代戏却始终没有出现深入人心、耳熟能详的作品。现代戏未必是昆曲传承的出路，但满足消费市场需求变化的探索和尝试仍应值得肯定。

在昆曲消费市场最受欢迎的还是经久不衰的传统剧目，这是昆曲与其他剧种在消费端的差异，也是一种特征。当人们津津乐道于《牡丹亭》《桃花扇》《墙头马上》《白兔记》《玉簪记》等传统剧目的韵味和才子佳人的故事而不再强求昆曲刻意求新求变时，这恰恰也是文化自信的体现，是

---

① 张福海，《传统·剧统与创造——关于中国戏剧"传统"说的分析与辨误》，《民族艺术研究》，2017年第1期，第21页。
② 刘叙武，《昆曲现代戏创作的"守格"与"破格"——〈瞿秋白〉观后的思考》，《艺术百家》，2023年第1期，第77—78页。

昆曲艺术传承的正确方向。昆曲从"文化遗产"蜕变为消费市场的潮流单品，未必是前卫戏剧观念的植入，也未必是现代戏的剧目开拓，而是如何以更能适应当代观众的表演形式和市场运作模式将昆曲演出融入人们的生活，符合新兴的观演习惯。

事实上，昆曲生产的供应也逐渐影响了人们的观看行为。国家大剧院、长安大戏院、苏州昆剧院的厅堂、园林、南京"兰苑"剧场等，这些大小不一、舞台时空条件不一的演出场所承载着不同的演出形式，是对消费需求的精准满足，也培养了昆曲观众的消费习惯。中国昆曲博物馆的"星期专场"，江苏省昆剧院的"兰苑"剧场专场演出等，都是周期性的小剧场演出，形成了固定的观众群。而大型现代剧场不定期的精品大戏则容纳了流动性更大的消费群体。园林实景版演出吸引的消费者，则不仅是昆曲爱好者，也有众多的游客。这些不同生活场景下的昆曲消费体现了昆曲传承中生产和消费的互动关系，也是市场化的自觉实践。传统戏在这些消费项目中居于主体地位，现代戏也没有缺席。从消费视域观察昆曲"入遗"后的传承情况，传统戏和现代戏的争论已不再是焦点。当昆剧传统戏成为潮流单品，这也是文化遗产当代转身的一个侧影。

二、昆曲消费新形态

随着昆曲"非遗"影响力的扩大和市场化进程的加快，近十年来，昆曲消费出现了越来越多的新业态，主要表现在以下几方面。

第一，利用数字技术打造线上消费新平台。据《2022抖音戏曲直播数据报告》显示，抖音平台覆盖戏曲剧种231类。2021年，抖音戏曲直播超过80万场，累计时长144余万小时，累计观看人数逾25亿次。在已开播的戏曲视频中，73.6%获得过打赏收入。[1] 全国八大昆剧院团均有过直播演出，尤其是数字技术与文旅产业的深度融合，"云演出"成为了拉动昆曲消费的新形式。2022年6月，在"大戏看北京，云端演出周"活动中，北方昆曲剧院也参与了线上直播表演，《牡丹亭》《救风尘》《孔子之入卫铭》等传统戏和新编戏均在活动中亮相。昆曲观众在亲赴剧场受限的情况下，

---

[1] 金江，《2022抖音戏曲直播数据：已有231种戏曲开通直播》，《电商报》，2022年4月14日。

对线上演出展现出了强烈的兴趣。除了直播平台以外，bilibili弹幕网、优酷网等视频网站也收录了昆曲经典剧目各个版本的演出实况，尤其是各大院团的代表性剧目和名家的表演受到了视频网站用户的欢迎。数字技术不仅解放了剧场演出在时空上的限制，还能够精准地满足消费需求。用户借助直播和视频网站的分类上架和搜索功能，更为高效和便捷地实现了个人化的观看需求。

第二，利用文旅融合的契机，将昆曲演出的文化消费体验项目与风景名胜、传统节日、纪念日等时空场景和时间节点结合，用文化激活消费，消费使文化落地。在端午节、中秋节、清明节等传统节日，各大昆剧院团在属地推出了主题昆曲表演，与旅游产业融合，吸引了昆曲观众和游客的驻足观赏。在"5·18国际博物馆日""6·18世界文化和自然遗产日"等与昆曲相关的纪念日上，专场昆曲演出和以昆曲为主题的文化消费活动也呈现了多样的形式。昆曲电影、昆曲动画和昆曲创意产品为这些消费活动造势，也传播了昆曲文化，人们对昆曲作为"非遗"和优秀传统艺术的认知不断加深。江苏昆山依托当代昆剧院建立了梁辰鱼昆曲剧场，将展览、演出、体验、教育、科研熔于一炉，以公共服务产品的形式助力文化消费，成为文化经济的阵地和窗口。

第三，《反求诸己》《椅子》等实验昆曲利用戏剧节、文化节等活动平台扩大昆曲、剧团和表演艺术家的影响力，从而间接推动昆曲的消费。这些实验昆曲并不同于昆曲传统戏的新演和现代戏的创编，更多只是带有昆曲元素或是借助昆曲文化符号的新型演出类型。《反求诸己》是北方昆曲剧院创作的实验演出，曾登上2019年法国阿维尼翁戏剧节舞台并进行街头路演。此后，2019年大凉山戏剧节上，《反求诸己》也进行了公演。作为北昆为了小剧场演出设计的实验性剧目，《反求诸己》在欧洲和国内戏剧节的表演更多是为了造势，通过艺术事件引起人们的关注，从而激发人们对昆曲艺术、昆曲小剧场的消费兴趣。上海昆剧团的《椅子》也在先锋艺术的造势和制造艺术事件之后，登上了包括北京天桥艺术中心小剧场在内的诸多剧场舞台。实验昆曲演出通常融入现代舞甚至时装走秀等当代元素，已谈不上是真正的昆曲演出，但它们借助昆曲的符号和"遗产"标签吸引了剧场观众和艺术消费者群体的注意力，从而为昆曲消费开辟新的市场可能。

第四，利用互联网媒体技术的集成性和交互性将昆曲加工为碎片化的图像、文字和影像，并在信息互动中制造关于昆曲的话题、噱头和流量，进而通过商业运营的方式转化为市场盈利。"内容丰富和视野宏大的优秀传统文化作品通过一个表情互动、一句动态话语、几张图片展示、几分钟短视频与微电影等碎片化操作，既能符合快餐式消费者需求，又能带来相应经济效益。"[1]消费主义使昆曲在成为文化商品，尤其是互联网产品的同时，消解了昆曲作为文化遗产的历史价值和作为剧场艺术的文化价值。虽然话题性和流量有时也意味着关注度和影响力，但如果走向了扁平化和碎片化，反倒可能有违艺术传承的初衷，这是需要警惕的。

昆曲从文化遗产演变为消费市场的"国潮"单品，反映了昆曲传承在技术变革、媒介变迁和观念更新的社会语境下，逐渐从剧场、民俗、博物馆和出版物中的文化形态蜕变为市场中的产品形态。从昆曲留存和传播的物质载体和媒介形式来看，此时此地的实体空间演出仍为中心，但延伸性的存在形态从明清时期的版画、插画、砖雕、木雕、刻本出版物到民国时期的唱片、广播，再到20世纪中叶以后的电影、电视剧、录像带、电子出版物等，又在21世纪拓展到了互联网视频、图文和借助专业设备的虚拟现实、增强现实等形式。

昆曲的视觉性在新的消费业态中得到了凸显。无论是实景版演出对园林和建筑空间的利用，还是剧场演出中对现代舞美手段的运用，抑或是互联网直播和视频中的昆曲表演，消费者对昆曲视觉层面的需求越来越高。随着"读图时代""影像时代"的到来和视觉文化的崛起，纯粹听昆曲的产品类型淹没在浩繁的图像和影像产品中。昆曲作为潮流的文化消费单品，几乎都是视觉或视听一体的产品类型。喜马拉雅、QQ音乐、网易云音乐等声音符号产品平台中的昆曲唱段和音乐，并不是消费的主流。

昆曲"入遗"后，传承在市场化消费的进程中建立了以传统戏为主、新编历史剧和现代戏为辅的剧目体系，培育了代际师承和舞台合作演出的人才体系，形成了专业院团、业余曲社和曲友、传媒机构三位一体的文化传播体系。

---

[1] 彭继裕等，《对中国文化消费主义的审视与超越》，《西南民族大学学报》（人文社会科学版），2022年第2期，第74页。

第二章　桃花坞木刻版画艺术当代传承的消费路径

苏州桃花坞木刻版画是在宋代雕版印刷工艺基础上由绣像演变而来的民间传统工艺美术，至明代发展成为地域性的版画流派，鼎盛于清代雍正和乾隆年间。桃花坞木刻版画刻工精细，色彩鲜烈明快，题材以人物为主，兼及风景和花鸟。

桃花坞木刻版画在明清时期的盛行，是商业和市民经济发展的结果。首先，苏州是明清时期江南地区刻书与印书行业的中心，雕版印刷技术的发展为木刻版画工艺的进步创造了有利的条件。木刻版画的工艺流程是先画后刻再印，在绘制的基础上进行雕版，再进行套色印刷。刻印技术经验的积累，使原本作为书籍插画的版画独立成为艺术消费品。桃花坞是版画行业的生产集聚区。在传世的南宋《平江图》和明代仇英《清明上河图》中可见以行业命名的街巷和各类专门集市，反映了手工艺生产的集聚特点和市民消费的繁荣。清孙嘉淦《南游记》曾述："阊门内外，居货山积，行人水流，列肆招牌，灿若云锦，语其繁华，都门不逮。"[①] 阊门工艺品生产集中，销售密集，充满了浓郁的商业氛围和旺盛的消费活力，而桃花坞就在城内，是各类工艺消费品的集聚之一。

桃花坞木刻版画记录了苏州的市民生活和风土人情，多寄托以美好的生活愿望，与农事和年俗关系紧密，反映了古代城乡一体化的消费文化，对木刻版画工艺品的设计、制作、销售和收藏等产生了影响。木刻版画是印刷工艺品，具有一定的复制性，能够满足市民消费的规模化、持续性，体现雅俗共赏的趣味，又是农事生产、传统节日、人生礼仪和民间信仰等

[①]（清）孙嘉淦，《南游记》，马山明校，山右历史文化研究院，《南游记外三种》，上海：上海古籍出版社，2016年，第16页。

活动的文化载体，起到了文化传承和传播的作用。"苏州的形象自此改观，不再是太湖流域的山光水色或人文色彩，而是商业繁荣与建设完善，这也是帝国眼中太平盛世的象征……购买者在消费苏州年画时，也被帝国的政治权力涵化，或许认为能够代表苏州形象者就是如'阊门'或'万年桥'等新地景。"①

自清雍正以后，桃花坞木刻版画在海外市场受到了欢迎，西方铜版画的焦点透视和明暗关系逐渐被大量运用到桃花坞木刻版画中，强化了画面的立体效果。日本是海外销售的主要目的地国家。有学者认为，桃花坞版画中的水印套色和排刀刻法对日本的浮世绘产生了重要影响。20世纪上半叶，上海《点石斋画报》、月份牌等商业特征鲜明的出版消费品和艺术形态受到了桃花坞木刻版画的影响，而版画的创作意识和取材也开始呈现一定的现代性特征。

"1949年后，苏州市文联对桃花坞木版年画的情况进行了调查研究，并组织老手工艺人恢复生产。后又配备专业画师，招收徒工，并于1959年成立'苏州桃花坞木刻年画社'。"②桃花坞木刻版画发展了现实题材，出现了反映时事的巩固国防、人民公社化、大炼钢铁等内容，同时也拓展了传统题材，出现了复刻明清古版木刻插画的作品《九歌图》《水浒叶子》等。

20世纪50年代，一批著名画家如顾仲华、徐绍青、吴作人、华君武等提议对桃花坞木刻版画进行抢救性的保护，亲身加入了传承工作，桃花坞木刻版画在审美趣味、艺术水准和制作工艺等方面均有了明显的提高，但同时也削弱了消费文化和商业文化的痕迹，成为一种通俗的传统工艺美术。"年画不再只是过去的功能，而是将其列为艺术品进行收藏，无论形式与功能在现代审美观的重新审视下，都被注入了新鲜的解读，桃花坞年画的生命力和独特的传统民间艺术魅力，也在此得到了绵延。"③桃花坞木刻版画的生产无法适应消费需求的变化，曾一度出现衰落的趋势。在抢救

---

① 王正华，《艺术、权力与消费：中国艺术史研究的一个面向》，杭州：中国美术学院出版社，2011年，第177页。
② 苏州市科学技术协会，《苏州长物：工》，上海：文汇出版社，2022年，第45页。
③ 三山会馆，《花样年画：三山会馆年画藏品鉴赏与研究》，上海：上海文化出版社，2018年，第64页。

和保护的同时，改革工艺、拓展题材、培养人才、培育市场，这门传统工艺美术迎来了复兴。此后，桃花坞木刻版画的传承出现过起落。进入新时期，桃花坞木刻版画在保留和继承了特种工艺美术的生产和技艺之外，还探索了机械印刷和加工为其他产品的机械化生产之路，与创意产业和文旅产业结合，形成了博物馆展览、民俗工艺品、日用装饰品、艺术藏品、旅游产品和非遗体验等多元的传承路径。

第一节 消费与桃花坞木刻版画的题材发展

明清时代的桃花坞木刻版画可以分为三大类，一类是年画。年画供人们在民俗场合使用，寄托美好生活的祈愿，如年年有余、一团和气、大庆丰收、招财纳福等主题，还包括民间信仰的神像，如灶神、土地神、门神、财神等。由于年画相比其他类型的版画在流传中更为常见，在内容上也更为通俗，尤其是20世纪80年代以来对桃花坞木刻版画的保护、传承和发展也主要是以年画为主要类型展开的，因此，有时人们将桃花坞套色木刻版画等同于年画，这种认识并不准确。桃花坞木刻版画精品的形成与书籍出版行业的发展紧密相关。雕版印刷技术的进步，催生了另一类书籍插画中的套色木刻版画，如《定军山》《醉打山门》《武松打虎》等描写戏曲折子戏和经典场面的"戏齣"版画和《水浒》《三国》等小说插画。在套色木刻版画生产渐趋成熟之际，作坊和出版商也开始设计和制作第三类独立的版画，如反映市民生活、农事生产、风土人情的《玄妙观庙会》《春牛图》《采茶歌图》《阖家欢》等以及风物、园林和建筑的《姑苏万年桥》《苏州阊门图》等。

这些不同类型的版画因为出现在不同的消费活动中，消费群体也大不一样，因而造就了艺术风格和审美趣味的差别。年画主要用于满足城市和乡村住民的年俗活动，构图简单，色彩艳丽。书籍插画则需要满足文人的收藏和赏玩需要，线条隽永，色彩清新。从插画中独立出来的版画则兼顾了以上两个消费群体，带有更强的装饰性，结合了审美价值和文化价值，尺幅大小不一，既有花鸟、风景、仕女、婴戏等品种，也有记录地方风俗和家庭生活的场景再现。

作为消费品的桃花坞版画，还承担了跨文化载体的功能。"桃花坞年画中的'西风东渐'体现了对西方科学技术的关注，以及对当时社会多样化面貌的认知，使民众通过浅显的方式了解外部世界，成为文化交流传播的有利承担者。"[①] 可以说，消费市场使三种不同类型的版画逐渐打破界限，兼具各自特点，从而"木刻版画"和"木版年画"也几乎成了桃花坞年画（版画）的同义语。

一、新年画和经典复刻

20世纪初，受到印刷业石印术的冲击，桃花坞木刻版画的消费出现了低迷。书籍出版的石印本大量替代了木刻本，导致木刻雕版产能的萎缩和从业人员的减少，木刻版画的刻印工艺也开始简化。与此同时，20世纪30年代以后，社会局势发生剧烈变化，外国资本的涌入和西方资本主义工商业在中国的扩张改变了人们的消费习惯，价格低廉的工业化产品迅速进入日常生活。桃花坞木刻版画工艺流程复杂，技艺精细，雕版的印数有限，耗工耗时，价格相对较高，在消费市场中逐渐遭受冷遇。画铺经营者为了谋求生存，服务的消费群体逐渐转向普通市民和农村，年画成了此时桃花坞木刻版画生产的主要类型，祈愿、消灾、辟邪、时事成了最常见的题材，在艺术风格上也趋向民间化和通俗化。为了降低成本，画商不再使用自然矿物颜料，直接采用染布工业中的成品染料，版画的色彩从厚重凝浑变为轻盈单薄，偏爱桃红、粉绿等反差鲜明的颜色。

新中国成立后，桃花坞木刻版画生产和消费的衰微状况得到改善，逐步进入恢复和发展期。政府意识到桃花坞木刻版画传统工艺美术的艺术价值、文化价值和经济价值，一面将其看成特种工艺美术，需要抢救和保护；一面将其看成人民群众的文化消费品，引导生产，刺激市场。1959年，桃花坞合作社成立，生产和制作年画，加工印色装纸，同时对历史上留存的书籍插画和套色木刻版画精品进行复刻和改良。1962年，合作社更名苏州桃花坞木刻年画社，还专门成立了工艺美术研究所年画调查组。至此，以满足消费者民俗、装饰和文化需求的年画生产和以发掘、保护和研究木刻版画精品的传承事业齐头并进。"2002年，苏州桃花坞木刻年画社划归

---

① 潘力，《融合的视界：亚欧经典版画》，上海：上海大学出版社，2022年，第97页。

苏州工艺美术学院；2007年，苏州桃花坞木版年画技艺列入首批'国家级非物质文化遗产名录'，苏州工艺美院为传承抢救保护基地，聘请老艺人房志达传授技艺，王祖德为省级非物质文化遗产代表性传承人。苏州桃花坞校场桥路朴园内建有桃花坞年画博物馆。"[1]

从消费需求来看，自清代桃花坞木刻版画的鼎盛时期以来，装饰、祈愿和赏玩收藏是最主要的三种市场动力。1949年以后，虽然消费者进入了全新的社会生活，但民俗性的装饰和祈福需求依然大量存在。同时，木刻本书籍中的插画和从中独立出来的版画也因其审美价值、认知价值和文化价值而受到了部分消费群体的注意。于是，桃花坞木刻版画就形成了新年画供给和特种工艺美术复刻供给两种适用于不同消费者的产品形态。与消费需求相应的是版画的功能。认知价值和文化价值也意味着宣传和教育的功能。"年画社成立后，在短短两年时间内，就试制新品种六种，以及鲁迅对联、风景画、年画等，其中鲁迅对联印二千份，年画印三千份。后来又新出了许多反映社会主义建设和园林风貌的作品，如《苏州新貌》《文化技术大跃进》《姑苏城外寒山寺》《水乡秋色》等。"[2] 消费者因审美和装饰的需要购买和收藏了新题材尤其是现实题材的版画，在生活情境中实现了版画工艺产品的宣传、教育和观念引导功能，在赏玩的同时进行着认知，从而形成思想认识和价值观念。

新年画的题材发展可以分为两种类型。第一是对时事和热点事件的描绘。20世纪60年代初，正值中苏关系紧张的时局，褚铭创作了《保卫祖国、加强国防》的桃花坞木刻年画作品。作品的前景是四位解放军战士手持或背负步枪和望远镜等装备，牵着战马，背景是社会主义工业建设取得的成果，包括城市高楼和乡村电站等。70年代，刘振夏、王祖德、温尚光合作完成了桃花坞系列年画《风华正茂》，表现了农业机械化等生产生活画面，反映了当时社会主义现代化建设对科学技术的迫切需要。第二是传统祈愿题材年画根据现实需要的发展和更新。"50年代的桃花坞年画《增加农业生产、建设社会主义》脱胎于传统年画《门神五子》，将原本门神和文武财神的形象变成了劳动模范夫妻，将'招财进宝''四季兴隆'的

---

[1] 长北，《江苏手工艺史》，南京：江苏人民出版社，2020年，第371页。
[2] 郑丽虹，《桃花坞工艺史记》，济南：山东画报出版社，2011年，第157页。

条幅改为了'增加农业生产''建设社会主义'。连下方环绕的五个小孩都保留了下来,只是换成了新时代的装束"[1]。从这些新年画可以看出,虽然题材内容演变为新近发生的社会现实和焦点事件,或是结合时代主题的祝福和祈愿,但构图、色彩和表现技法仍然采用了传统的形式,只是将人物的装束、装饰符号做出了适应性的调整。如乡村孩童穿上了新式的花袄和布鞋,荷叶的装点变成了麦穗,灯笼和花瓶出现在了新式民居中。

在推进新年画生产的同时,对木刻套色版画精品、书籍木刻本插画的复刻也在进行。20世纪50年代,苏州刻版艺人叶金生在画家徐绍青的帮助下,花费两年时间复刻了明代来钦之《楚辞述注》插图、陈洪绶作版画《九歌图》和陈洪绶在传统民间马吊牌基础上所作白描《水浒叶子》。这两件作品都出自陈老莲之手,对后世的版画创作和人物画创作具有重要影响。复刻作品送往北京后,受到了郭沫若的高度评价,并亲笔题写笺头。[2]苏州桃花坞的复刻取得成功以后,对传世的古代桃花坞套色木刻版画的精品复刻工作也相继开展。这些经典作品的复刻使再度印刷、展示和销售成为可能,也使消费者拥有了收藏经典复刻版画的机会。与新年画不同,这些经典复刻的版画产品需要技艺高超的画师、刻工,耗时更长、凝聚的精力更多,印数也更为有限,文人化的趣味更为浓厚。可以说,经典复刻版画是桃花坞木刻版画作为特种传统工艺美术传承的保护性实践和生产,其收藏价值和文化传承功能比观赏价值和装饰功能更为显著。

二、游戏、旅游、节俗和商品包装中的特殊题材

明清时期,桃花坞木刻版画的运用范围不仅在民间信仰与祈福、书籍出版和工艺美术产品中,还在游戏、旅行、节俗活动和商品包装中发挥着作用。在这些生活场景中,桃花坞木刻版画是以工具属性存在于人们的各类消费活动中,形成了特殊的题材类型。新中国成立后,对这些特殊题材的版画进行复刻,并加工为各种适应新生活的产品,也是对桃花坞木刻版画工艺美术的传承实践。

---

[1] 上述史料参见张适,《苏州桃花坞木刻年画》,南京:江苏凤凰美术出版社,2017年,第114—115页。

[2] 以上史实参见张雷,《桃花坞木版年画》,苏州市民间文艺家协会官网:苏州民间文艺网,网址链接:http://www.szmjwyw.com/Info_Detail.asp?id=4190,2010年11月18日。

"彩选格"是明清时期流行的掷骰走棋游戏的道具。"彩选格"就是以升官图、选仙图、走桥图、生肖图、花神图等为棋盘，掷骰依点数升降，用棋子或纽扣在棋盘上游走、攀格，最终以谁先到指定的终点（落格）为胜，类似于今天的飞行棋等桌游。"彩选格"的格子划分通常有起点和终点，中间连接地带则是等级进阶。为了增加游戏的视觉效果，尤其是迎合文人玩家对"雅"的观赏性和体验感的要求，利用木刻版画的印刷图案作为棋盘就成为了当时的风尚。"纸上所画的名目多种多样，有列古代官职的《升官图》，有列仙籍、菩萨等次的《选仙图》《选佛图》，有列小说故事的《水浒图》《红楼梦图》等等。"①桃花坞木刻版画的商铺面对此类市场需求，设计、印制了种类繁多的"彩选格"。现藏于日本早稻田大学图书馆的《象棋图》和《文物升官图》就是桃花坞木刻版画的传世留存，皆有牌记"桃花坞中桂正兴造"。在这些"彩选格"版画中，既有游戏升级需要的人物形象，又有装饰性的元素，以几何形排布。"彩选格"已不是木刻版画的工艺美术产品，而是服务于游戏产业的技术支撑。由于"彩选格"游戏中的"升官图"主题显示了古代朝廷的组织架构，在游戏规则中又有德、才、功的晋升和贪赃枉法的倒退机制，因此在清代曾成为寓教于乐的儿童游戏。"彩选格"的游戏如今已不再盛行，但仍然是文化和风俗的记录和留存。对"彩选格"版画进行复刻、出版和展示，成为当下人们更全面了解桃花坞木刻版画艺术的途径。此外，桌游成为今天休闲娱乐的新兴产业，人们面对眼花缭乱的桌游产品，"彩选格"或许能以其历史内涵从中突围。

游览图是桃花坞木刻版画中的另一种特殊题材，与今天旅游消费场景中导游图的作用相似。游览图具有两重属性：一是基于地图对重要山川、湖泊、街巷等用图标进行方位标注，二是基于概形对风景和建筑进行描绘。因此，游览图既要求地理上的准确性，也要求辨识度和美观，多以壁饰的形式存在，常见于风景名胜区。存世的《敕建金山江天寺胜景图》即为康熙、雍正年间刊刻的桃花坞套色版画，将寺院建筑群的主要构成用图示和文字层次分明地标出。版画上部摘录了御诗，并在右侧下方印有"聚仙堂"阴文，表明了版画的出品商。《杭州西湖十景圣因天竺云林图》《古

---

① 顾鸣塘，《游戏娱乐》，上海：上海三联书店，1989年，第64页。

润四山胜景全图》等也采用了类似的构图，只是因地理范围涵盖更广，对风景和建筑进行了缩略处理。杭州西湖、镇江金山、焦山、甘露寺、银山等风景名胜都在版画中一览无余，位置关系也清晰可辨。① 桃花坞木刻版画的游览图题材大多尺幅较大，主要功用并不是地理文献，而是导览和装饰，既带有地图的特征，又融合了山水画的风格。1949年以后，随着旅游产业的蓬勃发展，桃花坞年木刻版画中留存于世的游览图出现了新的运用场景，狮子林、天池山等景区将复刻的版画游览图不仅制成墙饰进行展示，还印刷在游客的导览手册上，兼具观赏性和说明性。《姑苏名园狮子林》线版彩绘还被收录到画册中并制成独立的印刷小品，成为颇具地方特色的旅游产品。

  上元（元宵）节灯会是古代的节俗活动。明清时代，吴地商业繁荣，市民生活丰富多彩，在春前腊后有赏彩灯、逛集市的风俗。元宵当日，常常还伴有灯影戏的表演。南宋时期，苏州灯彩就成为了重要的工艺行业，闻名全国，产量极高。周密《武林旧事》云："灯之品极多，每以苏灯为最，圈片大者径三四尺，皆五色琉璃所成，山水人物，花竹翎毛，种种奇妙……灯品至多，苏、福为冠，新安晚出，精妙绝伦。"② 明清时代，苏州的花灯工艺产业达到鼎盛，种类缤纷，既有剪纸诸色，也有使用琉璃、云母、水晶等硬质和透光质料的复合品种，形制以提灯、挂灯、走马灯最为常见。在彩灯之上形成的平面，往往装饰有图画，一般称为灯画。灯画主要采用的就是套色木刻版画，印刷赋彩。桃花坞地区的年画铺和吴趋坊等地区的扎灯铺共同构成了彩灯制作的产业链。20世纪50年代至90年代中期以前，吴地的元宵灯会仍然每年如期而至，多为政府牵头主办的相关文化活动，包括集市、演出、灯展等，也有民众的自发响应和参与。吴地水网纵横，桥梁众多，元宵灯会还常与拖灯走桥的风俗结合。在周庄、同里等地，流行上元"走三桥"的习俗。孩童在长者的陪同下，拉着彩灯走过约定的桥梁，寄托对新年的美好祝愿。"在1956年，原来分散的店铺组织起来成立了两个规模较大的生产合作社——新艺灯彩工艺社和金闾灯彩工艺社。"③ 随着人们对民俗活动的热情渐渐淡去，传统的彩灯和灯画制作

---

① 王稼句，《桃花坞木版年画》，济南：山东画报出版社，2012年，第312—313页。
② （宋）周密，《武林旧事》，李小龙等评注，北京：中华书局，2007年，第49、59页。
③ 张仃，《中华民间艺术大观》，武汉：湖北少年儿童出版社，1996年，第306页。

的商铺渐渐歇业、消失，家庭手工自制彩灯成为过渡性的选择。购买桃花坞木刻版画自行糊裱，制成彩灯，延续风俗，这在八九十年代的吴地家庭较为常见。进入21世纪，元宵灯会和相关的节俗活动参与范围有所减小，更多是地方政府为了营造欢度旧历新年氛围举办的文化活动和刺激旅游产业的配套活动。手工制作的彩灯和版画的糊裱已不多见，渐为电能的现代工业产品所取代。桃花坞木刻版画在上元彩灯上的运用，局限在文旅体验项目和创意产品中，发展为小众市场的消费需求。然而，桃花坞木刻版画的灯花特殊题材所承载的历史和文化，却也在当前受到了越来越多消费者的关注，人们在文化传承的自觉中将这一传统工艺美术的节俗功能转化为现代生活的新兴消费活动。

仿单是商家用于宣传产品印发的纸质广告，最早见于北宋时期。早期的仿单类似于今天的商品宣传册，主要在集市和街巷分发。随着市民经济的发展，商家对产品的包装越来越重视，仿单演变为裹在商品上的画纸，称为"招纸"或"纸裹"。有些直接印制纸盒作为产品的包装，包装本身就起到了推广和标识的功用。清代以后，苏州地区的知名商家常常与桃花坞木刻版画的商铺合作，印制包装"招纸"。点心商家采芝斋、茶叶商家三万昌等均有记录使用木刻版画作为仿单，标注商家名号、产品名称、生产日期等信息。商业市场的发展和运营的成熟，也推动了仿单的发展。一是在上面印有"童叟无欺""四时嘉品"等标榜产品质量和商家信誉的话，二是采用小说和戏曲故事的图案来增加美感和吸引顾客。现有三国故事、吴王采莲、唐明皇游月宫、唐伯虎点秋香等题材的仿单存世，在构图和人物表现上参照了当时的书籍插画和独立印售的故事类版画。知名商家的产品还常常作为伴手礼相赠，催生了专用于礼物馈赠和回礼需要的仿单。这些仿单除了有配合送礼情境和主题的图案，如"蟾宫折桂""金榜题名""寿比南山""洞房花烛"等表达庆贺之意，还可见"太太受礼""敬拜""贺寿"等字样。"清时的野荸荠、王仁和、稻香村、采芝斋、叶受和、周万兴、桂香村、费萃泰（后改乾生元）、黄天源、马玉山等都遐迩驰名，休说时遍布城乡的大大小小坊肆了。因此仿单的需求量很大，对年画铺来说，也是生产品种的大项。"① 仿单和包装上的桃花坞木刻版画是利

---

① 以上史实和引文参见王稼句，《桃花坞木版年画》，济南：山东画报出版社，2012年，第307页。

用了复制性和观赏性为日用品销售提供技术支持，也是形成产业链的体现。新中国成立后，在社会主义工业的日用品生产中，桃花坞木刻版画的图案以机械印刷的形式出现在产品包装上。除了点心、饮料、茶叶等食品包装以外，润肤霜、香膏等现代日化产品也常用版画图样。因代表性地方工艺美术的辨识度，桃花坞木刻版画的图案也广泛运用于书籍装帧、商品海报和公共建筑的室内装饰中。

第二节 消费与桃花坞木刻版画的工艺沿革和风格演变

桃花坞木刻版画采用的是套色雕版刻印的工艺，分为绘稿、雕刻和套印三个步骤，整个工艺流程由画师、刻工和印刷工人分别完成。画师根据题材和主题设计画稿，既要考虑构图的完整、协调，又要顾及刻印的特点。从线条来看，要流畅、利落、准确，因为雕刻往往在下刀时定型，不能出现笔画的返复和来回动势。从色彩来看，不宜使用晕染，应保持边界的清晰。刻工首先应根据材料质地的坚硬程度和纹理的分布选择木板，其次则是雕刻的刀法技艺。印刷环节的两个要素分别是版型和套色。前者主要涉及纸张的对称切割，后者则涉及在多个木板的基础上叠套赋彩。桃花坞木刻版画的风格演变与工艺流程的沿革有着直接的关联。而工艺流程的复杂程度、操作方法和依凭的技术条件则与消费需求密不可分。"从早期的文人'姑苏版'，江南农村年画，到政策导向的政治宣传画，再到融合现代都市生活的创新作品，时代话语的不断转换是桃花坞木版年画得以发展与创新的重要推力。"[①]

一、文人化与通俗化、仿古与西化的张力

自明清以来，桃花坞木刻版画的风格演变可以分为四个阶段，都受到了消费市场需求改变的影响，同时通过工艺技巧的调整来实现。第一阶段是明至清初，木刻本书籍插画盛行，戏曲、小说插画和版画画谱是木刻

---

① 张哲等，《变与不变：苏州桃花坞木版年画的资源化与遗产化实践》，《非遗传承研究》，2024年第2期，第50页。

版画在消费市场中最常见的投放，用以满足书籍消费者的阅读和收藏需求。此时的版画试图模仿宋元以来传统绘画的作品，不仅体现在仕女、婴戏、山水、花鸟等题材上，也体现在用刻印的方法试图达到文人画的笔墨效果。

第二阶段是清初至清中期，由于木刻版画的外销、中西交流的频繁，绘画和制作工艺受到了西方铜版画和焦点透视的影响，产生了"仿大西洋笔法"和"仿泰西笔法"等技艺转变。"这时有的年画，非但绘画方面，受到了西洋技法影响，就是在雕版技巧风格方面，也一步一趋地在学习着西洋铜版画风的方法。主要是利用细线分出阴阳浓淡，并显著的描绘阴影，有时也重复的应用细直线，进而大胆利用固有的木纹，作为刻画细线的自然制约。"[①]

第三阶段是太平天国运动至民国，受到太平天国农民起义战火对画铺的焚毁、鸦片战争后石印版画技术产品在上海的流行和闭关锁国政策使外销订单处于停滞状态的多重影响，桃花坞木刻版画进入了真正的年画时期，主要满足普通市民和农民的消费需求。由于目标市场群体消费能力有限，为了降低成本，薄利多销，工艺流程全面简化，"不再使用精细的排刀法，线条变粗变拙，套版数量减少，制作用途转位一年一揭的年画，开始使用廉价的染料和有光纸"[②]。工艺流程的简化和产品定位的改变导致桃花坞木刻版画制作的粗疏和风格的民间化、通俗化。

第四阶段是新中国成立至今，桃花坞木刻版画开拓了现实主义题材的新创作，形成了突出人民性的版画艺术风格，雅俗共赏，既具有传统风貌，又带有时代特征，成为人民群众喜闻乐见的新年画。新年画的销售主要服务于人民群众的年俗和装饰需要，消解了文人化风格和市民化风格的对立，既延续了晚清以来年画的通俗性，又融入了雕版插画的典雅。

桃花坞木刻版画的风格演变过程中始终存在着文人化和通俗化、仿古和西化之间的张力。利用旧雕版再度印刷，复刻历史上经典版画和创作新年画、新版画成为当代木刻版画生产的三种主要方式。1952年，苏州市文联创作研究部利用王荣兴、鸿运阁等老字号画铺保存的旧雕版进行再度印

---

① 郭味蕖，《中国版画史略》，上海：上海书画出版社，2016年，第254页。
② 以上史实和引文参见张适，《苏州桃花坞木刻年画》，南京：江苏凤凰美术出版社，2017年，第12页。

刷，选印了96种版画、年画，供各地文化部门和专业团体作为创作的参考资料。1957年，桃花坞木刻年画展览会在苏州、南京两地举行，决定重新培养桃花坞木刻版画的绘画和木刻人才。同时，新华书店与画家们一起就桃花坞作坊中现有的版样（共二百七十种），挑选了四十六种传统的人民大众所欢迎的精美画样，作为今后新年推销的年画品种之一。[①]

值得注意的是，20世纪50年代，在春节张贴年画，仍然是流行全国的风俗，人民群众是各大年画产地的消费群体。桃花坞年画和版画的旧版重印，不仅满足当地消费者的需要，同时也为全国其他版画产地的生产提供了参考。从桃花坞木刻版画展览会上选择的重印版样来看，除了金鸡报晓、黄鹤楼、武松打虎等家喻户晓的题材以外，小说、戏曲文本的插画也同样并列其中。正是由于这些具有参考意义的旧版选择涵盖了多种题材、多类版画，因而在50年代的新年画、新版画创作中可以看到，文人化和通俗化的艺术风格消融其中，没有明显的对立，做到了雅俗共赏，体现了当代版画艺术属于人民的品性。

1959年，苏州桃花坞木刻年画社成立，桃花坞年画出现了胶版印刷的技法，与木版印刷并存。胶版年画缺少了木版年画的刀刻意味，印数高、不易褪色，在色彩上更为浓烈。由于技术和工艺的变化，这种年画具有一定的现代工业特征，不适宜表现仿古的题材，因而作品在空间表现上通常有显著的明暗对比和透视关系，与机械印刷之间更具有相似性。1979年，桃花坞年画社迎来了又一次复兴，生产了大量表现苏州当地风光的旅游产品，普遍使用水彩颜料，色彩从浓艳明丽演变为清新秀雅。20世纪80年代，新年画《锦绣天堂》《苏城胜迹》《水乡风光》等成为地方风土人情和地域文化的宣传产品，与旅游产业结合紧密。这一时期的风光年画产生了新的构图和视野，突破了古代游览图版画中地标的方位，将旅游景区、风景名胜和建筑容纳到同一版面中，不再按照实际的地理位置排布，而是根据画面进行重新的设计。这种构图方式显然与中国古代的山水画、木刻版画的风景和游览题材有所不同，可能受到了西方旅行书籍插画的影响。在80年代张晓飞创作的年画《小巷吴歌》中，利用院墙、假山、门窗等阻隔

---

① 以上史实参见柳荫堂，《桃花坞的木版年画恢复生产》，《美术》，1957年第12期，第14页。

了人物与建筑空间，形成了内外的位置关系，对构图和视野的处理与传统木刻本插画基本一致，但在线条、色彩上又有着较大的差异，体现了新年画通俗化的审美趣味。

"桃花坞年画所体现的文化价值核心正是'中和'的观念，仿古年画的风格和审美趣味符合了文人阶层的需求，而模仿西洋画风的年画则迎合部分知识阶层和新兴市民，但年画消费的主要群体是普通民众和农民阶层……"[①] 应当说，桃花坞木刻版画与年画称谓的合一，正是在其艺术产品的消费中逐渐完成的，收藏、观赏、装饰、民俗等消费需求共同形塑了仿古与西化、文人与通俗的趣味两端。然而，由于当代中国艺术消费市场的多元性，桃花坞木刻版画在类型化的整一中总是显示了杂糅性。

二、消费需求对工艺流程和艺术风格的影响

桃花坞木刻版画的工艺流程虽然在长期的历史发展中形成了稳定的模式，但因为消费市场的需求多元，加之容易受到时代变迁的影响，因而也出现了很多技术调整，进而使艺术风格发生变化。

明清时期，桃花坞木刻版画的生产是一个完整的产业链。工艺流程除了绘稿、刻版和印刷三个主要环节以外，在完成后有时还需要着色、敷粉、洒金和装裱。因此，版画产业链是以画铺为核心，辐射纸业、笔业、装裱等多个行业，形成规模化生产。"这一行业并不是完全纳画、刻、印于一肆一号，而是以主持印刷的年画铺为主导，各环节组成产业链，这使得产品质量得到了很好的保证。"[②] 在版画销售的巅峰时期，由于产品遍及全国，甚至远销海外，因而整个产业链处于顺畅运转的状态，保障了产品的高质量。清代农民起义战争的掀起和闭关锁国政策对版画生产造成了巨大冲击，产业链的运行情况大不如前，行业的消失、合并、重组也就不足为奇。行业的萎缩必然导致工艺流程的简化，也无法保障产品的质量，一方面造成了市场的低迷和生产的转型，另一方面也造成了艺术风格的粗陋。

---

① 上海市历史博物馆，《江南之美：江南生活中的艺术与文化》，上海：上海人民出版社，2022年，第361页。
② 以上史实和引文参见王稼句，《桃花坞木版年画》，济南：山东画报出版社，2012年，第326页。

新中国成立初期，桃花坞木刻版画的消费需求仍然是以年俗的张贴为主，人们对装饰和祈愿的诉求往往比收藏更高，因而也降低了产品的精细程度，工艺流程也由烦琐走向标准化。为了保持桃花坞套色木刻版画的地方特色，新年画的制作仍然采用色版的单色平涂，套色嵌在墨线之中，墨线与色彩产生强烈的对比，明显区别于水印版画的晕染效果，强化了对装饰需要的满足。此时的新年画作品大多简化了线条的白描，多用面积较大的色块。

20世纪80年代，年画的消费市场出现了需求的分化，有些消费者已习惯于工业生产的日用品，将张贴年画视为普通的生活需要，有些消费者则在装点和祈福的基础上，希望彰显文化品位和身份。于是，年画生产"一方面仍保持原汁原味手工刻版水印的传统年画，另一方面采用胶版印刷桃花坞年画，由全国新华书店发行，一度畅销全国各地"①。机械印刷的木版年画，蜕变为只有"印"没有"刷"的工艺，带有工业产品风格，色彩和线条齐整，层次单一。胶版印刷年画的出现，是印刷出版业对传统木刻版画消费市场需求的应对和转化，同时也表明了消费者在进入当代社会后对待民俗和用传统工艺美术装饰居住环境的态度有所转变。"民间木刻版画终有一天会随着社会变革的步伐，退出它赖以生存的中国传统文化所盘踞的领地。即使在偏僻山村的老百姓眼里，它也成了过时的'老东西'。他们更喜欢大机器印刷的更为时尚的印刷品布置节日的居室。那种'迎岁节，市井皆印卖门神、钟馗、桃符、及财门钝驴、回头鹿马、天行帖子'（孟元老《东京梦华录》）的古老民俗繁荣景象，已经成为越走越远的历史。"②

在年画的销售过程中，"唱年画"曾风靡一时。"唱年画"除了吆喝叫卖以外，还加入了曲艺的编演，与所卖年画的故事题材相关。这种唱而演之的叫卖销售方式，与桃花坞木刻版画连环形式的生产有关。作者将整幅年画版面分成几格至数十格，故事内容定格分布其中，并按照时间顺序排列。有些长篇故事则需要分开在多张版面上才能完成。这些连环形式的桃花坞木刻版画具有通识教育的功能，对于未接受过文字教育的人而言，是

---

① 郭潼潼，《桃花坞年画刻制》，南京：江苏美术出版社，2013年，第9页。
② 吕胜中，《中国民间木刻版画》，长沙：湖南美术出版社，1994年，第22页。

了解戏曲、小说和说唱文本的捷径。还有一些连环形式的木刻版画，是以长篇说唱为题材，附录文字。与书籍插画相比，这些连环版画以形象的图案为主，风格生动活泼，更通俗易懂。20世纪80年代，连环画印刷出版物迎来了繁荣，各地的连环画创作融入了剪纸、水墨等传统艺术形式，木刻版画也成了连环画创作的表现技巧之一。

近年来，桃花坞木刻版画作为非物质文化遗产，在生产性保护的过程中注重与创意产业和文旅融合产业的互动，将木刻版画的传统图案移植到陶瓷、织物、刺绣等物质载体上，探索与人们日常生活需求的新联系。苏州工艺美院、苏州桃花坞木刻版画博物馆等开发了折扇、服饰等创意产品，并与苏州刺绣等其他传统手工艺相结合，开辟了当代传承的新思路。

"年画的现代化改造包括了政治势力将其纳入意识形态文艺宣传工作，商业化工业化的现代化进程将其整合进中国文化工业雏形，民间自理的文化更新以现代生活方式在中国萌发转换为乡野式的时尚潮流。"[1] 就桃花坞木刻版画的当代传承而言，以日常消费品进入寻常生活，引导观念风尚，实现机械化生产和手工生产并举的转变，同时以创意、潮流衔接乡村和城市，这正是这门传统手工艺先后经历而又并行不悖的当代传承道路。

第三节 消费与桃花坞木刻版画的文化传承

桃花坞木刻版画是明清时期市民经济和商业消费发展的产物。雕版印刷出版物的繁荣有利于打破精英阶层的知识垄断，以文字为媒介的文化交流不再必须借助手抄和手写的往来。与此同时，书籍插画以一种更为感性和形象的方式使文学、历史和其他文化类别在民间流布、传播。用于祭祀、祈福和装饰的年画比文字有着更为直观的记录功能，反映社会移风易俗的历史演变也比文字的间接评述更为客观。因此，桃花坞木刻版画的多元商品形式本身也是文化传承的多重载体，从中可瞥见社会观念和社会风俗的演变。而消费则使停留在人们脑海中的观念和无形的却又无时无刻不在挥发作用的风俗变成有形的物件和与之相关的行为活动和生活方式。

---

[1] 吴天,《新年画运动研究》,中央美术学院,博士学位论文,2018年5月。

"教育传承的目的是传播民族民间文化的形式、内容、价值观、审美方式，培养民间文化传人，造成民间文化享受与消费群体，注入民族精神的生命力。"①

一、岁时民俗

立春是二十四节气中的第一个。明清时期，宫廷和民间都有迎春的礼仪。苏州桃花坞年画中的宜春帖、春耕图等都与立春的习俗有关。宜春帖一般可张贴在窗户、家具上，除了春景、开耕等图案以外，常在画面的重要位置穿插新春祝福性的文字。文震亨《长物志》云："（门，笔者按）两旁用板为春帖，必随意取唐联佳者刻于上。"②春耕图主要描写农事生产场景，以耕牛为主要表现对象，兼有田园、农人等形象。新中国成立后，随着社会主义工业化建设和农业生产改革的推进，适于在立春节气张贴的年画被消费市场统一归类为较为广泛的"新春"主题，以大地回春、万象更新的美好肇始取代了原来关于农事生产开端的祈愿。同时，春耕主题为农业合作社等现实题材所取代，多展现农民质朴务实、勤劳节俭的形象。20 世纪 70 年代，新年画《山泉育苗》就描绘了山村农民开展耕地劳作的场景。"创作版画，以迥异于古代复制版画的崭新姿态，映现了现代、当代中国的现实生活，表现了现代、当代中国人的审美心态和感情世界，以新的题材内容、新的人物形象、新的形式风格，开始了版画的新时代。"③如果说古代在新春更换张贴年画的习俗是祭祀的余温，那么新年画创作所展现出的社会现实和时代特征则是大众物质和精神生活的象征。

旧历新年期间，正月初一到元宵，分别有初一的迎灶神、初五的迎财神和十五的灯市等民俗活动。正月初一多为张贴灶神、钟馗、生肖等图像。也有画铺专门提供祖先画像的订制服务，供悬挂在祠堂内祭拜先人。无论是神祇、祖先还是祥瑞之物的年画，都有装点岁朝和寓意吉祥的功能。正月初五迎各路财神，也成为商家们寄托开市祝福的契机。年画一般悬挂或张贴在商铺，并伴有佳品供奉和祭祀仪式。苏州桃花坞木刻年画博物馆藏《黄金万两》就是王荣兴画铺出品的套版年画，画面正中即是手拿

---

① 白庚胜，《民间文化保护前沿话语》，贵阳：贵州民族出版社，2022 年，第 156 页。
② （明）文震亨，《长物志》，李霞等编，南京：江苏凤凰文艺出版社，2015 年，第 4 页。
③ 齐凤阁，《中国现代版画史》，广州：岭南美术出版社，2010 年，第 3 页。

"日进斗金"的招财童子,脚踏聚宝盆和黄金如意,头部上方题"黄金万"字样,两边点缀有鸟和鱼的形象。正月十五的灯市中,走马灯、提灯、挂灯等灯彩外部都装饰有年画,也称为灯画。元宵当日,张贴和悬挂三观神像居多,即天官、地官、水官神祇。相传正月十五为天官诞辰,也可单独装点天官赐福年画。[①]新中国成立后,为响应破除封建迷信的号召,新年画生产几乎没有涉及神祇像,但春节的岁时民俗仍然延续,多以金鸡、花卉、鱼等祥瑞图案和孩童、家庭等欢度节日的图案替代。从旧历新年期间岁时年画的传承和发展来看,年画所承载的民俗呈现了不同的侧重:从祭祀和民间信仰的仪式感逐渐过渡到对传统节日喜庆、欢乐、祥和氛围的营造,转向了对家庭和个人的关注。

二月初二为土地神诞辰。土地神是民间求丰收祭祀的对象,有些地方还专门修有土地公祠。桃花坞年画中的土地神,也多作社祭之用,主要流行于农村地区。二月初三为文昌诞辰,除了在民间各地多见的文昌宫中举行祭祀以外,还举办以读书人为主要参与群体的文昌会,清中后期,吴郡大都在文星阁(钟楼)举行。此外,二月十九日的观音诞辰、三月二十三日的天妃诞辰、四月十二日的蛇王诞辰、四月二十八日的药王诞辰、端午祭张天师和钟馗、五月十三日的关帝诞辰、六月二十四日的二郎神诞辰、七月七日的魁星诞辰、八月八日的八字娘娘诞辰等,这些民间神祇的诞辰纪念日,一般都有悬挂和张贴相应神像年画的习俗。1949年以后,传统节日的民俗大多保留,但也删繁就简,民间神祇诞辰日的祭祀仪式大多消失踪迹。20世纪50年代开启的新年画创作,具有明显的现实主义转向。岁时民俗仍然是新年画创作的一大主题,但主要集中在传统节日和不分具体时间节点、具有一定普遍性的吉祥祝福。值得注意的是,这一阶段的年画生产在对节俗的理解和表现上融入了具有时代特征的精神内涵。如江苏人民出版社在50年代末发行的桃花坞木刻版画《齐心合力,吉庆有余》就以孩童团结合作,共同捕获大鲤鱼的场面为描写对象。该作品中孩童穿着喜庆,俨然一派新春吉祥的氛围,但孩子们众志成城、齐心协力的动作赋予了春节更多的时代意义:社会主义建设需要依靠广大人民群众充分发挥团结一致、积极向上的精神,节日让大家能够凝聚在一起,分享获得成果

---

① 以上史实参见王稼句,《桃花坞木版年画》,济南:山东画报出版社,2012年,第67页。

的喜悦和期盼更美好的未来。

明清时期桃花坞木刻版画中记录的岁时民俗，除了传统节日和民间神祇的诞辰以外，与吴地生产生活紧密相关的时令也是重要的组成部分。农历三四月为养蚕之月。苏州以丝绸纺织闻名，养蚕业为其提供原料。养蚕对环境、工序等都有很高的要求，稍有差池，便会对产量造成巨大负面影响。因此，养蚕人家不仅禁忌众多，用祭祀仪式来祈祷顺遂，也成为代代相沿的风俗。苏门蚕户在门上张贴"黄猫衔鼠"等年画，趋避鼠患对养蚕生产的破坏。苏州在明清之际，也是鱼米之乡，种植业发达，耕牛是当地的重要生产力。吴地农村五月有祭牛栏的习俗，多为张贴牛神年画于牛栏之门，焚烧纸马。[①]20世纪五六十年代，养蚕农事、耕种农事成了年画的表现题材，主要展现新中国农民勤奋、拼搏的劳动形象，因行业差别而各有不同的民间信仰和避讳中的"迷信"成分被更为一般性、普遍性的寄望所取代。

二、作为消费品的文学和艺术教育载体

桃花坞木刻版画中的民间传说、小说、戏曲和说唱艺术等题材构成了文化和艺术教育的载体，以消费品的形式推动了这些故事的流传。尤其是版画商贩在叫卖的过程中对故事进行了加工，以说唱表演的方式呈现，可谓是流动的"书场"和"戏台"。桃花坞木刻版画对传统表演艺术的表现，有的直接模仿舞台的演出场景。《拾玉镯》在清末民国时常为京剧、徽剧、湘剧、河北梆子、汉剧等搬演。桃花坞木刻年画博物馆藏套版《拾玉镯》即为京剧演出的戏台还原。戏台背景以"歌舞升平"为横幅，其下悬挂松鹤图，两侧登场和退场的门楣装点"赏心""悦目"字样，戏台上作为道具的案桌置于孙玉娇、傅朋、刘媒婆三位登场人物身后。戏台两侧悬挂对联。版画以朱红、明黄形成色彩对照，加以黑色点缀。从画面的记录可见当时戏台演出的人物着装和表演神态，身段也各不相同。此外，存世作品《小广寒》《荡湖船》《珍珠塔》等也分别描绘了弹词和苏滩说唱艺术的书场演出情况。这些表演艺术的木刻版画并非书籍插画，多为清末以来画铺

[①] 以上史实参见王稼句，《桃花坞木版年画》，济南：山东画报出版社，2012年，第71、73页。

出品的独立作品，有的附上故事内容梗概文字，有的只有图像，不另配文字说明。此类版画的消费者大多是戏曲、曲艺演出的观摩爱好者，以观赏和收藏为主要消费目的。"就某一戏曲年画出现的文化区而言，戏曲年画数量的多少，年画中戏曲题材与其他题材比例的大小，戏曲年画制作的精细程度等都能在一定程度上反映出该文化区中，戏曲与年画两种民间文化事项的主导地位。"①

由于版画的复制性和形象直观的特性，20世纪60年代的新年画创作推出了大量以《三国演义》《西游记》《三笑》《白蛇》为传统文学和艺术题材的作品，色彩更为明丽、线条更为稚拙，起到了以少年儿童为主要对象的教育和推广功能。60年代，由苏州桃花坞木刻年画社出品、温尚光绘制的《美猴王》取材于古典小说《西游记》，在人物形象的设计上化用了京剧表演中的脸谱和翎子造型，生动活泼，一度成为教科书和小说读本的延伸教育。1979年劳思创作的新年画《荡湖船》在色彩、线条、人物形象、构图、明暗关系等方面均与历史留存的《荡湖船》弹词版画截然不同，以故事情境替代了书场演出实况，更易让人产生身临其境的故事代入感。新年画作为传统文学和艺术的教育载体，是家长和青少年自觉的消费行为，但又符合了政府文化和教育部门对年画社会功能的期待。新年画作者张晓飞在谈到桃花坞木刻版画的传承和创新实践中指出，桃花坞新年画是苏州民间艺术的传统延续，也是吴文化的品牌。在经历了清雍正、乾隆年间的全盛时期后，新时代的年画创作应当体现传统文化教育的社会责任。②新年画是一种文化消费品，相较书籍出版物更为通俗易懂、感性直观，相较舞台演出又具有收藏性、浏览性和移动性，在创作过程中也更为灵活，能够对故事内容和人物形象进行自由的改造和加工，更有利于作为普及和推广的教育工具。1983年，潘裕钰绘稿的京剧组画《挡马》《三岔口》《打焦赞》《霸王别姬》《贵妃醉酒》《赤桑镇》《女起解》《柜中缘》按照京剧舞台的原貌生动地再现了表演，不仅道具、妆发、脸谱、服饰完全遵照舞台演出进行设计，人物的手、眼、身、法、步也依据表演的瞬间定格进行记录和描摹。

---

① 张宗建，《地域文化传播与戏曲图像呈现：中国戏曲年画的传播与文化接受论》，《四川戏剧》，2022年第8期，第132页。
② 张晓飞，《在桃花坞木刻年画传承与创新实践中的心得》，《桃花坞新年画六十年》，南京：江苏凤凰美术出版社，2016年，第480—481页。

这组京剧木刻版画在问世后获得了广大消费者的欢迎，被当成是传统戏曲寓教于乐的工艺美术品，兼具收藏、娱乐、观赏和教育的功能。

清中后期至民国的弹词版画，还善于运用多图并置的方式，以一定时间序列内的连续画面表现故事情节，对民国和新中国连环画绘本的创作产生了一定的影响。王树村藏前后本《珍珠塔》描绘的是弹词《九松亭》（《珍珠塔别名》）的故事情境。前后本版画分别以十幅组图的形式呈现了陈翠娥和方卿以珍珠塔作为信物的曲折爱情故事。值得注意的是，版画《珍珠塔》并没有还原弹词书场演出的实况，而是以故事场景替代了舞台演出。版画中出现的亭台楼阁、小桥流水、花草树木、厅堂婚礼等景物和场面都是"实景化"的呈现，人物也依据情节的变化设计着装，并非采用舞台服饰。故事场景化对舞台记录的替代，在明清时期的戏曲、说唱艺术插画和民国时期的连环画生产中都曾经是创作自觉的转向，表明了创作者对故事情节的想象、把握和表现不再依赖于舞台表演的实践。

20世纪80年代，连环画绘本出版物（也称"小人书"）在全国风行，成为少年儿童的教育类读物。在这样的背景下，新年画的创作也出现了大量的连环形式，涵盖传统文学和艺术中戏曲、小说、曲艺等多种类型。民间风俗题材也有不少采用连环画形式的木刻版画，如劳思创作的《百童闹春》系列《童年乐事·体育篇》中，选取了五组孩童在新春时节开展跳长绳、乒乓球、踢毽子、拔河、跳高等体育活动的生活场景。版画中的孩童身着民间传统服饰，背景采用乌篷船、木塔、石桥等传统空间元素，清新文雅，颇具古意。木刻版画的连环图像内容丰富，又常使用古典园林、古典建筑等文化符号，讲述的故事也化用了传统艺术的经典作品，使版画消费品在具有观赏性和收藏性的同时也带有普及和推广传统文化的功用，加强了少年儿童对传统艺术经典的认识和感受。

值得注意的是，2002年5月18日，全国"桃花坞木刻年画创新与发展研讨会"在苏州举行，"来自清华大学、西安美术学院、东南大学、苏州大学等高校的知名工艺美术专家在研讨会中指出两条新思路：苏州的文化建设需要传承和创新桃花坞木刻年画；桃花坞年画来自民间，因而最有活力的传承、创新是让它回到民间，最好不要丢掉市场"[①]。桃花坞木刻版

[①] 沈泓，《中国新年画经典》，深圳：海天出版社，2015年，第48页。

画的传承，虽然承担着传统文化和艺术教育的社会责任，但作为消费品的定位不容改变，不能以图录的出版和作品的展示完全代替版画消费市场。人民群众的购买和收藏为桃花坞木刻版画的传承有序注入活力，教育功能的实现应当是春风化雨、润物无声的过程。

结　语

中华传统艺术当代传承的消费路径，既关乎消费社会语境下传统艺术在当代转型和革新过程中面临的文化问题，也关乎传统艺术在当代传承进程中进行生产和消费的经济问题、产业问题，还关乎艺术的接受活动、社会功能和符号语言等艺术理论问题。一方面，中华传统艺术在当代的消费是人们精神生活的一部分，反映了现代主义、后现代主义、消费文化、后工业文明等社会思潮对传承的影响。另一方面，人们通过消费活动将传统艺术的传承和当代的生活场景连接起来，使传承得以落地。艺术传承的人才体系、技艺系统、风格特征、作品谱系都在消费活动的引导和塑造中形成新的时代风貌。

消费作为中华传统艺术当代传承的路径，首先在于消费对艺术生产的反作用。消费为传承提供动力。一方面，中华传统艺术作用于人们在当代的精神生活，使劳动者在消费活动中恢复生产力，在身心休憩、精神熏陶和自我实现中获得再生产的力量、满足再生产的条件。另一方面，消费活动促进了中华传统艺术生产的循环和传承的市场化。在资源的优化配置中，与传承相关的社会分工日益精密、生产者的收入增加、消费者的需求得到满足。在生产和消费的循环中，在社会的运转中，中华传统艺术的当代传承成了一个能动的过程。

其次，消费为中华传统艺术的当代传承创造了社会语境，实现了传承成果与社会的有效联结。传承作为一种特殊的社会生产，其成果进入当代的生活场景，需要借助消费活动这个环节起作用。消费使传承服务于生活的语境具有了广延性和深层性，通过文旅融合、文化产业、社会教育、公共文化服务等具体语境使传承的成果化为多元的产品，在生产和消费的循环中置换着当代传承人的身份。

再次，由于消费动机、消费态度和消费目标的不同，中华传统艺术当代传承的成果具有消费层级和消费方式的差异。消费的媒介化带来了消费时空的变迁，也重塑了消费者、生产者与产品之间的关系。这不仅表现在人们接受中华传统艺术的途径和效果有了变化，也表现在中华传统艺术的存在方式不限于过去的情形。消费的符号化引发了人们对需求的重审和价值的重估。中华传统艺术不仅承载了历史价值，也获得了新生活所赋予的时代价值。对于中华传统艺术的当代传承而言，这种消费的多元性意味着传承不只是一种线性的前后相序，而是具有时空纵深感和复杂社会关系的文化发展。传承既有时间的向度，是消费心理和社会文化的积淀，也有空间的向度，是区域性和在地性的辩证统一。

最后，就传承的内涵而言，消费作为社会再生产的终端环节，具有对传承的各类路径的整合性。这种整合性除了体现在上文谈到的创造社会语境和提供社会联结以外，也体现在通过消费从产品中让渡出的价值，即中华传统艺术当代传承这一能动过程生成的意义。就传承的外延而言，消费路径使中华传统艺术成为一种文化资源，使其传承成为一种文化记忆和民族、国家的身份认同。由是观之，中华传统艺术的当代传承就获得了经济发展、社会治理、文化强国等战略标的。

昆曲和桃花坞木刻版画分别作为中华传统表演艺术和中华传统造型艺术的样本，其当代传承的消费路径呈现了不同的轨迹。消费与昆曲艺术的当代传承之间形成了或远或近的距离。新中国成立初期，昆曲演出市场低迷，昆曲艺术的传承面临着"濒危"的局面。在国家宏观调控的作用下，各大昆剧院团相继成立，人才培养、剧目传承得以恢复和发展，昆曲市场的资源在生产和消费的循环中得到了优化，但在整体的演出市场中仍处于"边缘"位置，遭遇着被冷落的境地。进入新时代，昆曲艺术逐渐从"活化石"蜕变为"新国潮"，在与消费市场的共生共荣中融入了人们的生活，演变为流行时尚和"Z世代"的潮流产品。苏州桃花坞木刻版画的当代传承与大众商业消费的发展始终不可分割。游戏、旅游、节俗、商品包装等题材的发展直接受到了桃花坞木刻版画商业消费市场的影响。同时，桃花坞木刻版画的工艺流程也在大众消费的持续推动下不断更迭，艺术风格则形成了文人化与通俗化、仿古与西化并行的特征。桃花坞木刻版画在当代产生了新的消费需求和消费场景，时事、民俗、装饰、娱乐、教育构筑了新的消费图景，成为传承的动力和支撑。

参考文献

一、中文著作类

（1）唐家路，《民间艺术的文化生态论》，北京：清华大学出版社，2006年。

（2）宋眉等，《传统文化艺术资源的当代转化》，杭州：浙江大学出版社，2019年。

（3）张隆溪，《审美教育与文化承传》，郑培凯编，《口传心授与文化传承》，桂林：广西师范大学出版社，2006年。

（4）王廷信，《20世纪戏曲传播方式研究》，北京：中国文联出版社，2020年。

（5）杜晓杰，《多元共生：艺术批评的文化视野》，武汉：武汉大学出版社，2019年。

（6）顾春芳，《戏剧学导论》，桂林：广西师范大学出版社，2020年。

（7）张廷兴等，《中国文化产业史》，北京：经济日报出版社，2017年。

（8）欧阳坚，《文化产业政策与文化产业发展研究》，北京：中国经济出版社，2011年。

（9）王慧卿，《区域文化生态及可持续发展研究》，长春：吉林人民出版社，2020年。

（10）项仲平等，《文化创意产业与当代艺术教育创新研究》，北京：中国广播电视出版社，2010年。

（11）蔡雯，《文化学视阈下中国民族民间舞艺术的传承与创新》，沈阳：沈阳出版社，2020年。

（12）仲富兰，《中国民俗学通论·第二卷：民俗传播论》，上海：复旦大学出版社，2015年。

（13）王冠伟，《大众文化到消费文化："神话"向世俗化的转向》，哈尔滨：黑龙江大学出版社，2005年。

（14）陆扬等，《大众文化与传媒》，上海：上海三联书店，2000年。

（15）史计栓等，《民间艺术》，太原：北岳文艺出版社，2016年。

（16）《中国当代的广播电视》编辑部，《中国的唱片出版事业》，北京：北京广播学院出版社，1989年。

（17）张胜冰等，《民族艺术与文化产业》，青岛：中国海洋大学出版社，2009年。

（18）朱光潜，《文艺心理学》，上海：复旦大学出版社，2020年。

（19）郭于华，《仪式与社会变迁》，北京：社会科学文献出版社，2000年。

（20）杨斌，《消费文化与艺术创新》，南昌：江西美术出版社，2007年。

（21）李泽厚，《美的历程》，北京：生活·读书·新知三联书店，2020年。

（22）张冬梅，《艺术产业化的历程反思与理论诠释》，北京：中国社会科学出版社，2008年。

（23）厉无畏等，《创意产业新论》，上海：东方出版中心，2009年。

（24）邹梅等，《数字媒体艺术》，成都：电子科技大学出版社，2016年。

（25）吴晓慷，《江苏二胡艺术传承概观》，南京：东南大学出版社，2014年。

（26）刘骏骧，《中国杂技史》，北京：文化艺术出版社，1998年。

（27）杨燕等，《戏曲电视剧创作新论》，北京：中国广播影视出版社，2016年。

（28）王正华，《艺术、权力与消费：中国艺术史研究的一个面向》，杭州：中国美术学院出版社，2011年。

（29）（南朝）刘勰，《文心雕龙》，王运熙等注，上海：上海古籍出版社，2016年。

（30）高信，《新连环画掠影》，上海：上海远东出版社，2011年。

（31）鲁迅，《鲁迅全集》（第6卷），北京：人民文学出版社，1973年。

（32）欧阳友权，《网络文学概论》，北京：北京大学出版社，2017年。

（33）成葆德，《中国传统艺术的继承和弘扬》，银川：宁夏人民出版社，1999年。

（34）李泽厚，《华夏美学：美学四讲》，北京：生活·读书·新知三联书店，2008年。

（35）唐宏峰，《旅行的现代性——晚清小说旅行叙事研究》，北京：北京师范大学出版社，2011年。

（36）成伯清等，《消费心理》，南京：南京大学出版社，1995年。

（37）杜心灵等，《消费者行为学》，北京：中国传媒大学出版社，2013年。

（38）王宝林，《云锦》，杭州：浙江人民出版社，2008年。

（39）陈志芳，《大数据背景下心理因素的统计识别与测度研究》，北京：中国商务出版社，2021年。

（40）国风，《文脉的传承——中国人的文化世界》，北京：东方出版社，2007年。

（41）刘水云，《明清家乐研究》，上海：上海古籍出版社，2005年。

（42）钟涛，《元杂剧艺术生产论》，北京：北京广播学院出版社，2003年。

（43）钱锺书，《七缀集》，北京：生活·读书·新知三联书店，2019年。

（44）顾兆贵，《艺术经济学原理》，北京：人民出版社，2005年。

（45）关宏，《佛山灯彩》，广州：广东人民出版社，2017年。

（46）张中波，《中国民间艺术的产业化研究》，济南：山东大学出版社，2019年。

（47）罗志田，《裂变中的传承》，北京：中华书局，2003年。

（48）应志良，《中国越剧发展史》，北京：中国戏剧出版社，2002年。

（49）朱鸿召，《延安文艺繁华录》，西安：陕西人民出版社，2017年。

（50）唐燕等，《文化、创意产业与城市更新》，北京：清华大学出版社，2016年。

（51）张一帆，《一出戏怎样救活了一个剧种：昆剧〈十五贯〉改编演出始末》，北京：中国戏剧出版社，2021年。

（52）欧阳雪梅，《中华人民共和国文化史（1949—2012）》，北京：当代中国出版社，2016年。

（53）吴新雷等，《中国昆剧大辞典》，南京：南京大学出版社，2022年。

（54）胡忌等，《昆剧发展史》，北京：中华书局，2012年。

（55）丁盛，《当代昆剧创作研究》，上海：上海古籍出版社，2017年。

（56）（清）孙嘉淦，《南游记》，马山明校，山右历史文化研究院，《南游记外三种》，上海：上海古籍出版社，2016年。

（57）郑丽虹，《桃花坞工艺史记》，济南：山东画报出版社，2011年。

（58）张适，《苏州桃花坞木刻年画》，南京：江苏凤凰美术出版社，2017年。

（59）王稼句，《桃花坞木版年画》，济南：山东画报出版社，2012年。

（60）（宋）周密，《武林旧事》，李小龙等评注，北京：中华书局，2007年。

（61）郭味蕖，《中国版画史略》，上海：上海书画出版社，2016年。

（62）郭潼潼，《桃花坞年画刻制》，南京：江苏美术出版社，2013年。

（63）吕胜中，《中国民间木刻版画》，长沙：湖南美术出版社，1994年。

（64）（明）文震亨，《长物志》，李霞等编，南京：江苏凤凰文艺出版社，2015年。

（65）齐凤阁，《中国现代版画史》，广州：岭南美术出版社，2010年。

（66）张晓飞，《在桃花坞木刻年画传承与创新实践中的心得》，《桃花坞新年画六十年》，南京：江苏凤凰美术出版社，2016年。

（67）沈泓，《中国新年画经典》，深圳：海天出版社，2015年。

（68）魏崇周，《河南杂技文化史》，郑州：河南人民出版社，2016年。

（69）吴南，《中国传统手工艺术活态传承机制研究》，北京：中国纺织出版社，2020年。

（70）周吉，《木卡姆》，北京：文化艺术出版社，2016年。

（71）张蓓荔，《国际艺术节运作与管理精要》，南京：东南大学出版社，2021年。

（72）董天然，《艺术节源流与当代发展研究》，上海：上海科学技术文献出版社，2021年。

（73）陈京炜，《虚拟现实交互研究》，北京：中国传媒大学出版社，2020年。

（74）黄可，《媒介消费新论》，北京：新华出版社，2017年。

（75）文长辉，《媒介消费学》，北京：中国传媒大学出版社，2007年。

（76）林日葵，《艺术经济学》，北京：中国商业出版社，2006年。

（77）刘晓明，《为什么要研究濒危剧种？》，载刘红娟《西秦戏研究》，广州：中山大学出版社，2009年。

（78）田东江，《当时只道是寻常：传统中的文化特质》，广州：中山大学出版社，2021年。

（79）安葵，《戏曲理论建设论集》，北京：文化艺术出版社，2013年。

（80）郑震，《作为存在的身体：一项社会本体论研究》，南京：南京大学出版社，2007年。

（81）徐虹等，《乡村旅游文化传承与创新开发研究》，北京：中国旅游出版社，2021年。

（82）张慧喆，《社会变革的棱镜：20世纪80—90年代北京摇滚乐研究》，北京：中国传媒大学出版社，2020年。

（83）宋眉等，《传统文化艺术资源的当代转化》，杭州：浙江大学出版社，2019年。

（84）吴春福，《非遗保护与湘昆研究》，苏州：苏州大学出版社，2020年。

（85）胡明明等，《韩世昌年谱（1898—1976）》，北京：北京燕山出版社，2016年。

（86）俞力，《昆曲艺术》，北京：北京理工大学出版社，2020年。

（87）杜瑶等，《百花齐放：民族戏曲特色剧种研究》，北京：九州出版社，2021年。

（88）潘妍娜，《"回归传统"的理念与实践：上海昆剧团全本〈长生殿〉研究》，上海：上海音乐学院出版社，2020年。

（89）苏州市科学技术协会，《苏州长物：工》，上海：文汇出版社，2022年。

（90）三山会馆，《花样年画：三山会馆年画藏品鉴赏与研究》，上海：上海文化出版社，2018年。

（91）潘力，《融合的视界：亚欧经典版画》，上海：上海大学出版社，2022年。

（92）长北，《江苏手工艺史》，南京：江苏人民出版社，2020年。

（93）顾鸣塘，《游戏娱乐》，上海：上海三联书店，1989年。

（94）张仃，《中华民间艺术大观》，武汉：湖北少年儿童出版社，1996年。

（95）上海市历史博物馆，《江南之美：江南生活中的艺术与文化》，上海：上海人民出版社，2022年。

（96）白庚胜，《民间文化保护前沿话语》，贵阳：贵州民族出版社，2022年。

二、译著类

（1）[法]让·鲍德里亚，《消费社会》，刘成富等译，南京：南京大学出版社，2014年。

（2）[美]赫伯特·马尔库塞，《单向度的人：发达工业社会意识形态研究》，刘继译，上海：上海译文出版社，2006年。

（3）[德]瓦尔特·本雅明，《机械复制时代的艺术作品》，王才勇译，北京：中国城市出版社，2002年。

（4）[法]亨利·列斐伏尔，《日常生活批判》，叶其茂等译，北京：社会科学文献出版社，2017年。

（5）[英]珍妮特·沃尔芙，《艺术的社会生产》，董学文等译，北京：华夏出版社，1990年。

（6）[法]居伊·德波，《景观社会》，张新木译，南京：南京大学出版社，2017年。

（7）[美]理查德·舒斯特曼，《生活即审美：审美经验和生活艺术》，彭锋译，北京：北京大学出版社，2007年。

（8）[德]沃尔夫冈·韦尔施，《重构美学》，陆扬，张岩冰译，上海：上海译文出版社，2002年。

（9）[英]贾斯汀·奥康诺，《艺术与创意产业》，王斌等译，北京：中央编译出版社，2013年。

（10）[丹]克里斯·马修，《创意产业的职业生涯》，周光起等译，上海：上海财经大学出版社，2019年。

（11）[意]阿莱西娅·左罗妮，《当代艺术经济学：市场策略参与》，管理译，大连：东北财经大学出版社，2016年。

（12）[法]道格拉斯·凯尔纳，《媒体文化》，丁宁译，北京：商务印书馆，2004年。

（13）[英]艾伦·J.斯科特，《城市文化经济学》，董树宝等译，北京：

中国人民大学出版社，2010年。

（14）［英］迈克·费瑟斯通，《消费文化与后现代主义》，刘精明译，北京：译林出版社，2000年。

（15）［德］恩斯特·卡西尔，《人论》，甘阳译，北京：西苑出版社，2003年。

（16）［英］雷蒙德·威廉斯，《文化与社会》，北京：北京大学出版社，1991年。

（17）［英］约翰·霍金斯，《创意经济：如何点石成金》，洪庆福等译，上海：上海三联书店，2006年。

（18）［澳］约翰·哈特利，《创意产业读本》，曹书乐等译，北京：清华大学出版社，2007年。

（19）［英］露丝·陶斯，《文化经济学》，周正兵译，大连：东北财经大学出版社，2016年。

（20）［美］戴安娜·克兰，《文化生产：媒体与都市艺术》，赵国新译，南京：译林出版社，2001年。

（21）［英］帕特里克·贝尔特，《二十世纪的社会理论》，瞿铁鹏译，上海：上海译文出版社，2002年。

（22）［美］霍华德·S.贝克尔，《艺术界》，卢文超译，南京：译林出版社，2014年。

（23）［英］柯律格，《雅债：文征明的社交性艺术》，刘宇珍等译，北京：生活·读书·新知三联书店，2012年。

（24）［日］三浦展，《第四消费时代》，马奈译，北京：东方出版社，2014年。

（25）［英］贾斯汀·奥康诺，《艺术与创意产业》，王斌等译，北京：中央编译出版社，2011年。

（26）［德］海德格尔，《林中路》，孙周兴译，北京：商务印书馆，2020年。

（27）［匈］阿诺尔德·豪泽尔，《艺术社会史》，黄燎宇译，北京：商务印书馆，2015年。

（28）［德］卡尔·马克思等，《马克思恩格斯全集》，中共中央翻译局译，北京：人民出版社，1995年。

（29）[意]阿莱西娅·左罗妮,《当代艺术经济学：市场、策略、参与》,管理译,大连：东北财经大学出版社,2016年。

（30）[美]理查德·E.凯夫斯,《创意产业经济学：艺术的商品性》,康蓉等译,北京：商务印书馆,2017年。

（31）[英]斯蒂芬·迈尔斯,《消费空间》,孙民乐译,南京：江苏教育出版社,2013年。

（32）[美]田民,《梅兰芳与20世纪国际舞台》,何恬译,南京：江苏人民出版社,2022年。

（33）[德]赫尔曼·鲍辛格,《技术世界中的民间文化》,户晓辉译,桂林：广西师范大学出版社,2014年。

（34）[法]让·鲍德里亚,《物体系》,林志明译,上海：上海人民出版社,2019年。

（35）[英]露丝·陶斯,《文化经济学》,周正兵译,大连：东北财经大学出版社,2016年。

（36）[法]安东尼·加卢佐,《制造消费者：消费主义全球史》,马雅译,广州：广东人民出版社,2002年。

（37）[英]西莉亚·卢瑞,《消费文化》,张萍译,南京：南京大学出版社,2003年。

（38）[法]朱利安,《大象无形或论绘画之非客体》,张颖译,郑州：河南大学出版社,2017年。

（39）[德]莱辛,《拉奥孔》,朱光潜译,北京：人民文学出版社,1984年。

（40）[美]爱德华·希尔斯,《论传统》,傅铿等译,上海：上海人民出版社,2014年。

（41）[匈]阿诺德·豪泽尔,《艺术社会学》,居延安译,上海：学林出版社,1987年。

（42）[法]让·拉特利尔,《科学和技术对文化的挑战》,吕乃基等译,北京：商务印书馆,1997年。

（43）[韩]金兰都等,《从小众到主流：谁是中国未来消费主力》,路冉译,南宁：广西科学技术出版社,2013年。

（44）[法]埃米尔·涂尔干,《社会分工论》,渠东译,北京：生活・读书・新知三联书店，2000年。

（45）［意］亚历山大・德尔・普波，《全球艺术史：当代艺术》，周彬彬译，上海：上海三联书店，2022年。

（46）［美］理查德・L.安德森，《卡莉欧碧的姐妹：艺术哲学比较研究》，刘先福等译，北京：文化艺术出版社，2023年。

（47）［日］小山登美夫，《当代艺术商机》，蔡青雯译，北京：北京联合出版公司，2013年。

三、中文期刊类

（1）王林彤等，《消费文化视域下戏曲艺术的传承与创新》，《当代戏剧》，2017年第6期。

（2）罗丽，《戏曲电影的机遇与挑战》，《中国文艺评论》，2021年第3期。

（3）李雨燕，《新时代中国消费文化创新的价值维度》，《江汉论坛》，2021年第4期。

（4）赵鹏，《产业数字化驱动民俗文化创造力传承发展的内在机理与实现路径》，《山东师范大学学报》（社会科学版），2024年第4期。

（5）李国建，《数字化时代下的新消费主义批判：存在形态、生存机制及应对策略》，《中南大学学报》（社会科学版），2024年第4期。

（6）柴俊为，《"中国"戏曲唱片70年》（下），《上海艺术评论》，2019年第6期。

（7）王廷信，《技艺视角下中华传统艺术的当代传承》，《中国文艺评论》，2020年第7期。

（8）王岳川，《消费社会中的精神生态困境——博得里亚后现代消费社会理论研究》，《北京大学学报》（哲学社会科学版），2002年第4期。

（9）张伟军等，《中华民族共同体建设的文化机理及其实践路径》，《学术探索》，2024年第8期。

（10）谢仁敏等，《民间艺术的现代性困境及其传承路径创新》，《民族艺术研究》，2021年第2期。

（11）黎学锐，《环境戏剧与旅游表演：山水实景演出的两个思想来源》，《贵州社会科学》，2017年第12期。

（12）车晓宇，《从观众接受视角看沉浸式戏剧在中国的发展》，《戏剧文学》，2021年第1期。

（13）邓菡彬，《观众参与：跨文化视域下的知识考古》，《中国比较文学》，2020年第4期。

（14）江凌，《论5G时代数字技术场景中的沉浸式艺术》，《山东大学学报》（哲学社会科学版），2019年第6期。

（15）杨青青，《中国戏曲服饰纹样元素码应用的"新媒体"交互视觉设计》，《美术研究》，2020年第3期。

（16）张蓓荔等，《国际艺术节对提升我国文化艺术国际影响力的作用探究》，《艺术百家》，2018年第2期。

（17）裴雪莱，《晚清民国江南曲社与曲师关系略论》，《戏剧艺术》，2019年第3期。

（18）杨光，《创意产业对传统文化资源的挪用与转化——兼论作为一种转化机制的创意产业》，《文化产业研究》，2019年第3期。

（19）王廷信，《中华传统艺术当代传承的媒介路径》，《北京电影学院学报》，2020年第11期。

（20）秦洁，《传播学视域下电视戏曲栏目的艺术创新与传播价值研究》，《大众文艺》，2020年第8期。

（21）吴乾浩，《"话剧加唱"是一种积极的探索》，《文艺研究》，1985年第4期。

（22）叶康宁，《有正书局与〈中国名画集〉》，《中国书画》，2018年第3期。

（23）宋俊华，《契约、中间人与规则：非遗保护的行动逻辑》，《中央民族大学学报》（哲学社会科学版），2021年第4期。

（24）福建省非物质文化遗产保护中心，《让水密隔舱船重回"海上丝绸之路"》，《世界遗产》，2015年第6期。

（25）李尽沙，《文化空间视角下博物馆公共艺术教育跨媒体机制研究》，《艺术管理》，2020年第4期。

（26）王宁，《美感穿插实践与日常生活的美感化——音乐消费工具、可供性与音乐消费革命》，《山东社会科学》，2018年第10期。

（27）李炳辉等，《从舞台到荧幕：戏曲电视剧化后的观演转变》，《当代电视》，2023年第9期。

（28）王振宇，《论新媒介环境中的相声艺术传播》，《现代传播》，2016年第8期。

（29）吴磊，《传播学视阈下苏州评弹艺术生态建设思考》，《民族艺术研究》，2015年第4期。

（30）金宏宇等，《旧剧革新的多重可能性——欧阳予倩话剧本〈桃花扇〉的前世今生》，《黄冈师范学院学报》，2020年第5期。

（31）楚小庆，《技术进步对艺术生态变化与作品形式表现的影响》，《东南大学学报》（哲学社会科学版），2017年第1期。

（32）王廷信，《中华传统艺术当代传承研究的理论与方法——"生态理念"与"共生机制"视角》，《民族艺术》，2021年第3期。

（33）陈庚，《国有文艺院团分类改革的实践检视及优化思路》，《深圳大学学报》，2020年第5期。

（34）张士闪，《中国传统木版年画的民俗性特征与人文精神》，《山东社会科学》，2006年第2期。

（35）张捷，《"传统文化＋数字经济"正成为青年消费者新风尚》，《国家治理》，2020年第4期。

（36）中国创意产业研究中心，《国家大剧院：提振首都文化消费的重要阵地》，《科技智囊》，2016年第2期。

（37）王廷信，《从实用到审美看书法批评问题》，《中国书法》，2023年第12期。

（38）［英］李海伦，《民族文化与文化经纪——国际舞台上的纳西族表演艺术》，《民族艺术研究》，2020年第6期。

（39）郑传寅，《戏曲"现代戏"的历程》，《中国戏曲学院学报》，2019年第3期。

（40）赵艳喜，《成本隐退：我国舞台艺术线上演播定价策略与形成机制》，《艺术学研究》，2024年第4期。

（41）桑子文等，《互联网＋、文化消费与艺术电商发展研究》，《山东大学学报》（哲学社会科学版），2016年第5期。

（42）孙璐等，《清代以来扬州木版年画体系独立性研究》，《艺术百家》，2019年第5期。

（43）雷焕贵，《乡村振兴战略背景下"非遗"的活态保护与传承：基于太谷秧歌的濒危性》，《文化学刊》，2020年第1期。

（44）高鸣，《"非遗舞蹈"的场域类型与当代表达》，《北京舞蹈学院学报》，2021年第6期。

（45）杨杰等，《当下艺术生产的现状及其反思》，《艺术百家》，2017年第6期。

（46）宋俊华，《文化生产与非物质文化遗产生产性保护》，《文化遗产》，2012年第1期。

（47）蒋淑媛，《多维视角下北京市属国有文艺院团体制改革的实践与思考》，《现代传播》，2015年第7期。

（48）吴媛姣，《论非物质文化遗产在地方生态文明建设中的价值的意义——以从江周末大舞台为例》，《原生态民族文化学刊》，2016年第8卷第3期。

（49）张帅，《"家族傩"到"村落傩"：山西任庄扇鼓傩戏的传承转向》，《北京舞蹈学院学报》，2022年第1期。

（50）朱志荣，《中国文学的地域风格论》，《苏州大学学报》，2000年第3期。

（51）李牧，《日常经济生活网络与传统艺术的跨文化传播——以加拿大纽芬兰华人为例》，《广西民族大学学报》（哲学社会科学版），2021年第2期。

（52）韩波，《论民俗艺术作品的共性和风格差异》，《民族艺术》，2011年第1期。

（53）张慨等，《地理空间的艺术史书写——以南泥湾为例》，《延安大学学报》（社会科学版），2020年第2期。

（54）周柳等，《粤港澳大湾区非物质文化遗产空间格局与影响因素》，《广州大学学报》（自然科学版），2021年第2期。

（55）万钟如，《广东音乐的大众文化属性》，《人民音乐》，2012年第3期。

（56）贾荣倩等，《上海美术电影制片厂民俗题材剪纸片研究》，《艺术科技》，2022年第6期。

（57）余洋洋等，《全球化与在地化》，《广西民族大学学报》（哲学社会科学版），2021年第4期。

（58）王馗，《昆曲二十年"非遗"保护实践》，《中国文艺评论》，2021年第12期。

（59）王宁，《建国初期（1949—1956）的江苏昆剧为什么会衰而未亡》，《贵州大学学报》（艺术版），2022年第1期。

（60）陈泓茹，《新中国成立后昆曲艺术在南京的生存轨迹与传承发展》，《艺术百家》，2014年第3期。

（61）李明月，《"堂名"忆旧：苏州地区十番锣鼓生存现象探微》，《音乐研究》，2012年第4期。

（62）张泠，《两个版本昆曲电影〈牡丹亭〉中戏曲空间的电影化》，《戏曲艺术》，2012年第4期。

（63）周飞，《戏曲电视剧发展难点分析》，《艺术百家》，2015年第S1期。

（64）张福海，《传统·剧统与创造——关于中国戏剧"传统"说的分析与辨误》，《民族艺术研究》，2017年第1期。

（65）彭继裕等，《对中国文化消费主义的审视与超越》，《西南民族大学学报》（人文社会科学版），2022年第2期。

（66）柳荫堂，《桃花坞的木版年画恢复生产》，《美术》，1957年第12期。

（67）解梦伟等，《凝视与弥散：非物质文化遗产的都市实践反思》，《民族艺术研究》，2024年第3期。

（68）张婷婷等，《签约与垄断：孤岛时期京伶赴沪演出情况考察——以梅兰芳、程砚秋两家为例》，《民族艺术研究》，2023年第5期。

（69）王烯等，《"文学经验源"与"社会实践源"：文学创意类型辨析及其逻辑阐述》，《学术研究》，2024年第5期。

（70）罗澍，《破壁·渗透·融合：戏曲文化的出圈之策》，《文艺争鸣》，2024年第1期。

（71）宋亭樾等，《元宇宙视域下沉浸式戏剧数字化虚拟剧场的建构》，《文艺争鸣》，2023年第12期。

（72）沈亚丹，《无人自足之境——论中国山水画空间的非叙事性》，《天津社会科学》，2024年第4期。

（73）卢晗等，《网络符号消费组织、生产和流通的运行逻辑与价值导向》，《学术研究》，2024年第7期。

（74）吕君怡等，《文化分层理论视角下"饭圈"青年的生存样态探微》，《福建论坛》（人文社会科学版），2024年第5期。

（75）陈旭光，《"中国传统的创造性转化"命题与电影的"想象力消费"理论》，《福建师范大学学报》（哲学社会科学版），2024年第3期。

（76）张克锋等，《戴敦邦〈红楼梦〉人物绣像的艺术成就》，《红楼梦研究》，2024年第2期。

（77）杨毅等，《侗族大歌传承的意义及范式研究》，《贵州民族研究》，2024年第3期。

（78）张梦杨，《媒介视域下人工智能艺术的主体性之思》，《江西社会科学》，2024年第6期。

（79）贾毅，《电商直播：技术推动下的媒介消费与再消费》，《河南大学学报》（社会科学版），2022年第1期。

（80）李洋，《情念程式与文化记忆——阿比·瓦尔堡的艺术经典观研究》，《民族艺术研究》，2020年第2期。

（81）邓天白等，《明清时期江南都市的戏曲消费空间演变——以苏州和扬州为例》，《南京社会科学》，2020年第9期。

（82）包洋等，《1960年代中国艺术家的海外境遇——以张大千与王济远的交流为例》，《国际汉学》，2024年第4期。

（83）宋建林，《艺术消费心理的表现与引导》，《民族艺术研究》，2005年第3期。

（84）柴俊为等，《清末至民国戏曲唱片发展述略》，《戏曲研究》，2022年第2辑。

（85）徐进毅，《威尼斯双年展中国馆观察：中国当代艺术创新与中华传统优秀文化的传承发展》，《艺术评论》，2024年第6期。

（86）曹凌霄等，《当代文艺批评与21世纪的马克思主义美学》，《马克思主义美学研究》，2024年第1期。

（87）李明泉，《中国文艺评论话语体系建构的理论根基》，《中国文艺评论》，2024年第1期。

（88）李华裔，《媒介融合背景下电视戏曲节目创作实践与前瞻》，《戏曲艺术》,2024年第2期。

（89）方李莉,《各民族共享的中华文化符号的内涵及共同体意识的再建构》,《民俗研究》,2024年第1期。

（90）陈杰,《经典戏剧作品的现代价值——21世纪戏剧舞台上的〈赵氏孤儿〉》,《戏剧》,2020年第5期。

（91）王玲等,《对当代艺术实践中民族志方法的新应用及动向的反思》,《民族艺术》,2024年第3期。

（92）杨旭霞等,《衰落与突围：佛山灯彩传承发展的路径探析》,《大众文艺》,2021年第8期。

（93）刘玉洁,《传播的时空偏向与社会文明传播建设路径探究》,《新闻研究导刊》,2022年第3期。

（94）张轶等,《长三角文化艺术产业发展的重塑模式研究》,《文化产业研究》,2021年第1期。

（95）梁江川等,《跨文化互动视角下旅游目的地形象感知研究——以粤港澳大湾区为例》,《资源开发与市场》,2024年第6期。

（96）周庆富,《"新中式"热潮现象分析与引导策略》,《艺术学研究》,2024年第4期。

（97）刘思琪,《如何从"推陈"走向"守正"——关于昆剧与粤剧当代创新路径的思考》,《当代戏剧》,2024年第4期。

（98）周秦,《昆曲的遗产价值及保护传承》,《民族艺术研究》,2017年第5期。

（99）刘叙武,《昆曲现代戏创作的"守格"与"破格"——〈瞿秋白〉观后的思考》,《艺术百家》,2023年第1期。

（100）张哲等,《变与不变：苏州桃花坞木版年画的资源化与遗产化实践》,《非遗传承研究》,2024年第2期。

（101）张宗建,《地域文化传播与戏曲图像呈现：中国戏曲年画的传播与文化接受论》,《四川戏剧》,2022年第8期。

四、外文著作类

(1) Mike Featherstone, *Consumer Culture and Postmodernism*, Publisher: Sage publications Ltd; Second Edition 19 July, 2007.

(2) Theodor W. Adorno, *The culture industry: selected essays on mass culture*. Ed.J.M.Berstern, Routelge, 2001.

(3) Baudrillard J., *Simulations*, New York: Semiotext(e), 1983.

(4) Daniel Miller, *Material Culture and Mass Consumption*, Oxford: Blackwell, 1987.

(5) Robert Nisbet, *The Sociological Tradition*, Transaction Publishers, 1993.

(6) Scott Lash. Celia Lury, *Global Culture Industry*, Polity, 2007.

(7) Richard E. Caves, *Creative Industries: Contracts between Art and Commerce*, Harvard University Press, 2002.

(8) John Storey, *Cultural Consumption in Everyday Life*, Bloomsbury, 1999.

(9) Mary Douglas. Baron Isherwood, *The World of Goods: towards an anthropology of consumption*, Routledge, 1996.

(10) Edward Shils, *Tradition*, University of Chicago Press, 2006.

五、学位论文类

（1）赵雅琴，《传统与现代之间：论1978年以来昆剧的复兴》，武汉大学，博士学位论文，2020年6月。

（2）朱琳，《昆曲与近世江南社会生活——以昆曲受众群体为对象的考察》，苏州大学，博士学位论文，2006年4月。

（3）卫红，《晋陕豫旅游演艺研究》，山西师范大学，博士学位论文，2023年5月。

（4）潘玥，《20世纪戏画三家艺术风格研究——关良、马得、韩羽》，东南大学，博士学位论文，2022年10月。

（5）吴天，《新年画运动研究》，中央美术学院，博士学位论文，2018年5月。

六、网络文献类

（1）中华人民共和国中央人民政府网，网址链接：http://www.gov.cn/zhengce/content/2019-08/23/content_5423809.htm，2019年8月23日。

（2）《决胜全面小康社会，夺取新时代中国特色社会主义伟大胜利——在中国共产党第十九次全国代表大会上的讲话》，中华人民共和国中央人民政府网，网址链接：http://www.gov.cn/zhuanti/2017-10/27/content_5234876.htm，2017年10月27日。

（3）《唯品会发布全国首份非遗新经济消费报告》，新华网客户端，2019年6月8日。

（4）刘笑冬，《国家大剧院："朋友圈"遍及全球，要成为没有围墙的剧院》，新华网客户端，2019年6月23日。

（5）《国家大剧院两大展览同时开幕，呈现中国传统文化魅力》，中国社会科学网，网址链接：http://ex.cssn.cn/ysx/ysx_ysqs/202104/t20210402_5323872.shtml，2021年4月2日。

（6）《2020年居民收入和消费支出情况》，国家统计局官方网站，网址链接：http://www.stats.gov.cn/tjsj/zxfb/202101/t20210118_1812425.html，2021年1月18日。

（7）《艺术商业》杂志社，《中国进入艺术消费爆发期》，搜狐网，网址链接：https://www.sohu.com/a/240947076_804183，2018年7月13日。

（8）凤凰艺术网站编辑部，《中国艺术品市场的现状与趋势》，《公关世界》，2017年第2期。

（9）肖明超，《艺术消费不再正襟危坐，正在引领大众消费升级》，《界面新闻——趋势观察》，网址链接：https://www.jiemian.com/article/1100193.html，2017年2月7日。

（10）潘慧敏等，《中国的中产阶级如何消费艺术品》，雅昌艺术市场监测中心网站，网址链接：https://amma.artron.net/observation_shownews.php?newid=429188，2012年3月10日。

（11）余姝等，《大学生象牙塔内的昆曲今"生"》，中国戏剧网，网址链接：http://www.xijucn.com/html/kunqu/20121207/42307.html，2012年12月7日。

（12）数据来源于中国新闻社主办"中国侨网"，网址链接：http://www.chinaqw.com/hwmt/2019/07-04/226024.shtml。

（13）章维艰，《"一带一路"文化先行：美丽越剧向世界传播天籁越音》，文献来源："绍兴发布"微信公众号，绍报新媒体中心，2017年6月1日。

（14）《中共中央、国务院印发〈粤港澳大湾区发展规划纲要〉》，新华网，网址链接：http://www.xinhuanet.com/politics/2019-02/18/c_1124131474.htm，2019年2月18日。

（15）郑楚豫，《第十届苏州创博会今日开幕 共绘新时代"江南好图景"》，央广网，网址链接：http://js.cnr.cn/qxlb/20210923/t20210923_525611918.shtml，2021年9月23日。

（16）张雷，《桃花坞木版年画》，苏州市民间文艺家协会官网：苏州民间文艺网，网址链接：http://www.szmjwyw.com/Info_Detail.asp?id=4190，2010年11月18日。

七、报纸类

（1）陈琳琳等，《促进文化娱乐线上消费创新发展》，《经济参考报》，2021年3月30日。

（2）张道一，《中国文化传统与民艺层次》，《中国艺术报》，2012年6月29日。

（3）陈坚，《风靡民国的美术杂志》，《扬州晚报》，2013年6月22日。

（4）马克，《呼唤连环画的新成就》，《人民日报》，1963年12月29日。

（5）张楠，《票价1880元演了260场！昆曲中的"爱马仕"如何打动Z世代》，《扬子晚报》，2021年9月24日。

（6）牛春梅，《北大将开设昆曲选修课，昆曲首次走进高校》，《北京日报》，2009年12月10日。

（7）陈积敏，《正确认识"一带一路"》，《学习时报》，2018年2月26日。

（8）谭英姿，《大足区启动大足石刻"一带一路"世界巡展项目》，《中国日报》，2016年11月29日。

（9）萃华，《以科学规划引领长江经济带城市群发展》，《经济日报》，2016年5月12日。

（10）顾斌，《省苏昆剧团排演〈活捉罗根元〉》，《苏州日报》，1995年7月27日。

（11）潘震宙，《在保护和振兴昆曲艺术座谈会上的讲话》，《中国文化报》，2001年6月16日。

（12）金江，《2022抖音戏曲直播数据：已有231种戏曲开通直播》，《电商报》，2022年4月14日。

后 记

消费是中华传统艺术当代传承的重要路径。通过消费，人们能够共享中华传统艺术当代传承的成果。西方的"消费主义""消费文化"等相关议题的研究，提出了批判性的理论，对艺术与生活、文化工业、艺术的商品化等问题进行了反思。作为经济活动的最终环节，消费路径为中华传统艺术的当代传承创造了艺术与生活的连接，构筑了传承成果融入人们生活的社会图景。

本书是基于笔者在中国传媒大学艺术研究院博士后流动站期间完成的出站报告修订而成。在完成本书的过程中，我的博士后导师王廷信教授悉心指导，从研究方法、研究思路和研究目标等诸多方面提出了要求、提供了解决方案——对中华传统艺术当代传承的消费路径研究，既要关注理论阐述和案例分析之间的联系，为传承的实践提供前瞻性、应用性的分析，又要注重历史与逻辑的统一，做到历时性和共时性的结合，时间脉络清晰，空间定位明确，将艺术传承与民俗、经济、传播、教育、文化等层面关联起来，形成整体性的研究。这对于我在论文写作过程中的谋篇布局、划分层次、选择案例、推进论证等，都具有重要的启发意义。

感谢美国德州大学达拉斯分校（utd）顾明栋教授，中国艺术研究院方李莉教授，中国艺术研究院孙伟科研究员，中国传媒大学艺术研究院徐辉教授、王韶华教授、施旭升教授、张金尧教授、王杰文教授、杨杰教授等专家、学者为我的论文写作提出宝贵的修改意见，推荐参考文献，同时为论文写作的框架建构、理论表述和观点阐发指出讹误和不足，给予了颇有价值和针对性的帮助和指导。